U0654369

# 叩开台湾名人之门

叶永烈……著

上海交通大学出版社
SHANGHAI JIAO TONG UNIVERSITY PRESS

# 内容提要

　　作者曾经7次前往台湾，不仅走遍台湾22个县市，而且遍访台湾名人故居。作者"叩开台湾名人之门"，向你娓娓道来："大众情人"邓丽君以甜美的歌声倾倒亿万听众，而她自己的情感历程却是那么的崎岖；以描述撒哈拉沙漠风情著称的女作家三毛，最后却走上自尽之路；"山西王"阎锡山曾经独霸山西38年，败退到台湾之后却在阳明山极其偏僻的一角建造窑洞式石屋，终其枭雄一生；曾经三度"敦促"蒋介石下野的四星上将白崇禧，败退台湾之后遭到蒋介石手下"保密局"三度暗杀，死于非命……作者历数张学良、何应钦、胡适、于右任、张大千、林语堂、梁实秋以及蒋介石、蒋经国在台湾的最后的日子，深层次揭示了台湾名人的命运，从而深刻折射出台湾的当代史和当代文化。

图书在版编目（CIP）数据

叩开台湾名人之门/叶永烈著 —上海 ：上海交
通大学出版社，2014
ISBN 978-7-313-11348-1

I. ①叩… II. ①叶… III. ①名人—生平事迹—台湾
省—现代 IV. ① K820.858

中国版本图书馆 CIP 数据核字 (2014) 第 096875 号

**叩开台湾名人之门**

著　　　者：叶永烈
出版发行　上海交通大学出版社　　　　地　　址：上海市番禺路 951 号
邮　　编　200030　　　　　　　　　　电　　话：021-64071208
出 版 人　韩建民
印　　刷　上海景条印刷有限公司　　　　经　　销：全国新华书店经销
开　　本　710mm×1000mm　1/16　　　印　　张：20.25
字　　数　345 千字
版　　次　2014 年 7 月第 1 版　　　　　印　　次：2014 年 7 月第 1 次印刷
书　　号　ISBN 978-7-313-11348-1/K
定　　价　49.00 元
版权所有　侵权必究
告读者：如发现本书有印装质量问题请与印刷厂质量科联系
联系电话：021-59815625 转 8028

# 追寻台湾名人的足迹

我7次前往台湾，不仅走遍台、澎、金、马，走遍台湾22个县市，而且遍访台湾名人故居。

在我看来，名人故居是文化的积淀，最具体、最生动、最纤细、最真实再现了名人当年的生活环境与生存空间。从名人故居出发，寻访名人亲友，查阅相关史料，可以还原名人的人生轨迹。

我所追寻的这些台湾名人，以台湾人的目光看来，几乎都是"外省人"。以大陆人的目光看来，则大都是1949年从大陆随着国民党当局溃退到台湾的名人。他们在台湾的最后日子，往往是大陆读者知之甚少的。

作为发动"西安事变"主角的张学良，早在1946年就被蒋介石下令用专机秘密押往台湾，从此他在台湾度过漫长的幽禁岁月。从张学良1937年遭到囚禁，到1991年恢复人身自由，总共被关押长达54年，其中45年是被关押在台湾。我走访张学良在台湾的幽禁之所，揭开了内中神秘的面纱。

作为"山西王"的阎锡山，曾经独霸山西38年，败退到台湾之后却在阳明山极其偏僻的一角建造窑洞式石屋，惨淡度过生命的最后10年。他居然在石屋每天口授哲学，由其秘书笔录，写下一本又一本的著作。我走访阎锡山故居，走访阎锡山墓，在其墓前的石供桌上，赫然见到一瓶山西名牌醋——来自山西的"陆客"，用这种特殊的方式纪念这位山西枭雄。

作为李宗仁的"亲密战友"、曾经3度"敦促"蒋介石下野的四星上将白崇禧，败退到海南岛之后，蒋介石派人送去金砖，并许诺出任"行政院院长"，使白崇禧终于从海口飞往台北。从此白崇禧处于蒋介石特务的严密监视下。在李宗仁从美国前往北京与毛泽东、周恩来握手之后，蒋介石命令手下的"保密局"三度暗杀白崇禧，终于使白崇禧死于非命……

我也关注台湾文化名人的命运。

被大陆斥为"反动文人"的著名学者胡适，到了台湾之后，蒋介石以自己著作的版税为胡适建造住房。我两度访问这幢胡适故居，在那里得知胡适是如何看待与关注大陆在20世纪50年代掀起的"批判胡适"运动的。

作为"自由主义者"的国画大师张大千并不反共，但是喜欢自由自在，他在远赴阿根廷、巴西、美国之后定居台湾。他用自己手中的真金白银，打造了园林式的豪宅"摩耶精舍"。我走访了"摩耶精舍"，写出张大千的浪漫人生。

我追寻作为"第二代外省人"的邓丽君的人生踪迹，她以甜美的歌声倾倒亿万听众，被誉为"大众情人"，而她自己的情感历程却是那么的崎岖。

在台北闹市，我来到三毛故居。以描述撒哈拉沙漠风情著称的女作家三毛，最后却走上自尽之路……

我拜访了四星上将郝柏村，成为来自大陆的第一个采访者。他曾经是蒋介石侍卫长、台湾"行政院院长"，他丰富的阅历折射着国共两党的恩恩怨怨。

我在台湾一边采访，一边写作。这本《叩开台湾名人之门》中写及的每一位名人，都在大陆拥有很高的知名度。我感觉仿佛成了一位雕塑家，为一个个形象、性格、命运各异的台湾名人雕像。这本书汇聚一尊尊台湾名人的群像，是一部别开生面的台湾当代史。

叶永烈

2012年6月26日

于上海"沉思斋"

政坛名人的故居

# 蒋介石与蒋经国

## 阳明山的 "草山官邸"

　　大约由于我写过60多万字的纪实长篇《毛泽东与蒋介石》，到了台湾，我头件事便是追寻着蒋介石在台湾的踪迹……

　　从阳明山公园第一停车场一条小路下去，大约50米左右，一座带有门洞的日本和西方混合式建筑就呈现在眼前，那便是草山行馆。

　　草山行馆是蒋介石来到台湾之后的第一个住所。台湾民众习惯称之为"草山官邸"或者"草山老官邸"。

　　1945年8月15日，日本宣布无条件投降。同年10月25日，国民党政府在台北举行台湾省日军受降仪式，台湾、澎湖回归中国，从此台湾处于蒋介石政府统治之下。

　　1949年，中国大部分地区已经被中国人民解放军占领。蒋介石集结残余部队于四川。9月19日，毛泽东发出进军西南的命令，指出西南重心是四川。刘伯承、邓小平、贺龙大军进军四川，逼近重庆。蒋介石坐镇重庆指挥，命胡宗南以800辆卡车运其第1军到重庆。30日，中国人民解放军攻取重庆，直到这时蒋介石才从重庆飞往成都。

　　来到成都之后，蒋介石眼看形势越来越不妙。12月7日，终于在成都发出了这样的电报：

　　　　命令政府迁设台北，并在西昌设大本营，统率陆海空军，在大陆作战。

　　　　　　　　　　　　　　　　　　　　此令　蒋中正
　　　　　　　　　　　　　　　　　"中华民国"三十八年十二月七日

　　2011年10月24日笔者在台北采访前"行政院长"郝柏村先生，据他回忆，当时成都也处于中国人民解放军重围之中。1949年12月10日，蒋介石乘坐中美号专机，从成都的凤凰山机场起飞，飞往台北。从此蒋介石永远离开了中国大陆。也就在这一天，郝柏村随顾祝同飞离成都，但是没有飞

草山行馆大门

往台北，而是飞往海南岛的海口，因为顾祝同作为参谋总长，仍担负蒋介石在大陆的残余部队的指挥任务。12月27日，中国人民解放军攻下成都。

蒋介石到达台北之后，就住在阳明山的草山行馆。

阳明山原名草山。草山是一个统称，包括七星山、大屯山、纱帽山等山区，由于那里多茅草，所以得名草山。蒋介石向来很讲究住所的环境，总是挑选风景优美之处。蒋介石看中草山行馆，以为阳明山颇有庐山之美。

草山行馆建于日本统治台湾期间，原本是台糖株式会社为接待日本皇太子裕仁（也就是后来的裕仁天皇）1923年来台视察而修建的温泉别墅。日本皇太子裕仁后来并未在这里居住，这里成了台糖株式会社的高级招待所。草山行馆占地共4 275平方米，其中主建筑为584平方米。

入住草山行馆的蒋介石，于1950年3月1日宣布在台湾继续行使"总统"职权。于是草山行馆成了蒋介石来到台湾之后的首座"总统"官邸。

从1950年起，草山改名为阳明山。据说，蒋介石不喜欢"草山"这名字，因为"草山"很容易令人产生"草寇"、"落草"之类联想，特别是当时蒋介石刚从中国大陆败退台湾，这个"草"字更加令蒋介石不快，于是决定改名"阳明山"。于是，"草山行馆"、"草山官邸"也就随之改称为"阳明山行馆"、"阳明山官邸"。只是人们往往先入为主，还是叫

戎装蒋介石

蒋介石在"台湾省政府"

惯了"草山行馆"、"草山官邸"。

蒋介石向来崇敬王阳明，所以用王阳明的名字命名。我在阳明山上，见到高高矗立着王阳明的塑像。

王阳明的本名叫王守仁（公元1472~1529年），字伯安。浙江余姚人，明代的哲学家、教育家。曾筑室于绍兴阳明洞中，后又创办阳明书院，被称为"阳明先生"。他出身官宦世家，父亲是明代状元，曾任礼部左侍郎。王守仁28岁中进士，先后授刑部和兵部主事。后来在官场遭贬，失意之后钻研哲学。他提倡"心学"，认为事物之理即在心中，离开了心就谈不上理，心之本为性，性即天理。天理的灵觉为知，知也就是心之本体。因而心、性、理、知为一。心之本体，即可达到天地万物如一的最高境界。"知是行之始，行是知之成"。他提出"知行并进"、"知行合一"，形成"王阳明学派"。

在蒋介石时代，阳明山还成为召开"国民代表大会"的所在。

1950年3月31日，蒋介石从阳明山上的草山行馆，迁往阳明山下的士林官邸，而草山行馆成了蒋介石的夏宫，曰"夏季避暑行宫"。蒋介石当年坐镇南京的时候，夏日总是上庐山避暑，把庐山称为"夏都"。到了台湾之后，蒋介石把阳明山作为"夏宫"。

蒋介石不喜欢空调，也不爱用电扇，所以夏日便住高山上。他在每年端午节上山，在草山行馆居住，到中秋节下山。

草山行馆是日式建筑，有川堂、大厅、会客室、卧室、主卧室、客房、厨房、中庭与阳台等。此外，还有四栋附属建筑，供蒋介石随从侍卫居住。

草山行馆的小花圃旁，有一防空洞，供蒋介石在遭遇空袭时躲避。

如今，阳明山成为台北游人众多的森林公园。阳明山分为前山公园、后山公园。人们来此赏景、观花。山腰上的花钟，成为游人必至的景点。

游客喜欢阳明山，还因为那里拥有二十多座火山，而火山的"恩赐"是温泉。在阳明山，凡是空气中夹杂着一股硫磺味的地方，必定有温泉。

我来到阳明山的丽致温泉，这里看上去像一座星级宾馆。一间间客房里，没有床，而是放着休闲沙发和茶具。一拧龙头，温泉喷出。在这里"泡澡"，有益于健康。

2007年4月7日，在"去蒋化"的高潮中，草山行馆毁于火灾。据称是人为纵火。

# 揭开士林官邸的神秘面纱

我差不多每一次来台湾，都要去士林官邸参观。位于台北中山北路五段与福林路口的士林官邸，是台北著名的景点。

1950年3月31日，蒋介石夫妇从草山行馆迁入士林官邸，至1975年4月5日蒋介石在士林官邸辞世，在士林官邸生活长达26年。蒋介石一生动荡，从来没有在一个地方定居这么长。可以说，士林官邸是蒋介石一生中居住时间最长的住所（诚然其中也有些时间蒋介石夫妇住在台湾其他行宫，但士林官邸始终是长住之所）。正因为这样，在台湾的蒋介石诸多住处之中，最值得细细寻觅历史踪迹的，非士林官邸莫属。

蒋介石夫妇在士林官邸

士林官邸三面环山，分为山区和平地两部分。山区约20公顷，那里是闲人莫入的警卫地带。平地5.2公顷，是蒋家官邸及侍从人员住所的所在地。

台北蒋介石住所——士林官邸

　　在5.2公顷的平地之中，又分为3个部分，由外向里分别为外花园、内花园和正馆。外花园环境清幽，花木秀丽。内花园环绕着正馆，是一大片精致的花园。正馆是核心，是士林官邸的"邸"，亦即蒋介石夫妇所住的两层别墅。

　　自从蒋介石入住之后，士林官邸列为警卫森严的禁区。

　　在蒋介石去世之后，士林官邸依然是禁区，因为宋美龄仍住在这里。

　　1975年9月，宋美龄飞往美国纽约，在长岛过着幽居静养的生活。士林官邸虽然人去楼空，但仍是禁区，因为宋美龄回到台湾，总是住在士林官邸。

　　宋美龄曾经三度回到台湾。

　　第一次是在蒋介石逝世周年纪念；

　　第二次是在1986年，蒋介石百岁冥诞，这次回来宋美龄在士林官邸住了4年，中间历经了蒋经国、蒋孝文、蒋孝武先后病逝的丧痛；

　　第三次是在1994年，探视重病的外甥女孔令伟。

士林官邸的花圃 ▶

士林官邸内花园的小湖

士林官邸花木繁茂，既有中式亭台，又有西式庭园，还有教堂。怪不得，蒋介石和宋美龄看中了这个中西合璧的清静世界

宋美龄座驾

宋美龄第三次回到台北时，已经是97岁高龄。这次重返美国，不大可能再回台湾了。为了这么一个耄耋老人，把大片美丽的园林列为禁区空置，有违民意。开放士林官邸的呼声，日益强烈。

1996年8月，士林官邸由台北市政府收回，首先开放外花园，内花园以及正房仍然禁止民众入内。

2000年之后，台湾由民进党执政。年逾百岁的宋美龄再回台北几乎是不可能的了，但是民进党政府要开放这内花园和正房，仍再三表示尊重宋美龄的意愿。宋美龄对于民进党政府开放"正房"的要求置之不理。这样，台北市市长表示，只要宋美龄在世一天，这个"蒋介石、宋美龄官邸"就不可能对外开放。

2003年，我曾经徜徉于士林官邸外花园的树林花径之中。那里花木繁茂，既有中式亭台，又有西式庭园。

外花园种植着蒋介石与宋美龄喜爱的梅树、玫瑰、芒果、杨桃等花木，是二人挽手散步的好去处。宋美龄尤爱玫瑰，专辟玫瑰园，玫瑰品种繁多，珍品超过3 000株。另外，外花园还有供应蒋氏夫妇食用的菜圃。

外花园的一块牌子上画着"士林官邸原有平面图"，是当年作为蒋介石官邸时的布局。我从"卫兵司令室"、"收发室"、"车库"一直找到"正房"——蒋介石、宋美龄官邸。

我走进花园深处，一道铁栅栏挡住了去路。铁栅栏之内，便是内花园。墨绿色的大铁栅栏门紧闭着。有武装警卫在那里守卫。大门之侧挂了一块牌子，上书"正房"。这正房，就是士林官邸的核心，蒋介

位于中山北路五段与福林路口的蒋介石住处——士林官邸。蒋介石从1950年住进士林官邸，直到1975年在这里病逝，在士林官邸住了二十六年

石、宋美龄的住所。

那时，我只能隔着铁栅，拍摄正房。那是一幢灰绿色的二层楼房。楼下是蒋介石接待来宾的大客厅、宴客的餐厅，楼上则是蒋介石和宋美龄的卧室以及书房、客房。正房四周的花园格外精致，那就是内花园。

2009年1月，我又来到士林官邸，那个紧闭的大铁门内正在大修缮。据告，自从2008年国民党执政之后，前往台湾旅游的大陆客越来越多，而士林官邸是大陆客最有兴趣的景点，强烈希望开放正房。何况宋美龄已经在2003年10月24日以106岁高龄病逝于美国，再也不可能来到正房。于是台北市政府决定修缮正房，待完工之后，将对公众开放。

果真，2011年1月2日，正房的底楼对民众开放。

在首次开放的仪式上，郝龙斌说自己当年对士林官邸与蒋介石充满了敬畏。郝龙斌的父亲郝柏村曾担任蒋介石夫妇侍卫长达5年之久，郝龙斌人生中第一次穿西装、第一次参加宴会，都在士林官邸，但是当时他也无缘进过正房。他回忆说，当年，宴会总是在官邸的网球场举行，宋美龄先到场，与在座的妈妈们聊天。蒋介石则在席间到场，摸摸在场小朋友的头，询问孩子们在哪儿读书、放假去哪里玩。

我和妻在2011年10月12日来到士林官邸。

一位志工担任解说员。她非常热情。趁着在正房门口等待的空隙，我问她，为什么蒋介石会看中这里，一住那么多年？

她说，这里在日本统治时代，原本是总督府园艺支所的用地，所以这里花木茂密。正房就是园艺支所的"官舍"，亦即办公楼及高级官员的住所。日本投降之后，这里由士林园艺试验分所接收，并在办公楼附近兴建了招待所。

她说，"蒋公"对风水很有讲究，这里三面环山，状如太师椅的椅背，表明有"靠山"，是所谓"藏风聚气"的宝地。另外，三面环山也容易守卫，比较安全。再说，整个园区古树参天，群花竞秀，何况又有现成的房子——官舍可供蒋介石夫妇居住，而招待所正好可以成为警卫部队的宿舍。于是在对园艺支所的官舍进行修缮之后，"蒋公"就搬了进来。

我随解说员步入正房。走过大型龙凤根雕玄关之后，迎面就是穿堂、门厅，在门厅之后则是小客厅。正房里铺着深红色的地毯，据说这是宋美龄喜爱的颜色。这里的家具大都是深褐色，以示稳重。

引人注目的是，正房里挂着4幅大型国画，皆出自宋美龄笔下。宋美龄对绘画有很高的悟性和鉴赏力，从小就喜欢绘画。在抗日战争期间，宋美龄经张群介绍，结识国画大师张大千，向他学习国画之技，大有长进。来到台湾之后，宋美龄又拜黄君璧和郑曼青两位名家为师，黄君璧教她山水，郑曼青教她花鸟。

士林官邸挂出宋美龄的大作后，有人怀疑乃郑曼青代作。宋美龄闻言，借孔子诞辰，在士林官邸宴请台湾多位名画家。宴毕，宋美龄当众作画，技艺非凡，流言自破。

小客厅是原来就有的园艺支所的官舍。蒋介石入住之后，很快就发现，客厅太小。尤其是外国元首来访，随员颇多，小客厅就显得逼仄。于是在1952年对正房加以扩建，加建了一个大客厅，面积400坪（约1 300平方米）。大客厅里布置了4个中西式会客区。在这个大客厅，蒋介石接待过越南前总统吴廷琰与阮文绍、韩国前总统李承晚等外国元首。1953年、1960年、1961年，蒋介石在大客厅分别会见当时担任美国总统的艾森豪威尔、副总统尼克松、副总统约翰逊。

有了大客厅之后，小客厅就成了蒋介石家庭聚会的场所。我在小客厅壁炉上方，看到蒋介石母亲王采玉太夫人的油画遗像，表示蒋介石对母亲的怀念。小客厅里还摆放着跳棋、围棋、象棋。蒋介石常在小客厅里与儿孙下跳棋、围棋。宋美龄喜欢下象棋。小客厅也用做电影室，蒋介石夫妇常与亲友、宾客一同观看电影。士林官邸设有"电影科"，由3位职员负责放电影。据担任过蒋介石侍卫长的郝柏村回忆，蒋介石喜欢观看战争影片。

这里原本是士林官邸卫队的宿舍，如今成了咖啡馆

正馆最里面是餐厅。餐厅里有西式长桌和中式圆桌各一张，人少时蒋介石夫妇就在圆桌用餐。蒋介石夫妇平时吃得很简单。

解说员特地把我带到电梯旁，说士林官邸虽然只有两层，但是却安装了电梯。这电梯是在"蒋公"晚年患病时安装的，那时候"蒋公"连走楼梯都感到吃力。

正房的二楼尚未开放，那里是蒋介石夫妇的卧室、书房以及"战情室"。

马英九当年曾经去过正房的二楼，他回忆说："我知道在上面(二楼)，还有一些早年的地图，尤其是军事的情势地图，这些让我印象特别深刻。"马英九所说的放着军事情势地图的地方，就是"战情室"。

蒋介石晚年在士林官邸过着安定、有规律的生活。他每天清早起床，盥洗完毕，必定要做20分钟的柔体体操，然后唱圣诗。接着，他回书房静坐祈祷，记昨天日记，看今日早报。上午9时早餐。他的公务一般都在白天处理。蒋介石不熬夜，晚上9时，蒋

士林官邸花园如今对外开放

介石准时就寝。

蒋介石病重时，为了便于治疗，二楼面积较大的起居室改成了卧室，蒋介石最后就病逝在那里。

从正房的后门出来，我漫步在内花园。抬头望去，正房处于草坪、绿树的包围之中。正房的外墙刷成深绿色，为的是不醒目，不暴露。

内花园里有中式亭台，有小湖，有喷泉，别有一番风情。

内花园后方的小山内部，有一个山洞，是台湾战时作战指挥中心。从正房有地道通往这个指挥中心，以便在发生紧急情况时，蒋介石可以就近进入指挥中心。不过这个通道以及山洞在蒋介石去世后就废弃不用了。

士林官邸内有一座教堂，叫凯歌堂。蒋介石和宋美龄每周到这个教堂做礼拜。教堂没有常见的排椅，而是安放了60张太师椅，以便坐得更舒服些。蒋介石去世之后，1987年8月19日，蒋介石之孙蒋孝刚与王倚惠小姐就在凯歌堂举行结婚仪式。

士林官邸是蒋介石在台湾的长年住所。除此之外，很会享受生活的蒋介石在台湾还有10处行馆。这些行馆，几乎都在风景优美之处。

# 蒋介石的"阳明书屋"

我在2010年3月上旬又上阳明山。第三次去阳明山，为的是探秘蒋介石在台湾的最后行宫——阳明书屋。

阳明书屋不大为人所知，普通民众会以为是一个卖书或者读书的地方。其实，这名字是后来才起的。当年蒋介石住在那里的时候，为了遮人耳目，叫"中兴宾馆"、"中兴招待所"，外人误以为那里是一家宾馆。蒋介石去世之后，中兴宾馆一度空关。后来，考虑到这里比较安全，1979年国民党党史委员会迁此办公，国民党中央的党史资料以及"总统府"机要室掌管的"大溪档案"也都集中在中兴宾馆的地下室里，从此对外改称"阳明书屋"。不论是当年的中兴宾馆以及后来的阳明书屋，出于保密，都鲜为人知，就连那条中兴路，当年由于蒋介石住在那里，属于军事禁区，所以也鲜为人知。

中兴路其实是通往山上的一条公路，沿途没有住户。不过，这条路上

阳明书屋长长的回廊便于蒋介石散步

没有公共汽车，倘若我不是乘私家车来，那就得在离得最近的公共汽车站下车之后，向上步行将近半小时，才能到达阳明书屋。

参观阳明书屋大都是旅游团，采取"团进团出"，由阳明书屋派出导览员带领参观。我和妻加上司机张先生，三人算是"散客"，阳明书屋的游客服务站非常负责，派出志工陈先生担任我们这三人的导览员。由于人少，我在参观过程中得以随时请教陈先生，获益多多。

进入阳明书屋之后，迎面就是一条宽敞的柏油马路，路的两侧树木葱郁，碧草如茵，看上去像一座公园。在马路的拐弯处，有一大片柏油铺成的平地，如同停车场，陈先生告诉我，那是应急用的直升飞机停机坪。如果中兴宾馆遭到意外的袭击，或者蒋介石突然患急症，就用直升飞机接他去安全地带或者医院。

中兴宾馆掩映在高大的树木丛中。陈先生指着主楼和周边的副楼说，所有的外墙一律绿色，为的是不显眼。马路边上有绿色的岗亭。陈先生说，那是明哨。他领着我来到马路边，一处看似小山坡、上面长满灌木、与地面齐平处有一个洞，仿佛是排水沟的出口。他告诉我，其实这里是暗堡，那小山坡是伪装的碉堡，那"排水沟的出口"就是瞭望孔，哨兵在这里监视所有进出中兴宾馆的车辆和人员。

中兴宾馆就建在草山行馆的上方。是请台湾著名设计师黄宝瑜为蒋介石"量身定做"的。黄宝瑜曾经设计过台北圆山饭店，颇受蒋介石赞许。

阳明书屋二楼正厅挂着孙中山像

阳明书屋二楼蒋介石办公室

阳明书屋映壁上刻着"千秋万岁",蝙蝠象征"福"

据说,建筑图纸经过蒋介石亲自多次修改。

中兴宾馆自1969年三四月间动工,一年后的1970年5月9日竣工,总面积15公顷,宾馆面积近4 000平方米。蒋介石于1970年夏入住中兴宾馆,作为夏日的居所以及接见中外宾客之用。

为了便于蒋介石车队进出中兴宾馆,阳明后山修建了新的高等级公路,叫"中兴路",又称"总统路"。

中兴宾馆的副楼,看上去像大学里的宿舍楼。那里有蒋介石的侍从室、通讯班、营房、车库、参谋及警务人员办公、住宿的房舍。

中兴宾馆主楼朝南。从外面看过去,这座灰绿色的大楼显得很朴素,一点也不张扬。在主楼大门对面的映壁中心,是"千秋万岁"四个红色篆字,四周围着五只蝙蝠。陈先生说,蝠与"福"同音,至于五只蝙蝠这"五",则因为蒋介石是五星上将。中兴宾馆里许多饰纹多喜欢用五组，如五朵花瓣，蒋介石的办公室有五扇门，"典故"都出于此。

步入中兴宾馆，在走道两侧是两个庭园，桂花的清香扑鼻而来。陈先生说，桂与"贵"同音，跟映壁上的蝙蝠的"福"合在一起，就是"富贵"，而蝙蝠、桂树都安排在大门口，意即"富贵临门"。蒋介石很讲究风水，所以这样的刻意安排，很得蒋介石的欢心。

庭园四面，是长长的回廊。这是设计者考虑到蒋介石、宋美龄喜欢饭后散步，而阳明山多雨，长长的回廊可供他们雨天散步之用。

走过庭园，迎面是底楼的正厅。正厅中央，挂着蒋介石身穿披风的画像，画像中蒋介石的身高与实际身高相等。画像前放着红木条几、圆桌、太师椅。正厅的两侧是客厅。东客厅用来接待外宾。不过，当时正值联大通过2 758号决议把蒋介石代表驱逐出联合国，所以几乎没有什么重要的外宾到访台湾，这个客厅鲜闻谈话之声。经常启用的倒是西客厅，那是蒋介石用来接见部属的地方。墙上挂着蒋介石与母亲的合影。客厅的一角斜放着一张办公桌，蒋介石通常坐在桌子后面的椅子上，跟对面沙发上的部属谈话，据说这样的布局是便于蒋介石观察部属的一举一动。

沿着宽敞的铺着红地毯的大理石台阶上了二楼，正厅里挂着孙中山的大幅画像。正厅的东侧是蒋介石和宋美龄的卧室，西侧是蒋介石的办公室、小会客室和文件室。

蒋介石和宋美龄分床而睡，两个卧室之间是相通的。陈先生解释说，他们分床并不代表两人感情不和，而是因为生活习惯不同，作息时间不同，蒋介石军人出身，早睡早起，而宋美龄喜欢晚上看电影、看书，晚睡晚起。

陈先生特别指出，蒋介石的卫生间有三扇门，而宋美龄的卫生间只一道门。此外，蒋介石的办公室有五扇门。这是因为建筑设计师深知蒋介石的习惯：自从经历了1936年的西安事变之后，变得多疑而谨慎，多一扇门，在突然袭击发生时多一条退路。

站在二楼的阳台上，可以远眺七星山、大屯山、纱帽山，可以俯瞰台北市区、淡水河、基隆河，景观极佳，如同沉浸于一片浓绿之中，令人心旷神怡。

陈先生带我下楼，来到地下室，这里的一大排档案柜保存着重要文件和档案，还有一条密道，可作防空洞，而且可以直通直升飞机的停机坪。从1979年开始，国民党中央的党史资料以及"总统府"机要室掌管的"大溪档案"就安放在这地下室里，直至1995年5月23日国民党党史委员会才完成这批重要机密档案的全部接收工作。

走出中兴宾馆主楼，便是有水有树有花有草的后花园。林间小径上布满青苔。在无雨的傍晚，蒋介石常与宋美龄漫步林中，呼吸山间的新鲜空气。

后花园之外，还有一批树林，专门用来作为中兴宾馆的壁炉薪柴之用。宋美龄有着西方生活习惯，所以中兴宾馆的客厅、书房都设计了壁炉。有时冬日蒋介石也与宋美龄来此居住，壁炉燃薪，暖意融融。

蒋介石入住中兴宾馆之后，有一回在附近散步时，见到一片草地，那草被人工剪成四颗绿色的星。蒋介石问，那是什么意思？阳明山管理局的官员告知，那是"四星上将"胡宗南的墓地。

蒋介石一听，心中不悦。蒋介石很注重风水。胡宗南曾经是他的爱将，后来由于在大陆与中共决战时屡战屡败，丢失几十万大军，最后成为"光杆司令"灰溜溜逃到台湾。尤其是胡宗南的机要秘书熊向晖，在他身边"埋伏"十多年，胡宗南居然不知不觉。熊向晖在北京出任高官，更使胡宗南脸面扫地。台湾诸将请求把败将胡宗南交军事法庭审判，蒋介石含含糊糊，不了了之。无兵无权的胡宗南在台湾花莲隐居，直到1962年病逝，安葬在阳明山后山之巅。

蒋介石的新行馆旁边，竟然是败将胡宗南墓地，在蒋介石看来，这显然不吉利。碍于阳明山管理局为他建造新行馆的一片"敬意"，他不便把心中的不快当面说出。

阳明书屋的文档室

阳明书屋这座灰绿色的大楼显得很朴素，一点也不张扬

在蒋介石和宋美龄入住中兴宾馆前的1969年9月16日下午，在阳明山发生严重车祸，蒋介石和宋美龄都受伤，蒋介石的主动脉瓣膜也受到重创，在医院里躺了好几个月。蒋介石自称，这次车祸，损他20年阳寿。入住中兴宾馆之后，蒋介石又有过小中风。

蒋介石在中兴宾馆只住了三个暑季，由于身体每况愈下，到了1972年7月底心脏病发作，8月初不得不住进石牌荣总医院，从此再也没有来到中兴宾馆。

于是，有风水师称，那是胡宗南在作祟。也有人说，这是因为中兴宾馆面对七星山，而蒋介石只是五星上将，"七星克五星"，所以流年不利。还有风水师称，中兴宾馆正对淡水河和基隆河，形似弯弓射箭，弓箭所指，正是蒋介石所住的中兴宾馆。

1975年4月5日，清明节那天，风雨飘摇中蒋介石病逝，中兴宾馆也就成了蒋介石最后的行馆。

蒋介石去世之后，中兴宾馆空置着，后来改为收藏"两蒋档案"，即原本存放于南投草屯"荔园"的中国国民党党史资料以及存放于大溪的"总统府"机要室档案（即"大溪档案"）。蒋介石从北伐到去世所留下的函稿、电文、日记、信件、书籍、地图、影像资料及文物，还有蒋经国的有关档案，都存放在这里。从此这里改称"阳明书屋"。后来，考虑到台湾政局动荡，蒋介石后人决定把蒋介石日记、蒋经国日记送往美国，存放在美国斯坦福大学的胡佛研究所。

# 日月潭的蒋介石行宫

涵碧半岛在日月潭西北方，向湖中延伸，呈三角型。对面东南方是沙巴兰半岛，长条状伸入湖中。这两个半岛把将日月潭分隔成日潭与月潭。在两个半岛之间、日月潭的中心，则是拉鲁岛。

绿树掩映之中，涵碧半岛山坡上出现一幢漂亮的七层大楼，那就是涵碧楼。半岛就是以这幢大楼命名的。

"涵"，浸泡之意。"涵碧楼"，也就是沉浸在一片碧波之中的楼房。用涵碧楼命名日月潭畔的这幢波光潋滟的美宅，妥切而传神。

记得，2003年初在出发前，长媳从台湾来到上海，说起到台湾的行动计划，第一个就提到前往涵碧楼。当时，我并不知道涵碧楼，但是从长媳的介绍中，意识到这是日月潭畔非同寻常的所在。

朋友年先生告诉我，这里的涵碧楼原本是戒备森严的禁区。虽然他土生土长在这里，过去也无法到涵碧楼，因为涵碧楼是蒋介石的行馆，四周布满警卫。蒋介石是很会享受的，他选择了台湾顶尖的佳景胜地日月潭，又在日月潭选择了顶尖的伸进湖中的涵碧半岛，建造"总统"行馆。

斯人已经远去。如今的涵碧楼，不再是铁腕人物独霸的禁区，而是比五星级宾馆更豪华的"六星级"饭店，甚至有人称之为"七星级"饭店。虽然这里的客房价格平均是每天13 000元新台币，相当于人民币2 800多元，是附近旅馆价格的五倍以上，创台湾观光酒店房价的最高纪录。最贵的总统套房，一晚的房价为52 000元新台币。我的长子、长媳还是一定要安排我们在这里住，事先预订了套间。他们说，住涵碧楼尽管贵，但是"贵得有理"，值！

今日涵碧楼，已经不是当年的蒋介石行馆。在1999年"9•21"地震中，旧的涵碧楼受到严重损害，推倒之后，耗资18亿元新台币、历时一年半进行重建。

2001年3月3日，新建的涵碧楼落成，台湾诸多政要出席了开幕典礼。开幕之际，涵碧楼打出一幅标题为"我将再起"的蒋介石巨幅宣传照，唤起民众对涵碧楼当年曾经是蒋介石行馆的尘封多年的记忆。

新的涵碧楼是由世界著名建筑设计师Kerry Hi设计，气势不凡。

涵碧楼是日月潭畔的明珠。我来到位于山坡之上的涵碧楼，第一印象就是用粗厚的褐色木栅，组成方形门厅，显得别具一格。一进门，迎面就是一条长长的"水廊"——那是浅浅的底部铺了黑色大理石的长廊水池，水面与地面持平，看上去明净似镜，我真佩服设计师别具匠心的构思。

涵碧楼的总经理曾说，他希望从客人踏进饭店的那一刹那起，就处于"时时感受无微不至的服务，处处发现别有洞天的惊艳"的情境中，客人的情绪始终处于一种喜悦与兴奋状态之中。

大楼内的长廊，线条简洁，而深咖啡色方木柱又显得古朴。就连底楼一条通往日月潭的短廊，两侧摆设着古色古香的圆瓶，也令人赏心悦目。

七层大楼面对烟波浩渺的日月潭。整幢大楼只有九十六个房间，其中有一部分是套间，所以实际上只有七十套客房而已。每个房间的面积是二十四坪，也就是八十平方米。另外，还有七幢独栋别墅，每栋面积120坪，也就是近400平方米。别墅四周不仅有独立的花园，而且有单独的游泳池。

这次，我们四人住的是大套间，面积达160平方米。涵碧楼的经营理念是：客房的套数宁可少些，但是面积要大，要有一种舒适感。他们说，要让客人来到这里，不仅欣赏湖光山色，而且在这顶级的旅馆里，得到极致的享受。

步入客房，不论是客厅还是卧室，都铺着宽幅的深褐色从印尼进口的原木地板。客厅的门外，是宽大的阳台。阳台之侧，是大片芳草与成丛的鲜花。

确实，对于我这样起码住过几百家旅馆的人来说，涵碧楼给我留下的印象是最深的。涵碧楼定位于高档消费，走的是高价休闲酒店路线，尽管房价近乎天价，但是客人们还是不断慕名而来。涵碧楼的客人，多半是外国旅客。特别是日本旅客，由于离台湾近，喜欢来此作"三天两夜游"。他们飞抵台北中正机场之后，被旅行社的专车直送涵碧楼，住了两夜之后，又直接送回桃园中正国际机场，直飞日本。这些日本客人来台湾，就是为了在涵碧楼休闲，而且很多人是"回头客"，住了一回涵碧楼，仍旧愿意一而再、再而三地来到这里。

涵碧楼实行会员制，一张会员卡价格高达220万元新台币，虽然价高，但是房价给予优惠，专供那些喜欢多次来此休闲或者在此长住的客人。涵碧楼还推出公司会员卡，每张售价达550万元新台币。尽管价格不菲，涵碧楼却严格把关，并非有钱就能买到会员卡。会员名单对外是严格保密的，据说名单上都是"董"或"总"字辈人物。一些"形象不良"的富商被涵碧楼拒于会员之外。所谓"形象不良"是指有嫖、赌、吸毒恶习者。

事实证明，涵碧楼的"宁要少些，但要好些"、"以质取胜"而不是"以量取胜"的经营理念是正确的。按照涵碧楼现有的面积，完全可以分隔成三四百间客房，变成人声嘈杂的所在，变成中低档的旅馆，那就完全丧失涵碧楼的特色，而且收益未必有现在这么高。

涵碧楼的设计师曾说，要让涵碧楼的每一个角落都充满美感。从涵碧楼望出去，日月潭波光粼粼，远处正对青龙山以及山顶上的慈恩塔。

坐楼观水，宁静致远。身在楼中，心在水中。

我最欣赏的是涵碧楼前的一块硕大无比的镜子般的游泳池。

设计师运用了与"水廊"一样的手法，让游泳池的水面与池坝持平，形成一个水的"直角"。这个"直角"轮廓鲜明，使得整个游泳池看上去像一面大大的镜子。

一架像吸尘器似的机器人，正在游泳池底沿着一级级台阶逐级横移，自动清除水底垃圾。

湖光山色倒映在游泳池那镜子般的水面上，水天一色，分不清哪是天，哪是水。设计师别出心裁的匠心，真令人叹服。

在涵碧楼的外墙上，嵌着蒋介石亲笔题写的台湾诗人李学樵所写的日治昭和时期的涵碧美景《涵碧夜光——诗咏涵碧楼》：

> 涵碧远夫青复青，
> 楼台歌舞夜光腾，
> 不知云路梯山近，
> 首望翻身捷足登。

李学樵是台湾诗人，也是台湾画家。他对日月潭倾注了无限的爱恋。李学樵的另一首诗《潭水九曲》，用日月潭的云、烟、水、鸟，组成一幅美丽的图画：

> 浅深万丈白云封，
> 屈曲岩岩叠九重。
> 烟水迷离飞鹜落，
> 鸥群聚集远来峰。

蒋介石的题字，引起我对涵碧楼历史的浓厚兴趣。因为这首诗表明，早在日本统治台湾时期，就已经有涵碧楼了。

为了探究涵碧楼的历史，我前往日月潭旅游局采访。

日月潭旅游局热情地接待了我，拿出涵碧楼的历史照片让我翻拍。他们介绍说，在日本统治台湾初期，为了建造日月潭水电站，在现今涵碧楼半岛最高处修建了一座以当地木料、竹材为梁、墙，而以茅草覆顶的日式木屋，作为水电站施工人员的招待所。

1901年，日本人伊藤在日月潭边兴建了用桧木建造的一幢在当时算是豪宅的二层楼房，取名为"涵碧楼"，成为最早的涵碧楼。

后来，涵碧楼又几经改建，益发漂亮。大正十二年（1923年）日本东宫太子（后登基成为日本裕仁天皇）游台湾。为了迎接东宫太子来日月潭，涵碧楼特地扩建了八间贵宾室。东宫太子下榻于涵碧楼，日本报纸和台湾报纸都刊登了他在涵碧楼的新闻和照片，从此涵碧楼名声大振，成为台湾的历史名楼。

于是，诸多达官富贾游日月潭，慕名下榻涵碧楼。

此后，在日月潭水力发电厂完工时，为了迎接前来参加开幕典礼的日本东宫太子之兄梨本宫，涵碧楼再度进行扩建。

1940年，涵碧楼贵宾馆遭祝融之灾，所幸只烧毁部分建筑，涵碧楼进行了修缮。

日本投降之后，蒋介石来到台湾。蒋介石非常喜欢日月潭，游日月潭必住涵碧楼。1949年，蒋介石下令翻新、改建涵碧楼。从此，涵碧楼成为蒋介石的行馆。

日月潭旅游局告诉我，涵碧楼有一个专门的纪念馆，收藏蒋介石在涵碧楼的史料。于是，我赶紧回到涵碧楼，希望能够参观这个纪念馆。我前往涵碧楼总台，这才得知，这个纪念馆如今由于乏人问津，已经空关多年。总台小姐笑道，难得还有像先生这样的人，会对蒋介石仍感兴趣！

于是，总台小姐派人打开尘封已久的纪念馆，让我参观。

一进纪念馆，迎面便见到蒋介石、蒋经国在涵碧楼的大幅照片。

蒋介石在台湾有十个行宫，他最喜欢的行宫便是涵碧楼。纪念馆里按照当年的原样，复原蒋介石在涵碧楼的办公室。据说，内中的桌椅都是原物，清一色红木家具。那红木太师椅上，铺着大红绣金缎垫。

蒋介石刚刚从大陆败退台湾，便在涵碧楼进行"反思"，召集国民党高层人士，商议如何整顿、改造国民党。

蒋经国在1949年12月30日日记上写道：

"上午，父亲在涵碧楼召集陈立夫、黄少谷、谷正纲、陶希圣、

郑彦棻等先生，讨论本党的改造问题。父亲准备重新改造党，决定改造方针。"

蒋经国在日记上又写及：

"下午，父亲仍在涵碧楼与本党同志继续讨论党的改造问题。父亲认为改造要旨，在湔雪全党过去之错误，彻底改正作风与领导方式……父亲抱着破釜沉舟的决心，来改造本党，无非欲重整旗鼓，自力更生，以达成反共复国之使命。"

陈立夫在他的回忆录《成败之鉴》中，也提到日月潭（涵碧楼）：

"政府迁台后，在生聚教训中，有一次在日月潭我向总裁建议说：'从本党历史看来，每次挫败后，急应把党政改造一下，以期重振革命精神。……党未办好及一切缺失，最好把责任推给我两兄弟，将来改造后，我兄弟二人亦不必参加，庶几总裁可以重整旗鼓。'"

过去，人们流传"蒋家天下陈家党"这句话，足见陈果夫、陈立夫权重一时。陈果夫更有"国民党教父"之称。陈立夫在涵碧楼变得如此"谦虚"，是由于他已经意识到蒋介石要把陈氏兄弟作为败北大陆的替罪羊。

从此，陈果夫、陈立夫兄弟被蒋介石驱逐出国民党决策圈，陈果夫隐居台中，而陈立夫被放逐海外，到美国新泽西州湖木镇养鸡！

1953年，蒋介石在涵碧楼会见美国太平洋舰队总司令雷福德将军，商谈"反攻大陆"的计划。蒋介石曾经倡议，把涵碧楼作为指挥要塞，把涵碧楼附近、台湾中部港口、机场作为基地，"先取闽浙"，足见蒋介石对涵碧楼的看重。

20世纪50年代、60年代，蒋介石当局尚与诸多国家保持"邦交"，蒋介石曾经在涵碧楼会见过美国副总统安格组、伊朗国王巴勒维、日本首相岸信介及吉田茂、泰皇普美篷、新加坡总理李光耀等。蒋介石还安排他们在涵碧楼住宿。

在纪念馆，我见到蒋介石、蒋经国父子在涵碧楼过圣诞节的照片。不过，从照片上见到的当年的涵碧楼，跟今日涵碧楼相差甚远。

我也见到蒋介石和宋美龄在涵碧楼以及日月潭畔的照片。

还有两张照片，拍的是蒋介石的背影。他坐在涵碧楼前，面对日月潭

蒋介石和蒋经国父子在涵碧楼过圣诞节的照片

蒋介石坐在涵碧楼前、日月潭畔沉思

畔陷入沉思，摄影师选择了从背后拍摄，为的是能够展现日月潭的波光。据说，每逢发生重大事件，或者要作出重大决策，蒋介石总喜欢离开车马喧喧的台北，来到涵碧楼静静地呆上几天以至半个月。那两张在日月潭边沉思的照片，也许正是蒋介石思索重大决策的写照。

纪念馆里的档案透露，1958年8月23日，当毛泽东下令炮轰金门的时候，已经预感到海峡两岸局势紧张的蒋介石，正住在涵碧楼思索对策。当金门急报传到涵碧楼，蒋介石在涵碧楼紧急召开高层会议，商量对策。

我的眼睛忽然一亮，因为在纪念馆里见到一个熟悉而富有神秘色彩的名字——曹聚仁！笔者在香港认识曹聚仁之子曹景行，他曾任香港《亚洲周刊》副总编辑、《明报》主笔；笔者也认识曹聚仁之女曹雷，她是上海的电影演员。

曹聚仁，通常被称为"香港作家"，其实他集作家、记者、学者于一身，1900年6月26日出生于浙江兰溪墩头镇蒋畈村。早年在上海创办《涛声》、《芒种》等杂志，1950年只身赴港从事自由写作，从此定居香港。1972年7月23日因癌症在澳门镜湖医院病逝。

我在涵碧楼纪念馆的《风云际会涵碧楼——两岸关系滥觞地》说明词中，见到这么一行字：

> "民国四十五年（引者注：即1956年）7月，蒋公亲点香港作家曹聚仁前往北京，周恩来在颐和园与曹见面，提出'第三次国共合作'，'只要政权统一，其他问题都可以坐下来共同商量安排'的构想。"

曹聚仁作为一位香港作家，非国又非共，他向来宣称"我是一个绝对不带政治色彩，也不夹杂政党利害关系的记者"。他怎么会被蒋介石"亲点"作为国共和谈密使前往北京，而且到了北京，又马上受到周恩来的接见？

原来，曹聚仁与国共双方高层都有过非同寻常的友情，而他能够被国共双方高层所看重，恰恰正是在于他非国又非共，诚如他自称，"我这个人嘛，国共两党中，只要是榜上有名的人，我都认识。"

曹聚仁能够被蒋介石"亲点"，是因为曹聚仁与蒋经国交谊深厚。那是在抗日烽火燃烧的1938年春，曹聚仁作为中央社的特派战地记者，在南昌采访了当时任江西保安处少将副处长的蒋经国，发表了题为《一个政治新人》的关于蒋经国的报道。一年之后，蒋经国担任江西第四行政区（赣南）督察专员，在那里实行新政，曹聚仁也在赣州定居，与蒋经国有了更多的接触。1941年，曹聚仁应蒋经国之邀，主编专员公署的机关报《新赣南报》。曹聚仁接手之后，改名为《正气日报》，从此与蒋经国交往甚密，还兼任蒋经国的家庭教师。蒋经国曾说过："知我者，曹公也。"曹聚仁写了关于蒋经国的传记《蒋经国论》一书，在当时江西的《前线日报》连载……

关于曹聚仁担当海峡两岸和谈密使，早有所闻。国共双方究竟谁先选中了曹聚仁充当密使，涵碧楼纪念馆所说"蒋公亲点香港作家曹聚仁前往北京"，表明是蒋介石首先点将曹聚仁。

1956年6月28日，周恩来在人大一届三中会议上提出用和平方式解放台湾，代表政府正式表示：愿意同台湾当局协商和平解放台湾的具体步骤和条件，希望台湾当局在他们认为适当的时机，派遣代表到北京或者其他适当的地点，开始这种商谈。

不久，曹聚仁便以"新加坡工商考察团"随行记者的名义从香港前往北京。由于他担负非同寻常的使命，7月16日，周恩来在颐和园宴请曹聚仁、陈毅、邵力子、张治中出席作陪。

曹聚仁直截了当地问周恩来："你关于和平解放台湾的谈话究竟有多少

实际价值？"

周恩来答道："'和平解放'的实际价值和票面完全相符。国民党和共产党合作过两次，第一次合作有国民党革命军北伐的成功；第二次合作有抗战的胜利，这都是事实。为什么不可以来合作建设呢？我们对台湾，绝不是招降，而是要彼此商谈，只要政权统一，其他都可以坐下来共同商量安排的。"

周恩来这一段话，首次提出了"国共第三次合作"。

听了周恩来的话，曹聚仁颇有感触地说道：

"国共合作，则和气致祥；国共分裂，则戾气致祸。"

曹聚仁用他的笔，向海外转达了周恩来发出的这一重要信息。他在8月14日的《南洋商报》上，发表了《颐和园一夕谈——周恩来总理会见记》。海外报纸迅即纷纷转载此文。

我在涵碧楼纪念馆又见到这么一段说明词：

"民国四十五年（引者注：即1956年）10月3日下午，毛泽东在中南海怀仁堂接见曹聚仁，毛对蒋的态度，已从蔑视转向容忍，并承认他在中国现代史上的作用，并有'准备和自己的政敌握手'的想法。"

当时，毛泽东推迟了与印尼总统苏加诺会见的时间，在中南海接见曹聚仁。

关于毛泽东的谈话，曹聚仁不便马上公开加以报道。一年之后，他才在《北行小语》

中加以透露。他写道：

因为毛氏懂得辩证法。世间的最强音者正是最弱者。老子说："天下之至柔，驰骋天下之至坚。天下莫柔于水，至坚强者莫之能胜。"从这一角度看去，毛泽东从蔑视蒋介石的角度转而走向容忍的路的。他们可以容许蒋介石存在，而且也承认蒋介石在现代中国史上有他那一段不可磨灭的功绩。在党的仇恨情绪尚未完全消逝的今日，毛氏已经冷静下来，准备和自己的政敌握手，这是中国历史又一重大转变呢。

曹聚仁回到香港后，他立即将他在大陆和中共领导人接触的详细情况转告了台湾方面。

此后，1957年，曹聚仁再次肩负台湾当局的秘密使命，前往中国大陆，在蒋介石的故乡以及庐山蒋介石故居"美庐"拍摄了诸多照片，转给蒋介石。

1958年10月，当曹聚仁带着海峡彼岸的信息又来到北京的时候，时机不巧，正值毛泽东下令炮击金门的紧张时刻。毛泽东在1958年10月11日致函周恩来，这样谈及曹聚仁：

"曹聚仁到，冷他几天，不要立即谈。我是否见他，待酌。"

这一回，毛泽东"冷"落曹聚仁，其实是做给蒋介石看的。

由于毛泽东炮轰金门，海峡两岸的秘密和谈也"冷"了下来。

涵碧楼纪念馆的说明词中有这么一段不寻常的话：

"民国五十四年（引者注：即1965年）7月20日，蒋介石、蒋经国父子在涵碧楼，听取曹密访北京报告，形成一个与中共关系和平统一中国的谈判条款草案，当时称为'六项条件'。其中第一条即为蒋介石仍为中国国民党总裁，可携旧部回大陆，也可以定居在浙江省以外的任何一个省区；北京当时建议以江西庐山作为蒋介石的'汤沐邑'，意即台湾最高长官在中国大陆的起居与办公之地。"

所谓"汤沐邑"，原本是周朝的制度，诸侯朝见天子，天子在自己直属领地上赐以供住宿以及斋戒沐浴的封邑。北京方面建议给蒋介石以"汤沐邑"，不言而喻，只有深谙中国文史的毛泽东才会用这样的特殊语言。

1965年7月20日是不平常的一天，海峡此岸，蒋介石父子在涵碧楼与曹聚仁商定"与中共关系和平统一中国的谈判条款草案"，而在海峡彼岸，周恩来亲赴北京机场，迎接当年国民党政府的"副总统"、"代总统"李宗仁归来。李宗仁回归中国大陆，给了蒋介石极大的冲击。

蒋氏父子与曹聚成在涵碧楼谈定的"六项条件"，全文如下：

（一）蒋介石携旧部回到大陆，可以定居在浙江省以外的任何一个省区，仍任国民党总裁。北京建议拨出江西庐山地区为蒋介石居住与办公的汤沐邑。

（二）蒋经国任台湾省长。台湾除交出外交与军事外，北京只坚持农业方面必须耕者有其田，其他政务，完全由台湾省政府全权处理， 以二十年为期，期满再行治商。

（三）台湾不得接受美国任何军事与经济援助。财政上有困难，由北京按美国支援数额照拨补助。

（四）台湾海空军并入北京控制。陆军缩编为四个师，其中一个师驻厦门和金门地区，三个师驻台湾。

（五）厦门和金门合并为一个自由市，作为北京与台北之间的缓冲与联络地区。该市市长由驻军师长兼任。此师长由台北征求北京同意后任命，其资格应为陆军中将，政治上为北京所接受。

（六）台湾现任文武百官官阶和待遇照旧不变。人民生活保证只可提高，不准降低。

曹聚仁与蒋氏父子在涵碧楼商定这六项条件后，立即返回香港，将谈判情况及六项条件报告给了中共中央。

应当说，倘若这"六项条件"能够实现，则中国大陆与台湾在当时便可能实现统一。然而，由于紧接着中国大陆爆发了"文化大革命"，极"左"思潮在中国大陆泛滥，蒋介石对于回归大陆也产生了怀疑，从此国共秘密谈判再度中断……

我沉醉于美不胜收的涵碧楼，更沉醉于涵碧楼纪念馆里这些历史瑰宝。

我在纪念馆里正在细细参观、记录、拍照，忽然听见大门关闭之声。我连忙来到大门口，方知纪念馆的管理员以为我早已离去，正准备重新锁上大门——因为如今纪念馆门可罗雀，所以"门虽设而常关"！幸亏我及时赶到大门口，不然就会被反锁在纪念馆里。管理员连声说"抱歉"……

蒋介石喜欢乘坐手划船在日月潭赏景。专为蒋介石划船的船夫至今仍在日月潭，名叫赖瑞庆，今年76岁，为蒋介石划船前后达25年。

据赖瑞庆回忆，蒋介石当年在日月潭寻找船夫时，当地船夫都不会讲国语（即普通话），何况蒋介石的浙江口音又很重，无法跟蒋介石沟通。赖瑞庆虽然也不会讲国语，但是会讲日语，而蒋介石年轻时留学日本，也会讲日语，于是彼此能够沟通，请赖瑞庆划船。当时一般船工一天工资大约十元台币，赖瑞庆为蒋介石操桨日薪四十，不但优厚，而且不管出不出船，只要蒋介石没离开日月潭，按日计薪，真让其他船工垂羡万分。

赖瑞庆还回忆说，蒋介石喜欢与宋美龄在傍晚或深夜二、三时一起乘坐舢舨，由他慢悠悠地在日月潭划着，细细欣赏日月潭风光。为了保证蒋介石的安全，一艘汽艇上乘坐警卫，游弋在小船附近。夜游日月潭，格外宁静，别有风光。有好多次蒋介石让小船穿过日月潭，到达对岸的青龙

山，登上山顶，拜谒慈恩塔，俯瞰日月潭。

赖瑞庆说，有一回蒋介石和宋美龄赏景时间过晚，回程不及，改用汽艇拖回舢舨，汽艇的尾气直冲舢舨。坐在舢舨上的宋美龄无法忍受前方汽艇尾气的柴油味，沿途作呕，回到涵碧楼后，爱妻心切的蒋介石大发雷霆，痛斥随从。从那以后，宋美龄较少搭船，改由蒋介石的孙子蒋孝武、蒋孝勇陪同蒋介石。

赖瑞庆说，蒋介石在涵碧楼居住最长的一次是在"民国"六十年，亦即1971年。当时国民党当局代表被驱逐出联合国，蒋介石蹙眉长叹，借景消愁，在涵碧楼住了五十多天。

蒋介石当年乘坐的小船，如今成了涵碧楼的展品。

蒋介石警卫乘坐的汽艇，如今被修复，冠以"总统一号"之名，在日月潭招揽生意。其实，当年蒋介石本人不大乘坐这艘汽艇。

我还见到蒋介石与孙子蒋孝勇在青龙山顶慈恩塔前的合影。蒋孝勇是蒋介石非常喜爱的孙子，经常跟随在蒋介石左右。

据蒋介石的侍卫说，蒋介石平时不经手金钱，是个完全没有金钱观念的人。有一次，蒋孝武花了1,200元新台币买了一双马靴，在当时是相当昂贵的。蒋介石问他价格，蒋孝武不敢说实话，谎称80元新台币。蒋介石听说当时国民党军队穿的布鞋是100元新台币一双，而蒋孝武这么油光锃亮的马靴才80元新台币，当即一声令下，要部队全部改穿皮鞋！

涵碧楼设有餐厅，面对日月潭，客人们可以一边赏景，一边用餐。

涵碧楼的"招牌菜"，是"总统鱼"。这种出自日月潭的鱼，味道鲜美，蒋介石很喜欢吃，因而得名"总统鱼"。这种鱼的腹部略带弯曲，当地人叫"曲腰鱼"，它属于鲤科，学名叫"翘嘴红"，又名巴刀鱼。我在涵碧楼吃"总统鱼"，肉质细嫩，口味极鲜，只是多细刺。

甜而软的"总统蛋糕"，也因蒋介石喜爱而得了"总统"之名。

在涵碧楼餐厅，我还吃到用芭蕉叶包裹的粽子，打开之后一股清香扑鼻而来。至于雪菜年糕，则是蒋介石家乡的传统做法，当年蒋介石很喜欢吃，也就成了涵碧楼的"保留节目"。

涵碧楼十分注重为旅客提供休闲服务。凭着住房卡，可以免费享受"三温暖"。

所谓"三温暖"，是冷暖交替洗浴：

先是在按摩池(40摄氏度左右)浸泡10至15分钟，然后进入蒸汽室(44摄氏度左右)五至十分钟，以使全身出汗。这叫"一温暖"。

接着，突然以冷水(20摄氏度左右)冲浴，擦拭汗渍至全身清凉，再进入烤箱(78摄氏度左右)五至十分钟，以汗如雨下为度。这叫"二温暖"。

又以冷水全身冲浴，擦拭汗渍至全身凉透舒畅。最后重入按摩池泡浴五至十分钟。这叫"三温暖"。

通常，人们总是以为乍冷乍热，最易感冒。然而，"三温暖"偏偏以乍冷乍热为特色。"三温暖"先让人在热水中浸泡，使全身的毛孔张开。接着，突然受冷水刺激，毛孔迅速收缩。然后又是热、冷交替。据说这样可以达到健身的目的，可以治疗腰酸背痛、风湿痛，预防心血管疾病，促进心脏功能，甚至还可以美容减肥。

据说，"三温暖"起源于欧洲的"SPA"。 "SPA"源于拉丁语的Solus Por Aqus，Solus(健康)，Por(经由)，Aqus(水)，意思是说经由水而得到健康。也有人以为，"SPA"源于16世纪比利时小镇SPAU，这个小镇以含丰富矿物质的温泉而闻名。18世纪之后，欧洲流行矿泉疗养，便把矿泉疗养通称为"SPA"。

涵碧楼的下方，是一条离日月潭水面很近的步行道。曲径通幽，两旁梅树夹道，樱花盛开，桂树丛立，清香扑鼻。据说，这是因为宋美龄喜欢梅、樱、桂花，专为她种植的。

五色鸟、山红头、绣眼画眉，在枝头跳跃。

这条步行道全长一公里半，是散步观赏的好去处。据说，当年蒋介石常爱在这条步行道上散步，人称"蒋公寻幽路线"。

在步行道上，有一中式凉亭，曰"观景亭"，既可供游客半途歇脚，又可观赏日月潭宽广的水面。这凉亭看似普通，亭的下方水泥钢筋底座，却是一个坚固的碉堡。原来，当年建造这座凉亭的另一目的，是为了保障作为蒋介石行馆的涵碧楼的安全。

步行道的终点，是一座米黄色的耶稣堂，欧洲巴洛克建筑风格，当年蒋介石与宋美龄便在此做礼拜，人称"蒋公教堂"。

步行道的下方，是一个码头。蒋介石的专用舢舨以及汽艇，当年就停靠在这里，使这里成了蒋介石的专用码头，人称"蒋公码头"。

日月潭、涵碧楼之旅，使我的心境清静，如同潭水一般明净。

台北蒋经国七海官邸即将对外开放

# 简朴的蒋经国七海官邸

　　与蒋介石的豪华官邸相反，蒋经国的官邸要显得简朴多了。2009年1月，长媳驾车带我到位于台北市东北角大直地区的蒋经国官邸——七海官邸，就在"忠烈祠"不远的地方。蒋经国住的虽说是官邸，但是朴实无华如同平民家。

　　蒋经国原本住在台北市中心的长安东路十八号，离我曾经住过的长荣桂冠饭店只有一箭之遥。那里是一幢日式的平房。虽说交通非常方便，但是非常喧闹。蒋经国有三子一女，加上又有警卫、司机，那幢平房就显得十分拥挤。不过，蒋经国最初的官衔是"总政治部主任"，住这样的房子大体上也与职务相当。然而，随着蒋经国的官位不断攀升，子女逐渐长大，这幢平房也就日益显得不相称了。不过，蒋经国本人是一个简朴的人，所以他并不计较这些，一直在长安东路十八号住下去。

　　蒋介石并不知道儿子的住处是这么的差。那时候，蒋经国天天去父亲那里，而蒋介石从未去过儿子住处。终于在1967年的一天，蒋介石乘坐"总统"专车去长安东路十八号看儿子，他那辆凯迪拉克在狭小的院子里几乎无法转身。下车之后，蒋介石进入儿子的住房，这才知道儿子的房子是这么的简陋，根本无法跟他所住的士林官邸相比。

　　蒋介石一抬头，见到附近正在兴建一幢幢高楼，一举一动尽在别人的眼皮底下，感到此处太不安全！

蒋介石早就存心把蒋经国培养为接班人。他得知儿子的住处如此狭小而不安全，当即嘱咐"总统府"三局为蒋经国另觅新居。

蒋介石的一句话，就成了"最高指示"。"总统府"三局马上作为头等大事来办。

"总统府"三局掌握着台湾的官方房产。他们经过细细研究，以为大直的一幢空置的别墅最合适。

大直是在台北郊区，这里原本是农村，西面与圆山为邻，北面以福山为屏，东面是内湖山区，南面是基隆

蒋介石与蒋经国

河，人口稀少，交通不便，早年没有任何公共汽车通往市区，只有一条笔直的大道从圆山往明水路到达北安路，所以人称"大直"。考虑到这里三面环山，一面是河，地势险要，容易守卫，而且又离蒋介石的士林官邸不太远，非常合适。

那幢别墅呈"L"形，建于20世纪50年代。当时，蒋介石与美国签订了"中美共同防御条约"。为了便于美国太平洋舰队司令史邓普上将来台湾时住宿，特地建造了这幢别墅。由于美国人习惯以"七"为幸运数字，而这里又是海军的招待所，于是以"七海"为代称。

然而，史邓普难得来台湾，所以这幢别墅大部分时间空关。

"总统府"三局选定了这幢别墅之后，不敢怠慢，不仅请蒋经国本人前来看屋，而且还请蒋介石前来审看。

蒋介石虽然觉得这幢别墅远不及士林官邸豪华，但是这幢别墅地处士林官邸之东，不仅联络方便，而且可以与士林官邸组成同一防卫系统，比较安全。

蒋介石一点头，就定局了。

蒋介石为这幢别墅命名为"七海新村"，听上去像一个居民新村，不会引人注目。

在"七海新村"完成补充装修之后，蒋经国一家便在1968年2月迁入"七海新村"。这时，蒋经国升任台湾的"国防部长"。

后来，蒋经国升任"行政院副院长"、"院长"直到"总统"，他一直

住在"七海新村"。在他成为"总统"之后，"七海新村"也就被台湾媒体称为"大直官邸"、"七海官邸"。

蒋经国生活朴素，在台湾人民中广受赞誉。据说，"七海新村"的冰箱用了20年，电饭锅是30多年前的"大同电饭锅"（台湾最早的电饭锅牌子）。

蒋经国去世之后，他的夫人蒋方良一直住在"大直官邸"，直至她也去世。

据那里的卫士告诉我，蒋经国的"七海官邸"正在整理，准备对公众开放。

# 蒋介石"安厝"之地

台北的中正纪念堂与北京的毛主席纪念堂最大的不同在于：中正纪念堂只有蒋介石铜像而没有蒋介石遗体，毛主席纪念堂则既有毛泽东铜像又有水晶棺，里面安放着毛泽东遗体。

蒋介石死后，安葬在哪里呢？

台湾朋友告诉我，蒋介石病故之后，一直没有安葬，只是"安厝"而已。

所谓"安厝"，就是暂时安放，并非安葬，蒋介石的棺木一直没有入土。

作为《毛泽东与蒋介石》一书的作者，我希望在台湾能够追寻蒋介石的足迹，希望能够访问蒋介石的安厝之处。好在蒋介石的安厝之处离台北只有60公里，在2003年1月，长子让长媳陪同我和妻前去参观。

蒋介石"安厝"于台湾桃园县大溪镇与复兴乡交界处的慈湖。那里离中正国际机场不远。我来到那里，远远就见到公路之侧，竖立着一个牌楼，黑底金字，上书"总统蒋公陵寝"。

慈湖原名"牛角楠埤"、"埤尾"，那里原本是一座人工水库，水碧山青。这座水库呈牛角形，所以慈湖原名"牛角楠埤"。

这里有一座海拔三百多米的死火山，叫草岭山，是桃源县唯一的火山遗址，登山口就在慈湖停车场附近。

这里有山有水，被蒋介石看中，是在20世纪60年代初。当时，蒋介石看中这里，并不是为了身后安寝，而是为了作为"总统府"的战时疏散

办公地。

那时候，中国大陆正遭遇三年自然灾害，在蒋介石看来，正是"反攻大陆"的绝好时机。他考虑到一旦战争打起来，位于台北市中心的"总统府"目标太明显，很容易遭到攻击。为此，他打算在台北附近寻找一个"总统府"战时疏散地。

恰恰就在这个时候，台湾望族林本源有意向当局捐献一块地皮，这块地皮就在桃园县大溪镇。据说，这块地皮乃林家的起源地，风水极佳。

蒋介石向来讲究风水，听说此事之后，便在1961年前往这里察看，果然山清水秀，"龙穴"所在。在这里，蒋介石还动了思乡之情，对那座人工水库大加称赞，说是宛如故乡奉化的山水之美。

巧真巧，1959年6月13日，这里建了一座红瓦平房四合院，名为"洞口宾馆"。洞口宾馆建筑面积为1628平方米。

这真是现成的"总统府"战时疏散办公地！蒋介石决定把洞口宾馆作为"总统行馆"，以便可以"驻跸"在这台湾的"溪口"。

1962年，蒋介石"驻跸"洞口宾馆。题写"慈湖"两字，以表示对母亲王太夫人的怀念，感谢母亲的慈爱。这样，洞口宾馆也就改名慈湖宾馆，埤尾的地名也随之改成了"慈湖"。

那时候，蒋介石虽然口口声声叫喊"反攻大陆"，其实他自己心中也明白大陆已经无法"反攻"。当然，这也意味着他无法再回到奉化溪口老家，只能在这里略慰思乡之苦。

蒋介石常来慈湖行馆小住。到了那里，他总是要说起奉化，说起溪口……

1969年8月，在阳明山上发生的那场车祸，使蒋介石的身体受到严重损害。蒋介石夫妇当时立即被送往医院急救。经医生检查，蒋介石的胸口受到的撞击最为厉害，心脏部位明显扩大。从此，蒋介石的身体状况每况愈下，心脏病越来越严重，后来不得不住进台北"荣民总医院"进行长期治疗。所谓"荣民"，在台湾是指退役官兵，人称退伍老兵。"荣民"的家属则称"荣眷"。为了照顾好退伍老兵，台湾各地都设有"荣民服务处"。

台北"荣民总医院"创办于1958年，最初设病床六百张，服务对象为退除役官兵，所以叫"荣民医院"，简称"荣总"。后来逐渐扩大为广大民众服务。医院也不断扩建，成为台湾医疗设备最好、医术最高的医院、知名度最高的医院。正因为这样，"荣总"也成为台湾政要——也就是大陆所称"高干"的保健医院。就连"总统"生病，也总是在这里医治。台北"荣民总医院"为蒋介石专设豪华病房，拥有一流的医疗设备。

台北"荣民总医院"在台北市北投区石牌路二段2011号。另外，还在台中、高雄建立了"荣民分院"，以便就近为台湾中部、南部的"荣民"服务。

1974年11月23日，圣诞节前夕，病情日益沉重，蒋介石从"荣民总医院"搬回士林官邸，在家接受治疗。

1975年3月，宋美龄从美国请来医生为蒋介石做肺脏穿刺手术。医生从蒋介石肺部抽出大量脓水，但是蒋介石从此高烧不退，心脏多次停搏。尤其是在3月26日，蒋介石病情转危，经过三小时的抢救才从死亡边缘回到人间。蒋介石自知来日不多，口授遗嘱。蒋介石吩咐，死后安厝于慈湖，将来安葬于南京紫金山麓中山陵旁。

1975年4月5日，正值清明节。那天上午，蒋经国和往常一样，一大早便到士林官邸看望病危中的父亲。那时候蒋介石神志清楚，还能与蒋经国交谈。到了下午，蒋介石变得烦躁。晚上八时多，已经回到七海官邸的蒋经国接到电话，得知蒋介石病情突然恶化，连忙赶往士林官邸。蒋介石经抢救无效，于11时50分去世。

蒋经国在日记中这么写道：

"忆晨向父亲请安之时，父亲已起身坐于轮椅，见儿至，父亲面带笑容，儿心甚安。因儿已久未见父亲笑容矣。父亲并问及清明节以及张伯苓先生百岁诞辰之事。当儿辞退时，父嘱曰：'你应好好多休息'。儿聆此言心中忽然有说不出的感触。谁知这就是对儿之最后叮咛。余竟日有不安之感。傍晚再探父病情形，似无变化，惟觉得烦躁。六时许，稍事休息，八时半三探父病，时已开始恶化，在睡眠中心脏微弱，开始停止呼吸，经数小时之急救无效。"

据"荣民总院"蒋介石病情医疗小组报告：

傍晚八时十五分，蒋公的病情极度恶化。医生发现蒋公脉搏突然转慢，于是急用电话通知经国先生。当经国先生赶到时，蒋公心跳已不规则，血压下降，情形甚危。当即医生施行人工呼吸，乃至运用药物和电极直接刺入心肌，刺激心脏跳动，心脏与呼吸恢复正常。但四至五分钟后，心脏再度停止跳动。十一时五十分，蒋公双目瞳孔放大，经抢救无效，终年八十八岁。

慈湖蒋介石陵寝小院

　　蒋介石从1927年"四·一二"政变到1949年败退，统治中国大陆达22年。此后，从1949年退往台湾到1975年病逝，又统治台湾达26年。

　　蒋介石弥留之际，宋美龄与长子蒋经国、次子蒋纬国、孙子蒋孝武、蒋孝勇都在侧守候。

　　病逝之后，"副总统"严家淦等台湾党政大员赶往士林官邸瞻仰蒋介石遗容。

　　考虑到士林官邸不便对外，4月6日凌晨，蒋介石移灵至荣民总院，以供各界吊唁。当蒋介石的遗体被侍卫抬上荣民总院的救护车之际，雷声大作，暴雨骤至。移灵车队在倾盆大雨之中缓缓而行。当车队行驶到中山北路时，大雨急收，雷声消匿。

　　4月6日凌晨二时，台湾"行政院"发布蒋介石讣告以及蒋介石遗嘱。

　　当天，"行政院长"蒋经国向国民党中央提出辞呈：

　　　　经国不孝，侍奉无状，遂致总裁心疾猝发，既尔崩殂，五内摧裂，已不复能治理政事，伏恳中央委员会矜念此孤臣孽子之微忠，准予辞除行政院一切职务，是所至祷。

　　当天，国民党中央常委会召开紧急会议，表示坚决执行蒋介石遗嘱，而且作出两项决定：

　　第一项决定："副总统"严家淦根据"中华民国宪法"第49条规定：

"总统缺位时由副总统继位，宣誓就任总统职。"

第二项决定：对蒋经国辞职决议"恳予慰留"："行政院院长蒋经国同志，以总裁崩殂，恳辞行政院院长职务一节，中央常会以国家内遭大变，外遇横逆……革命之事功未竟……至望蒋经国同志深维古人墨经之义，勉承艰大，其谒其效死勿去之忠尽，即所以笃其锡类不匮之孝恩。"

对于国民党中央常委会的第一项决定，严家淦在蒋介石去世后七小时继任"总统"，表示："力行总统蒋公遗训，继承未竟之业，竟智尽忠，驰驱效命。"

对于国民党中央常委会的第二项决定，蒋经国仍担任"行政院长"，表示："敢不衔哀受命，墨经从事，期毋负于全党同志与全国军民之督望。"

4月6日，蒋介石移灵荣民总院之后，供公众瞻仰。蒋介石遗体四周点燃了88支白色蜡烛，象征着他度过88个春秋。灵前安放着宋美龄与长子蒋经国、次子蒋纬国、孙子蒋孝武、蒋孝勇所送五个用素菊缀成的十字架。

4月9日，蒋介石灵柩移至国父纪念馆。

4月16日，蒋介石大殓。灵车用20万朵深黄色的菊花装饰。2 000多人

慈湖蒋介石陵寝

执绋，为蒋介石送行。在灵车前往慈湖途中，国民党政府组织数以万计的民众"迎灵"。灵车缓缓行进，到达慈湖"总统行馆"。下午，在那里举行安灵仪式，蒋介石灵柩从此安厝于慈湖"总统行馆"正厅。从此，那里改称"慈湖陵寝"。

我来到慈湖。那里有一个清波漾动的小湖，湖面上有一群黑色的天鹅在游动。据说，这里放养黑天鹅，是为了纪念蒋介石。

小湖之畔，便是"慈湖陵寝"。大门口，由空军仪仗兵守卫。

走进"慈湖陵寝"大门，迎面便是一个横匾，黑底金字，上面是"慈湖"两个大字，落款是"中正题"，"中华民国五十一年10月31日纪念"，亦即1962年10月31日。

步入"慈湖陵寝"，我见到颇大的四合院，四周是蓝色回廊。

四合院的正厅朝南，安厝着蒋介石的棺木。由于"安厝"就是暂时安放，所以蒋介石的棺木并未入土，棺木只是安放在黑色大理石的陵寝之中。

接待我的官员，是当年蒋介石的近侍。他告诉我，蒋介石当年在中国大陆曾经选定中山陵和明孝陵（朱元璋墓）之间的一块地为墓地，并且建了一座"正气亭"以为标记。蒋介石在台湾病危之际，曾经吩咐日后希望"奉安于南京紫金山"，亦即安葬在南京孙中山墓附近。正因为这样，他在台湾只能"安厝"而已。

在蒋介石行馆正厅，悬挂着他的照片。他的棺木盖上，镶嵌着国民党党徽。

在蒋介石灵柩正前方，竖立着一个由素菊组成的"十"字，缎带上写着"介石夫君安息，美龄敬挽"。

蒋介石病逝后，遗体作了防腐处理。按照奉化惯例，在大殓前，蒋经国亲自为父亲穿衣服，穿了七条裤子、七件内衣，包括长袍马褂。遗体贴身包裹着丝棉。

在正厅东侧，蒋介石生前住过的卧室一切布置保持原状。书房的墙上挂着宋美龄所作的画。

令人玩味的是，书桌上放着一张便条，上面有蒋介石用红铅笔所写的四个字："能屈能伸。"这四个字，是蒋介石败退台湾之后的内心世界的生动写照。

在正厅西侧，有一个房间专门陈列蒋介石获得的各种勋章、奖章。还有蒋经国当年的休息室、接待室。

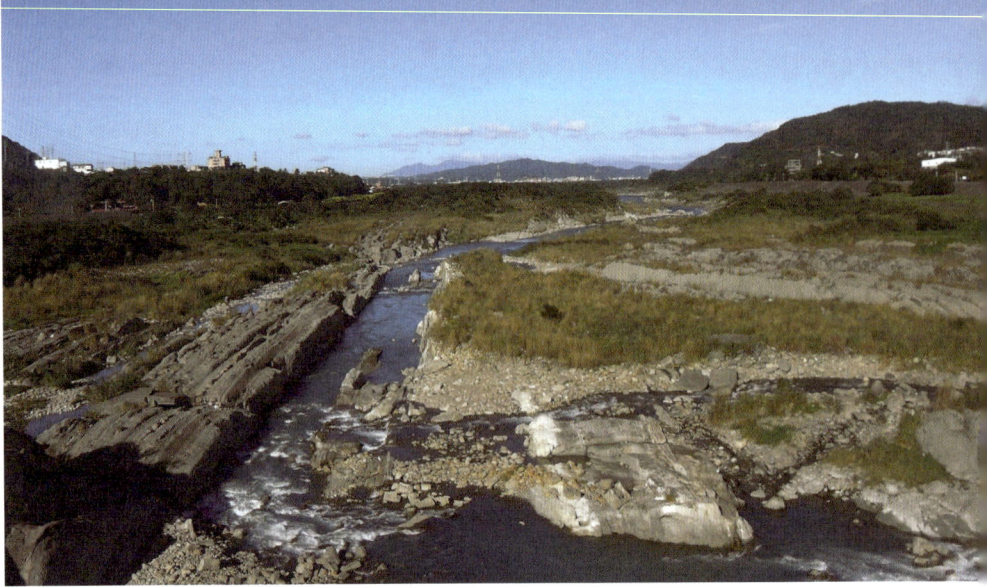

大溪

# 在头寮访"经国先生"

头寮和慈湖，同属桃园县大溪镇福安里。

相传在清朝嘉庆十六年（公元1811年），福建漳州人卢秀茂、卢金祥来此定居，从漳州妈祖庙带来了一尊妈祖金身，供奉于家中，以保平安。在清朝道光八年（公元1828年），从大陆移民至此的汉人受到当地原住民泰雅族的侵扰，为了祈求平安，汉人们把卢家的妈祖金身供奉于当地大户陈集成的公馆。由于前来烧香的人越来越多，1915年通过募捐集资，把陈公馆改建为寺庙，取名福安宫。后来那一带便叫做福安里。据说，蒋介石当年对福安里这名字很喜欢，以为是"幸福平安"所在。正因为这样，两蒋的陵寝都选择在福安里——慈湖和头寮。

头寮的这座四合院，原是规模很小的头寮宾馆，1962年7月17日落成。

其实，"头寮宾馆"之称，只是对外遮人耳目而已。当时建造这座宾馆，并不是为了接待旅客，而是存放"总统府"的一部分重要文件以及档案资料。蒋介石毕生"文经武略"的重要文卷以及《蒋氏家谱》，都存放在这里。

蒋经国在1988年1月13日去世之后，于1月30日安厝于此，这里改称"大溪陵寝"。原本存放于此的文件、档案，移往阳明山的阳明书屋保存。

离开了"慈湖陵寝"之后，我所乘坐的轿车行驶了大约一刻钟，便到达"大溪陵寝"。蒋经国选择了离慈湖很近的头寮作为自己的安厝之所，据说是为了表示对父亲"随侍在侧"的心愿。

在我看来，蒋经国的"大溪陵寝"远没有蒋介石的"慈湖陵寝"那么气派。其实，这也从一个侧面反映蒋经国生活简朴、不事铺张的为人。

然而，蒋经国去世后，前来大溪蒋经国陵寝瞻仰的人潮不断，每年都有一百多万人。

蒋介石去世之后，1975年4月28日国民党中央举行会议，推选蒋经国为中央主席。从此，蒋经国正式"接班"。1978年，严家淦"总统"任期届满，蒋经国当选第六任"总统"，并在1984年连任"总统"。

蒋经国虽说是子袭父位，如同封建王朝皇帝的世袭一般，但是我在台湾采访，方方面面的人士差不多都对蒋经国表示称赞。即便是民进党人士，也是如此。我发现，蒋经国在台湾的威信，大大高于其父蒋介石。

2003年1月，在蒋经国逝世15周年之际，台湾媒体进行民意调查显示，对于半个世纪以来台湾的历任领导人，有百分之四十五的民众认为蒋经国对台湾民主发展贡献最大（其余是李登辉百分之二十四，陈水扁百分之八，蒋介石百分之五）；百分之六十一的民众认为蒋经国先生对台湾经济贡献最大；百分之五十的民众以为蒋经国执政时代的社会风气最好。

我请教台湾朋友，他们都说蒋经国比蒋介石"开明"。

按照蒋介石的安排，是刻意要让蒋经国接班。正因为这样，在蒋介石作为"总统"执掌台湾政权的时候，就安排蒋经国为"行政院长"。蒋经国呢，则在父亲耳提面命之下，一切要按照父亲的意见去办。国民党前情报局官员谷正文曾经回忆说："事实上经国先生他内心很痛苦。有时候一些事情他正在那里做，他父亲一棒子把他打掉了。这是常常有的事。"

蒋介石去世之后，蒋经国兼国民党中央主席与"中华民国总统"于一身。尽管蒋经国还必须扮演"孝子"的角色，时时表示遵照"父亲遗嘱"办事，但是毕竟再也没有人可以"一棒子把他打掉了"，所以他对台湾政治进行了大规模的改革。蒋经国在台湾深得民心，便在于他进行的改革。

蒋经国上任之后，就提出建立一个"为国效命、为民服务"的廉洁政府。在蒋介石时代，贪污成风，百姓怨恨。蒋经国本人率先清廉，生活俭朴。蒋介石喜欢选择山青水秀之处花费巨额资金建行馆，蒋经国则一个行馆也不建。他亲近百姓，深入民间。平常他很少穿西装，总是穿茄克衫，以便在深入民间时能够与百姓缩短距离。他倡导"科学管理，消除特权，严惩贪污，起用才彦"，进行内政革新。

蒋经国谋求台湾经济的大发展，启动台湾经济起飞。他提出"在稳定中求发展，在发展中求稳定"的经济方针。他在台湾进行了"十大建设"，即建设南北纵贯高速公路、西部铁路干线电气化、北回铁路、苏澳港、台中港、中正国际机场、"中国造船厂"、"中国大炼钢厂"、石油化学工业及核能发电厂。

蒋经国使台湾经济迈向国际化、自由化、制度化。在他的领导下，台湾经济连年保持高速增长。

蒋经国决意走出蒋介石的阴影，在政治上进行了一系列大幅度的改革。

蒋经国首先决定解除实行多年的"戒严令"。

台湾的"戒严令"是蒋介石退踞台湾后于1949年5月19日颁布的。"戒严令"宣布台湾地区处于战时动员状况，规定封闭台湾全省，限制出入境，实行军事管制，封锁大陆消息，严禁一切违禁的言论、出版和罢工、游行等活动。这个戒严令从1949年一直延续到1986年。

马英九当时是蒋经国英文秘书。马英九回忆说：经国先生曾让他研究"戒严"（martial law）的含义，以及国际社会对台湾戒严的观感。马英九告诉蒋经国，"戒严"的英文意义是"军事管制"、"没有法律"，国际上因此对台湾持有恶感。蒋经国听了，感到震惊。

大溪蒋经国陵寝大门前

于是，1986年10月7日下午，蒋经国在接见美国《华盛顿邮报》发行人Graham女士时，第一次对外公开透露：台湾"将解除戒严，开放组党"。马英九回忆说：在把蒋经国的原话翻译给来访者时，他产生了一种"我们正在改写历史"的强烈感觉。

1987年7月15日，台湾宣布解除"戒严"。

蒋经国着手改善海峡两岸关系，准备开放台湾民众前往大陆探亲。蒋经国指令英文秘书马英九完成《民众赴大陆探亲问题之研析》。为了保密，马英九对这一提案起了一个含义深刻的代号，叫"颖考专案"。

"颖考"，这一典故出自《左传》：郑庄公打败其弟，放逐其母，郑国大夫颖考费尽心机，促成了郑庄公和母亲的团聚。

马英九在1987年6月完成了"颖考专案"。经蒋经国批准，1987年10月15日，台湾"内政部长"吴伯雄奉令宣布民众赴大陆探亲实施办法：同意"除现役军人及公职人员外，凡大陆有三亲内血亲、姻亲或配偶的民众"，均可于11月2日起向台湾红十字会登记。

就这样，1987年11月2日，成为历史性的日子。预定在上午9时开始登记，但凌晨就人山人海，当天办妥赴大陆探亲手续的台湾民众达1 334人。此后半年之中，申请者14万多人，6万多成行，前往大陆。

蒋经国还容许反对党组党，同意报纸增张并开放报纸登记，奠定了台湾民主政治的基础……

蒋经国大力启用"本省人"担任政府要员，其中包括起用"本省人"李登辉担任"副总统"（尽管李登辉后来的所作所为违背了蒋经国的初衷）。

蒋经国这许多大胆的政治改革，即"政治民主化，干部本土化"，在蒋介石时代是不可想象的。蒋经国改变了蒋家政权那种强权、专制的形象。就连最初谴责蒋经国"子袭父业"是封建行径的人，后来也承认蒋经国的政绩出人意料，即便蒋经国不是蒋介石的儿子，也值得让他当选台湾"总统"。

蒋经国晚年，备受糖尿病的折磨，依靠注射胰岛素度日，以致手臂上密密麻麻都是针孔！然而，胰岛素毕竟治标不治本，糖尿病日益严重，终于夺去蒋经国的生命。蒋介石并无糖尿病，蒋经国的糖尿病是由他的母亲毛福梅遗传，而蒋经国又把糖尿病遗传给他的子女。

1988年1月13日，蒋经国病逝，终年79岁。如果说，在蒋介石出殡时，是以政府行为动员百姓送灵，那么在蒋经国出殡时，百姓大都出于自愿为他送行。

我来到蒋经国安厝的大溪陵寝时，正值蒋经国逝世15周年纪念日刚刚过去。那里的接待官员告诉我，2003年1月13日，国民党、亲民党高层人士纷至沓来，前来头寮宾馆蒋经国灵前拜谒。

第一个来此的是亲民党主席宋楚瑜，在清晨六时半就前往谒陵。宋楚瑜曾经担任蒋经国秘书。他在头寮说，人民怀念蒋经国"节用、爱民、平实"的政风。

第二个到达头寮的是当时担任台北市长的马英九，他在上午7时谒蒋经国陵，并在蒋经国的灵前下跪，行叩拜大礼。曾担任蒋经国英文秘书的马英九，对蒋经国怀有深厚的感情。他说，大家不应该把蒋经国神化，而应该学习他施政的精神。他说，执政者应该思考如何让下一代更幸福，而不是下一次选举的胜负。

接着到来的是当时担任国民党主席的连战，他在上午率领国民党高层人士在蒋经国的灵前致敬。

由蒋经国一手提拔的李登辉，没有去头寮拜谒蒋经国灵柩。李登辉宣称在2003年3月出版《蒋经国总统与我》一书，详细叙述蒋经国如何推动本土化过程，以及李登辉和蒋经国相处16年的点滴，以纪念蒋经国。

在蒋经国去世15周年之际，《联合报》发表民意调查结果：百分之八十六的台湾民众肯定蒋经国对台湾的贡献。

我来到头寮宾馆，见到这个小四合院远远小于蒋介石在慈湖的行馆。这里的官员已经接到慈湖的电话，给予我热情的接待。他们陪同我参观，并进行详尽解说。

蒋经国的灵柩，安厝在这个小四合院的正厅。与蒋介石一样，蒋经国的棺木安放在黑色大理石的陵寝之中，并未安葬。在灵柩前，安放着白花组成的十字架，表明他与蒋介石一样，都是基督徒。

我见到正厅门口，摆放着两个黄色的花圈。其中的一个是时任中国国民党主席连战送的。

另一个花圈引起我的注意，上面写着：

"父亲大人灵右，儿孝严率家人泣首。"

这是章孝严第一次以儿子的身份，向蒋经国献上花圈。章孝严力主一个中国，并致力于两岸"三通"，是台湾著名的"统派"人士。他在1月13日上午前来谒陵，送了这个花圈。他在谒陵时说，希望蒋经国能保佑国民党，帮助国民党在困境中站起来。

章孝严认祖归宗，在台湾引起广泛注意。

蒋经国曾经有过三次婚姻：

蒋经国的第一位妻子叫冯弗能（俄文名字为索比诺娃）。这一秘密是在苏联解体之后才从克格勃的档案中透露出来的。冯弗能乃冯玉祥将军之女。1926年蒋经国在留学苏俄时与冯弗能结婚。翌年彼此因政见不同而离异。

蒋经国的第二位妻子是苏联姑娘芬娜，后来改名蒋方良。据说，在1934年，正在苏联一家工厂工作的蒋经国下了夜班回去时，路遇一大汉拦劫一姑娘，便将大汉打翻，救出姑娘，这姑娘就是芬娜。翌年，蒋经国与芬娜结为夫妇，后来生三子一女。三子为蒋孝文、蒋孝武、蒋孝勇，女儿为蒋孝章。

蒋经国在苏联时叫芬娜为"芳"。回国之后，蒋介石赐名"蒋方娘"。当蒋经国带着她回到故乡溪口拜见母亲毛福梅时，毛氏说："'蒋方娘'这一名字不好，岂不成了我们做长辈的都要喊她娘了！还是把'娘'字去掉女旁，叫方良吧。"

从此，芬娜的中国名字叫做"蒋方良"。

蒋方良与蒋经国共同生活了53年，直到1988年蒋经国病逝。

蒋经国还有一位非婚之妻章亚若。20世纪30年代末，蒋经国主政赣南，章亚若成为蒋经国的秘书。1942年章亚若为蒋经国生下一对双胞胎儿子。半年之后，章正要带孩子去见公公蒋介石，却暴病而死于广西。蒋经国这两个非婚而生的儿子，改为母姓，即章孝慈、章孝严。

章孝严在1949年被携往台湾，定居于新竹。他从东吴大学外文系毕业，曾任国民党政府驻美"大使馆"秘书、"外交部"常务次长。蒋经国去世之后，任"外交部"部长、国民党秘书长、"总统府"秘书长。他花费一年四个月的时间办理认祖归宗手续，在2002年12月才终于将身份证父母栏更改为"蒋经国、章亚若"。

在蒋经国去世15周年纪念之际，章孝严第一次以"蒋家人"、"蒋经国之子"的身份，前去拜谒蒋经国陵寝，并献上这个花圈。

大溪陵寝的正厅两侧，共有八间厢房，分别为纪念室、书房、客厅、餐厅、卧室等。

承接待官员的美意，我来到蒋经国陵寝之侧的蒋经国办公室。这个办公室原在台北"总统府"。1996年10月24日，把原物迁到此处，按照原貌布置，成为"蒋故总统经国先生纪念室"。

接待官员告知，前几天，连战、宋楚瑜、马英九、章孝严以及蒋经国夫人蒋方良前来谒陵，也都来到这间纪念室参观，怀念蒋经国。

步入蒋经国纪念室，亦即他的"总统"办公室，我见到正中挂着蒋介石像以及蒋经国的座右铭："以国家兴亡为己任，置个人死生于度外。"

办公桌的两边都放着一张椅子，因为蒋经国习惯于与来访者面对面谈话。

办公桌上放着台灯，灯的底座上有两个按钮，上面分别写着"武"、"王"。蒋经国一摁按钮，秘书随即前来。

墙上的挂钟，停在蒋经国去世的时刻。

办公室里的一切，笼罩着浓郁的"蒋介石气氛"。种种陈设都在表明，他是"子承父业"，按照父亲蒋介石的思想、理论、路线、政策办事。

办公室醒目地摆着一只红木箱子。箱子上刻着《蒋氏宗谱》，"周泰署"，"周泰"即蒋介石——他幼时在家叫"周泰"。这《蒋氏宗谱》是蒋经国"子承父业"的"依据"。

办公室里供奉着蒋介石雕像，也表明蒋经国把父亲蒋介石作为自己的政治偶像。办公室里还陈放着"周泰"在己亥年（1959年）为蒋经国四十诞辰的题词以及照片。还有一帧蒋介石照片是1964年（"民国"五十三年）蒋介石亲笔题赠蒋经国的。

蒋经国喜欢画梅。办公室里挂着的一幅梅花图，上面有蒋介石1962年冬在高雄澄清楼所写的题词。

蒋经国的书架最醒目的位置，陈放着蒋介石的文集，《军事思想大系》，《军事建设讲词集》，表明他反复研读父亲蒋介石的著作，钻研蒋介石理论。此外，也放着宋美龄的《蒋夫人旅美演讲集》。

蒋经国的书架上放着《曾文正公文集》以及《王阳明全集》。曾国藩、王阳明的思想是蒋介石最为尊崇的。"子承父业"，蒋经国把蒋介石的尊崇作为自己的尊崇。

办公室里还陈放着一块石头，上面的花纹是一个天然形成的"忍"字。据说，蒋经国非常喜欢这块石头。其实，与其说喜爱的是这样天生的石头何等稀有，倒不如说这个"忍"字正是从中国大陆退居台湾的蒋家心态最精确的写照。正因为这样，蒋经国把这块"忍"字置于案头，朝夕揣摩。

办公室里花瓶上的"远瞩"两字，也是蒋经国朝思夜虑的。蒋经国晚年终于走出对于蒋介石"两个凡是"的禁圈，打开台湾民众赴大陆的大门，开放党禁，而且下苦功夫振兴台湾经济，正是"远瞩"的结果。

1988年，随着蒋经国的去世，蒋家王朝画上了句号。如今，不论是"老总统"、"先总统"（台湾人对于蒋介石的习惯称呼），还是"经国先生"（台湾人对于蒋经国的习惯称呼），俱往矣。只有慈湖上那些黑天鹅仍在那里默默地游弋。

从2007年12月23日起，在民进党当局"去蒋化"政策的驱使下，两蒋"安厝"之处被关闭，撤去仪仗兵，不再接待参观。当时我在台北，见到电视中报道，众多的台湾民众涌向慈湖，向"两蒋"告别。

马英九执政之后，于2008年6月1日重新开放慈湖的"两蒋"安厝处。这里不仅是台湾民众的参观之处，而且在台湾开放大陆客旅游之后，也成为大陆客的参观景点。

# 两蒋移灵之争

对于蒋家而言，两蒋的灵柩总是那样安厝，毕竟不是长久之计。蒋介石当年的"反攻大陆"的迷梦早已成为泡影。唯一的办法是打破两岸的隔阂，把两蒋安葬到中国大陆。

1996年7月8日，蒋介石庶子蒋纬国在国民党中央直属第六组会议上，提出把蒋介石、蒋经国灵柩移葬大陆临时动议案，提议成立"移灵奉安委员会"，"以安民心，促进和平统一"，曾经在台湾产生震撼。

蒋纬国说，他赴美为宋美龄祝寿时，曾谈及蒋介石迁葬大陆、"入土为安"的彻底解决方案。宋美龄则答曰，若蒋介石能够归葬南京紫金山，则她在百年之后亦愿意归葬上海，和她的母亲倪桂珍女士葬在一起。

当时担任国民党主席的李登辉根据蒋纬国的临时动议案，指示成立了"故总统移灵大筹备委员会"——通常称"两蒋移灵小组"，具体筹划蒋介石、蒋经国移灵大陆的方案。"两蒋移灵小组"成员包括俞国华、李焕、蒋彦士、辜振甫、马树礼、宋楚瑜等与蒋家各代人物交情深厚的国民党人士，并由蒋彦士出任召集人。

然而当"两蒋移灵小组"进行讨论时，意见分歧颇大，争议纷纷：

宋楚瑜以蒋经国亲信的身份表示，蒋经国若地下有知，希望能留在台湾。

章孝严表示，两蒋与台湾同胞已经结成一体，不一定要归葬大陆。

蒋孝勇作为蒋经国之子、蒋介石嫡孙，声称移灵是蒋家的家务事，蒋家有蒋家的处理方式。他希望国民党尊重蒋家，不要把两蒋归葬问题政治化。

蒋纬国对于两蒋归葬最为积极，他说，树高千丈，终究要落叶归根，当初两蒋暂厝灵柩，就是为了日后可以奉安大陆。他说，两蒋归葬时机可

以选择，却要及早规划。

蒋纬国还提出，两蒋先行"国葬"，并展开与大陆方面交涉。至于归葬的地点，蒋纬国指出，蒋介石去世时留下遗言："日后光复大陆，中正生于斯长于斯，要将遗体移返南京，葬于中山先生之侧。"除了南京紫金山之外，蒋介石生前选定的安葬地点还有枋山和四明山，蒋经国则希望归葬浙江奉化母亲的墓旁。

蒋纬国派人到大陆勘探合适的坟地，而患晚期喉癌的蒋经国三子蒋孝勇因自知来日无多，为在生前了却两位长辈心愿以尽孝道，也力主移灵大陆，并前往浙江奉化溪口考察，了解祖父、父亲未来墓址的情况，还告知妻子蒋方智怡有关安排，嘱咐她今后去完成。

后来，经过蒋家亲属商议，最后的意见是以两蒋都归葬故乡浙江奉化为宜。

然而，"两蒋移灵小组"却反对蒋纬国、蒋孝勇关于移灵大陆的主张，认为两蒋"移灵"大陆，"恐被中共统战"。他们提出分两步走：先在岛内举行"国葬"，可以彰显两蒋"爱台湾的感情"，等两岸统一之后再"奉安"浙江。

蒋彦士为了取信党内大佬，在最后关头还通过特殊渠道取得宋美龄同意两步走的"手谕"，封杀了蒋纬国、蒋孝勇的直接移灵大陆的主张。

蒋孝勇对此强烈不满，怒斥蒋彦士"不要脸"，抨击"国民党已不是国民党，两蒋移灵大陆总比被自己人鞭尸好一点"。

作为"两蒋移灵小组"的召集人，蒋彦士不理会蒋孝勇的反对，明确表示，移灵属于国家大事，不一定能以家属的意见为重。

"两蒋移灵小组"内部意见分歧，国民党内部对两蒋归葬大陆意见不一。

两蒋能否移灵大陆，还涉及另外一个问题：大陆的态度如何？

应当说，两蒋归葬大陆，大陆不会有异议。但是，台湾方面却提出，两蒋都是"中华民国总统"，台湾当局依据"国葬法"在移灵大陆时要举行"国葬"仪式，这显然是大陆无法同意的。

大陆有关部门表示，只能接受两蒋以"中国国民党领导人"而非"中华民国总统"身份归葬大陆。

两蒋归葬大陆一事，在反反复复的商议、讨论之际，1996年12月22日，蒋孝勇去世；1997年9月23日，蒋纬国病逝。这样，两蒋归葬大陆一事，也就被搁置起来。

这一搁，就是七年。

到了2004年1月，两蒋移灵一事，又被重新提起。

事情的起因是2003年10月24日106岁的宋美龄在美国纽约病逝。遵照宋美龄的遗愿，遗体不运回台湾，而是安葬在纽约上州芬克里芙墓园已备好了的宋美龄室内墓地。

宋美龄在临终前嘱咐，两蒋在台湾先举行"国葬"，入土为安，等两岸统一再"奉安"大陆。若将来蒋介石能够归葬南京紫金山，那么她就归葬上海母亲倪桂珍女士墓边，因为紫金山是"总理"和"总裁"的奉安之地，不是她可以安葬的。若蒋介石不能归葬南京而能归葬奉化溪口老家，则她愿意和蒋的遗骨一起归葬奉化。

在出席了宋美龄的葬礼之后，蒋氏家族决定按照宋美龄的遗愿办理。因为两蒋迁葬大陆，涉及诸多敏感问题，一年半载解决不了，因此唯一现实的途径，那就是宋美龄所主张的分两步走：先在台湾安葬，将来再迁葬大陆。

于是，2004年1月，蒋经国遗孀蒋方良、蒋纬国遗孀丘如雪以及蒋经国的长媳蒋徐乃锦，写信给台湾"国防部长"汤曜明，希望把两蒋移灵到台湾台北县汐止的五指山"台军示范公墓"安葬。这个公墓是在1980年开始规划筹建的，于1982年3月29日落成启用。这一公墓里葬有前"总统"严家淦、台军十二位"一级上将"，蒋介石次子蒋纬国也葬在那里。

汤曜明收到此信，意识到事关重大，当即向"总统"陈水扁报告，而且与蒋家家族的代表秘密会谈，出席的蒋家家族代表共三位，即蒋纬国的儿子蒋孝刚，蒋孝文遗孀蒋徐乃锦，蒋孝勇遗孀蒋方智怡。蒋家家族的代表确认移灵五指山就是蒋家家族的最后决定。

另外，汤曜明还得知，蒋方良、蒋徐乃锦还将她们给汤曜明的信，抄寄当时的国民党主席连战、"行政院长"郝柏村以及蒋介石的文胆、曾经为蒋介石预立遗嘱的秦孝仪，还有蒋孝严。

很多人以为，民进党可能会反对两蒋移灵五指山，没想到，陈水扁非常痛快地答应了。内中的原因是：两蒋一生坚决反对"台独"，如今安葬台湾，可以为"外来政权也不得不认同台湾"造势，象征"台独"的精神胜利。另外，两蒋都曾是国民党主席，在民进党执政的时候，如此"大度"地安葬两蒋，可以从蓝营中拉"感情票"。

陈水扁批示："完全尊重家属的意见，应该要比照'国葬'办理，以示尊崇。"

就在给台湾"国防部"写了那封信不久，2004年12月底，蒋经国遗孀蒋方良去世，遗体火化后骨灰移灵大溪头寮陵寝，放置于蒋经国灵柩左

方，等待来日合葬。

"扁政府"在五指山花了3 000万元台币为两蒋造墓，并准备在2005年办理"移灵奉安大典"，连移灵的路线、排场都作了安排，开列了新台币3 900万元的预算作为"移灵奉安大典"的费用。

2004年9月，两蒋在汐止五指山的墓竣工，台军仪仗队也开始为"移灵奉安大典"进行了一个月的排练。据报道，墓园为双穴设计，规划两蒋与夫人合葬，两座墓园大小相同。墓座采"外圆内方"处理方式，状如两枚串在一起的古代铜钱。墓园入口处竖立高约15米的大型纪念碑，上方设有白色十字架发光体。

然而，就在这时候，两蒋移灵又引发争议：

来自民进党内的反对声浪此起彼伏，不少民进党人以为蒋介石是"万恶的独裁者"、"2•28事件的元凶"，怎么能为蒋介石举行"国葬"？民进党正欲"去蒋化"，为两蒋举行"国葬"，正是与"去蒋化"背道而驰。

来自国民党内也有种种的反对声。其中最为激烈的是蒋孝严，因为倘若在两蒋移灵时举行"国葬"仪式，势必要由"总统"陈水扁主持"国葬"仪式，这是蒋家家属无法接受的，也是国民党无法接受的。蒋孝严主张，把两蒋"国葬"仪式推迟到2008年台湾"总统"大选之后，即在国民党胜选之后。

于是，两蒋移灵再度搁置。

然而，随着2008年"总统"大选的临近，陈水扁加紧"去蒋化"，在"去"掉台北的中正纪念堂之后，下一个目标就是两蒋的陵寝了。

2007年底，我在台湾的时候，见到电视里播放陈水扁的讲话。陈水扁说："慈湖蒋公陵寝是完全不符合民主时代潮流的封建产物，应予废除。如果确定不移灵，'政府'就不再派宪兵看守独裁者的陵寝。"

陈水扁称蒋介石是世界排名第四的独裁者，台湾盖庙拜他，根本是对民主的污辱。

陈水扁回顾说，两蒋移灵五指山差不多就要办了，却冒出一个人，说他是新的蒋家后代，本来姓章，后来姓蒋，他反对移灵。那个人说，由他（陈水扁）主持"国葬"不成体统。

陈水扁反讥道，他都不好意思讲"刚刚才改姓蒋的人"不成体统。

陈水扁说，既然如此，政府已经正式通知蒋家，到月底为止，请他们自己想好，如果要安葬五指山，政府照常举行盛大移灵奉安大典。但是，一个月之后，就不做了，等那么久，也仁至义尽了。明年元旦后，要好好顾活人，大家安居乐业比较重要，死人不顾了。

陈水扁说，台湾人对蒋家并未失礼，但是蒋家对移灵一事态度反复，害得"政府"斥资7 000多万元新台币安排移灵，这根本是把政府与人民当"肖仔"（意即愚弄）。

陈水扁说，"台湾、中国，一边一国"，真正的台湾人会与台湾共生死，蒋家移灵大陆，是"要去当中国人"。

陈水扁呼吁民众在选举中不要支持国民党，"别向中国靠拢"。

陈水扁还说，来年元旦后，不再派宪兵去守独裁者的陵寝，干脆叫国民党或"红衫军"去守墓。

这时候，蒋方智怡反驳陈水扁，希望民进党不要一到了选举，就把两位已故"总统"拿出来当炒作的话题。

蒋方智怡说，希望两蒋不要再成为选举议题，也要陈水扁说清楚讲明白，到底两蒋移灵是"国事"还是家事。如果是"国事"，请他先承认两蒋是"总统"，如果是家事就要陈水扁放手。

蒋方智怡说，我们遵照老人家意愿，他们希望能够安静地回到故乡，这并不是说他们不爱这块土地，两位老人家对这片土地已经尽了一生全力奉献。

从2007年12月23日起，陈水扁下令从两蒋灵寝撤走宪兵，关闭了两蒋陵寝。消息传出，几万人涌向慈湖和头寮，希望在关闭前再看一眼两蒋灵寝。

2008年随着马英九当选台湾"总统"，决定从6月21日起重新开放桃园县两蒋陵寝，"三军仪队"和宪兵也重回两蒋陵寝。

至于两蒋何时安葬在台湾五指山公墓，是否迁葬中国大陆，不得而知。反正没有时间的限制，可以慢慢从长计议，在合适的时间、在大陆与台湾都认为合适的时机，再迁葬也不迟。

# 蒋介石铜像纷纷 "下岗"

台北中正纪念堂里的蒋介石铜像，是台湾最大的蒋介石铜像。在台湾通衢、广场，我多次见到各种姿势的蒋介石铜像：

在台北故宫前矗立着的蒋介石铜像，身穿中山装，手拄司的克，正俯首看着大地；

在台北南港中央研究院大门旁，有一座站立姿势的蒋介石铜像；

慈湖蒋介石雕像公园

　　在基隆火车站前的蒋介石铜像，头戴大盖帽，身披大氅，全然一副军人打扮；

　　在花莲县我见到的蒋介石铜像，也是身穿中山装，手拄司的克，但是另一手拿着公文包，高高站立在大理石底座之上，遥望着大海。

　　台湾的蒋介石像太多，在2000年至2008年民进党执政时期，不时传出蒋介石像遭辱、遭拆的新闻：

　　2003年3月，台湾"中央大学"校园的一座蒋介石铜像，头部竟被人锯除！校方发现之后，一边报请警方查明真相，一边用帆布包裹这座已经断了头的铜像。据悉，这座铜像在"中央大学"校园中已经竖立了二十多年。

　　在此之前，2002年4月，台湾的"司法院"决定把大门内放置多年的蒋介石铜像拆去，以体现"司法院"的"超然立场"。因为蒋介石毕竟是国民党的象征，而眼下国民党已经下台，再在"司法院"大门内竖立蒋介石铜像就不合时宜了。在拆除蒋介石铜像之后，代之以"正义女神"像。这尊新的塑像由台湾成功大学建筑系一位教授设计：一位拿着天秤和"六法全书"的东方老妇，旁边倚着一只梅花鹿以"代表台湾本土"。台湾各界对于拆去蒋介石铜像倒是看法相近，只是对于那个代替蒋介石的老气横秋的"东方老妇"颇有微词，讥之为"司法婆婆"。有人说，也许竖立包公塑像比"司法婆婆"更合适些。

2007年3月13日，高雄市政府以修改"中正文化中心管理处组织规程"的方式，将"中正文化中心管理处"更名为"文化中心管理处"，技术性地将"中正"两字剔除。

对于今日台湾来说，蒋介石已经是过时的人物——尽管当年蒋介石不可一世。

人们注意到，海峡两岸对于蒋介石的评价出现了微妙的变化：近年来，在大陆方面，对于蒋介石的评价日趋公正，而在台湾方面，对于蒋介石的批评日多一日。

其实，这样的变化符合历史的进程，海峡两岸都在"矫枉"。

当年，在大陆方面，把蒋介石作为"人民公敌"、"头号战犯"对待，今日全面、辩证、历史地评价蒋介石；

在台湾方面，蒋介石不再是"最高领袖"、"民族救星"，而是已经走下神坛。

其实，不论"鬼化"蒋介石还是"神化"蒋介石，都是片面的，都不足取。

1993年我在台湾出版的《毛泽东与蒋介石》一书中曾经这样写及：

"蒋介石是一个争议颇多的人物。不过，不管怎么说，通观他的一生，有三件事是受到人们赞赏的：一是领导北伐，二是领导抗战，三是振兴台湾经济并坚持一个中国。"

随着时光的推移，进入21世纪，蒋介石在台湾正处于日渐淡化、淡忘之中。虽说如此，台湾能够有今日，却与蒋介石分不开。蒋介石毕竟曾经给予台湾以不可磨灭的影响。可以说，台湾救了蒋介石一命。倘若没有台湾这艘"永不沉没的航空母舰"，从大陆败退的蒋介石将无处栖身；然而，也正是因为蒋介石带领了一大批国民党军政人员来到台湾，带来了大批黄金和资金前往台湾，奠定了台湾经济起飞的基础。

耐人寻味的是，在离蒋介石陵寝不远处的大溪镇社区活动中心，二百多尊各种姿势的蒋介石铜像集中在那里。此外，旁边的篮球场也安放着好多尊蒋介石铜像。如此众多的蒋介石铜像集中在这里，是为了在大溪镇开辟一个"蒋公铜塑像艺术园区"。这个蒋介石铜像园区，将成为大溪镇的一个新景点，供人们在参观了大溪慈湖的蒋介石陵寝之后，来此领略蒋介石当年的风采。

建立蒋介石铜像园区，是大溪镇长曾荣鉴的主意。凭一个小镇的经济

力量，铸造那么多蒋介石铜像，是无法企及的。然而，曾荣鉴却"得来全不费工夫"，最多只不过花费一点把蒋介石铜像运到大溪的运费而已！

那么多蒋介石铜像从哪里来的呢？

在蒋介石时代，特别是在蒋介石去世之后，蒋经国统治台湾的那些年，台湾大批铸造蒋介石铜像。台湾各大道、重要路口、各机关都摆设蒋介石铜像，尤其是各学校，几乎都在学校入门处安放一尊蒋介石铜像。蒋介石铜像成了国民党政权的象征，也是蒋经国政府的精神支柱。

曾经有着"蒋介石铜像雕塑家"之称的谢栋梁先生，不久前在接受香港凤凰电视台的采访时回忆说，自己当年雕塑了那么多的蒋介石铜像，这在"当时根本无从选择！"

谢栋梁1971年从台湾艺术学院雕塑科毕业，当了三年兵后开始创作生涯。然而，他最初的雕塑作品，一件也卖不出去，无法维持生计。他的一位同学告诉他雕塑界的"行情"：眼下最为炙手可热的是雕塑蒋介石铜像，何不去凑此"热闹"？

当时，正值蒋介石去世，在蒋经国政府的推波助澜之下，台湾掀起一股蒋介石铜像热，台湾的雕塑家们几乎都卷入了雕塑蒋介石铜像的"热潮"。

谢栋梁身不由己地卷入了雕塑蒋介石铜像的"热潮"。不过，当他进入"角色"，这才发现，雕塑蒋介石铜像也非易事。

首先，台湾当局制订了《"总统"蒋公铜像制作办法》，厚厚的一大本，对于雕塑蒋介石铜像作了非常详细的规定。比如，半身铜像只能做到三个扣子，多一个少一个都不行。如果不按照这些规定雕塑，那就无法通过"审查"关。

其次，谢栋梁当年在成功岭当兵的时候，蒋介石以"三军总司令"名义前来阅兵，曾远远地看过蒋介石，仅此一面之缘。谢栋梁只能从大量的蒋介石不同角度的照片中，构思如何雕塑蒋介石形象。

再次，正因为台湾众多的雕塑家都卷入这一"热潮"，因此每个单位征选铜像，至少都有上百件作品角逐，想要脱颖而出，并非易事。

谢栋梁全身心投入蒋介石铜像的创作，悟出用"威而不严"这四个字来作为自己雕塑蒋介石像的特点。

在激烈的竞争中，谢栋梁逐渐形成自己的风格。他说："我跟坐姿铜像特别无缘，不过立姿和骑马铜像就是我的强项，因为评审对我所塑的蒋介石表情，特别满意。"

谢栋梁创作的蒋介石立姿和骑马铜像屡屡被采用。在那时候，他每年创作的蒋介石铜像超过30尊，赢得了"蒋介石铜像雕塑家"之称——也就是雕塑蒋介石铜像的"专业户"。

就这样，谢栋梁"靠着蒋介石养一家五口"，而且买下很大的房子。他说，雕塑家需要很大的房子，不是为了住人，而是为了安放自己众多的雕塑作品。

"三十年河东，三十年河西"。随着蒋经国的去世，随着台湾实行"民主化、自由化、本土化"，"两蒋"的影响江河日下，蒋介石铜像从沸点跌到冰点。尤其是国民党失去政权之后，民进党上台，屡屡发生蒋介石铜像被涂上黑漆、推倒以至锯下脑袋的事件。当年的《总统蒋公铜像制作办法》中关于如何维护蒋介石铜像的种种规定，成了一张废纸。原本规定如果公然毁损蒋介石铜像，将以"叛国罪"起诉，而如今早已经被扔进历史的垃圾堆。

2002年，台湾当局宣布，政府机关和学校礼堂不再悬挂蒋介石和其子蒋经国的遗照，只保留国父孙中山的遗照和现任元首照片。这是台湾官方"去蒋化"的最明显讯号。

两蒋的遗照可以不挂了，两蒋的铜像当然也在去除之列。两蒋之中，蒋经国的铜像极少，所以重点去除的是遍及台湾各个角落的蒋介石铜像。

台湾有人呼吁："蒋介石铜像乃历史毒瘤，民主自由的最大讽刺，必须彻底铲除！"

台湾还有人指出："蒋介石的铜像在台湾到处林立，使台湾人民联想起许多令人痛心的事件，包括2•28事件，近四十年戒严统治，一党专制，万年国会，被临时条款冻结的宪法……

"蒋介石自称是追随耶稣的基督徒，然而他生前纵容官员到处树立自己的铜像，个人偶像崇拜，显然已违背圣经的教训，即十诫中第二诫：'不可为自己雕刻偶像'。

"我们决心为大量拆除政治铜像的运动出力，使台湾人民早日走出政治铜像的阴影。

"蒋家若清，台湾就兴！"

一篇"清蒋"文章，尖锐地抨击道：

　　台湾何其不幸，被蒋家肆虐了半个世纪，还走不出蒋家的阴影。
　　蒋经国对台湾的贡献，除了"白色恐怖"造成无数家庭的妻离子散，便是对台湾的乱垦乱建，造成"土石流"遗祸万年。若不是蒋家殖民台湾，带来好几百万"军民同胞"在台湾作威作福，一下说要"反攻大陆"，一下说要"统一中国"，害得台湾人被骗得团团转。台湾这个"美丽之岛"，也不会沦落到现在这个地步。

有一些痴呆的台湾人，他们跟着统派媒体呼唤，好像台湾若不是有"蒋总统"，台湾就没有今天的繁荣进步；又有一些狡诈的台湾人，他们在国民党时代，吃到了一些甜头，尝到了一些利润，就歌颂蒋经国为民族英雄领袖，这种台湾人是彻底的奴才相。

蒋家对台湾所造成的最大伤害是：把台湾社会变成为不知"礼义廉耻"的社会，君不见，目前各级学校，一进校门口，就会看到"礼义廉耻"这四个大字高悬在墙壁上，有些又附加一个"民主救星"蒋介石的铜像立在底下。

这些场景在世界各地是找不到的，哪有教训人家礼义廉耻的，自己是不礼、不义、不廉、不耻的？台湾的学生在国民党这种教育下，耳濡目染后，终于不知礼义廉耻为何物。

我们必须彻底扫除蒋家的阴霾，将蒋家的余孽全部从台湾撤离，包括还躺在慈湖、头寮的那两具尸骨，还有各级学校里的蒋介石铜像。

政治性领袖塑像，是权力的象征，同时也紧紧依附于权力。我在苏联解体十年之后来到莫斯科，见到众多的列宁塑像、斯大林塑像"下岗"后集中在莫斯科河畔的一个小公园，那里成了"雕塑公园"。在台湾，随着政权的更迭，蒋介石的铜像同样纷纷"下岗"。大溪镇长曾荣鉴以蒋介石陵寝所在地的名义"收容"这些"下岗"的蒋介石铜像，当然是"免费收购"。大溪镇的蒋介石铜像园区，被人笑称为"蒋介石落难铜像收容所"！

大溪镇从2000年2月"收容"了第一座"下岗"的蒋介石铜像起，蒋介石铜像越来越多，这里的蒋介石铜像园区的规模正在日益扩大。正因为这样，大溪镇长曾荣鉴已经看中台湾"国防部"在大溪的四公顷土地，申请"免租"使用，以求安置那么多"下岗"的蒋介石铜像。

大溪镇长曾荣鉴称，建立蒋介石铜像园区的主要目的是发展大溪的旅游业。他说，石门水库过去是大溪最主要的观光景点，但是如今每年到两蒋陵寝的观光客达160万人次，远远超过了石门水库。建立蒋介石铜像园区，将会吸引更多的游客。

除了桃园县大溪镇把目光投向"下岗"的蒋介石铜像外，台湾中和市的南山中学也发起"寻找蒋介石铜像"活动。该校把一尊高两米的蒋介石长袍铜像以及各界捐赠的大小蒋介石铜像十来座矗立于校园，取名为"介寿园"。

台湾趣事多。在高雄县林园乡，拆除蒋介石铜像居然引发了争议。

慈湖蒋介石雕像公园 ▶

民进党籍代表李文通提出，应该把竖立在乡公所前路口的蒋介石铜像拆除，以求增加停车位。

然而，乡代会主席刘清祥却表示，乡公所前是林园北路与忠孝西路的叉路，呈Y字型，常发生交通事故，这才在该处竖立蒋介石铜像。因此不宜把蒋介石铜像拆除，况且铜像既未妨害交通，拆后也不见得会增加多少停车位，甚至将沦为摊贩聚集地。

刘清祥的意见获得代表们认同，李文通的提案未获通过。这样，那里的蒋介石铜像至今尚在"值班"，未曾"落难"。

在陈水扁执政期间，"去蒋化"之风越刮越厉害，蒋介石铜像不断被拆除。其中的"高峰"要算是2007年3月14日，奉市长陈菊之命，高雄市政府派人连夜拆除高雄文化中心的巨大的蒋介石铜像，用电锯将铜像大卸八块，身首异位，让一些跟着蒋介石从大陆来台的"老荣民"（国民党退休老兵），当场哭得泣不成声。

然而，说来也怪，从那以后，拆除蒋介石铜像之风戛然而止。内中的原因是在2007年3月底，亦即拆除高雄文化中心蒋介石铜像之后半个月，高雄市长陈菊中风，住院住了一个多月，起初连走路都有困难，直到现在都还有若干后遗症。台湾民众指斥陈菊，是因为把蒋介石铜像大卸八块，遭到报应。虽然高雄市政府极力辩解，称陈菊中风与拆除蒋介石铜像无关，但是从此绿营无人再敢拆了。

后来，从绿营传出"讯息"：今后不拆蒋介石铜像了，为的是要让后代看到"那个坏人长什么样子"！

2010年2月，我来到澎湖、金门，发觉那里的蒋介石铜像倒是一座也未曾遭到拆除，可能是那里的蓝营势力强大的缘故。

# "总统"严家淦与马英九

## "不知名"的"总统"严家淦

对大陆民众来说，历任台湾"总统"的名字都很熟悉，从蒋介石、蒋经国、李登辉、陈水扁到马英九。可是，在蒋介石与蒋经国之间，还有一位"总统"叫严家淦，很多大陆民众几乎没有听说过此人的名字。不少人以为，在蒋介石去世之后，长子蒋经国直接继位，出任"总统"。

其实1975年4月5日蒋介石在台北病逝时，"副总统"是严家淦。当天，严家淦就由副转正，成为"总统"。直至1978年5月20日，严家淦卸任"总统"，由蒋经国担任。此外，严家淦从1966年5月20日起就成为蒋介石的副手，当了9年的"副总统"。在台湾，严家淦享有很高的知名度，而在大陆则是"不知名"的台湾"总统"。

我在2011年秋日去寻访严家淦台北故居。应当说，寻找严家淦故居很方便。我乘捷运到小南门，在出口处的牌子上就看到标明"严家淦故居"字样。出了门，一拐弯，来到重庆南路二段与爱国西路交叉口，一个很大的院子，四周用高墙紧紧围住，这里就是严家淦故居。严家淦虽然已经在1993年去世，他的亲属也早就搬离了这里，但迄今仍有警卫看守这幢空宅。

院子大门似乎是用不锈钢板做的，反射着明亮的银白色金属光泽。大门两侧是方形石柱。在左右石柱旁又各有一扇不锈钢板小门。门前，两棵巨树一左一右如同撑开的巨伞，把门前上百平方米的空地都纳入浓荫之中。左侧门柱上，钉着门牌："重庆南路二段4号"。

严家淦于1946年迁入此院，直至1993年去世，在这里住了47年——严家淦活了88岁，他的后半辈子都是在这幢官邸里度过的。

严家淦故居的前身，是日本株式会社台湾银行"头取"的官邸。所谓"头取"，在日语中也就是董事长。日本大正四年，亦即1915年，日本株式会社台湾银行为他们的"头取"建造这幢别墅式住宅。在当时，日本人在台湾通常是盖日式木质别墅，后来于右任、张学良、何应钦、白崇禧、梁实秋来台湾后所住的都是日本人遗留下来的那样日式木质别墅，阎锡山

严家淦故居大门

来台湾之初住的也是日式木质别墅。可是日本株式会社台湾银行所建造的，却是白色的三层英国维多利亚式楼房。

英国在维多利亚女王执政时期（1837年至1901年），是强大的"日不落王国"。维多利亚时期的英国人生活富裕，房屋精雕细刻，格外华丽，有着尖尖的屋顶、窗户伸出了房屋的墙壁、屋外有栏杆围绕的走廊和阳台，而且有屋顶覆盖，屋顶还建有一座尖塔。那一时期的房屋样式被称为"维多利亚式"。我不仅在英国看到很多维多利亚式房屋，而且由于当时英国具有世界影响，所以我在美国旧金山、在加拿大温哥华、在澳大利亚悉尼以及在我所居住的上海，都见到许多维多利亚式房屋。日本在明治维新之后，努力向西方学习，在日本也建起维多利亚式房屋，所以在台北也为株式会社台湾银行的"头取"建造这样的"洋楼"。

在1920年，日本人又在那幢维多利亚式三层楼房东侧，加盖了一幢日式木造房舍，供佣人、杂役、警卫们居住。在这两幢房屋四周，则修建了日式庭院，安置日式石灯。另外还建了一个网球场。由此可见当时株式会社台湾银行"头取"的官邸是相当豪华的。

1945年8月日本投降之后，这座院子就被国民党当局的台湾银行所接收，成为台湾银行的房产。

严家淦是怎么住进这个豪宅的呢？

严家淦，号兰芬，字静波，1905年10月23日出生于江苏苏州木渎。严

蒋介石与严家淦

严家淦（右）年轻时与家兄严家聲合影

家是木渎的四大望族之一，清光绪年间严家淦的祖父严国馨（严选）买下了木渎一幢占地约5000平方米、三进的大院，严家淦在这大宅院里度过了他的童年和少年时代。如今严家淦的苏州故居，称"严家花园"，成为当地的旅游景点。

1926年，21岁的严家淦毕业于上海圣约翰大学理学院化学系，原本想做一个实业家，阴差阳错却成为经济专家、财政官员。1931年任京沪杭甬铁路管理局材料处长。1939年调任福建省政府建设厅长、财政厅长。

1942年，正值抗日战争进入艰难时期，作为福建省财政厅厅长的严家淦，在福建废除苛捐杂税630种。他发现当地驻军由于粮价飞涨，军费买粮不够半月食用，闹着要增发军费，与此同时当地农民缴纳田赋，要用现金。于是，严家淦制订了《田赋征实办法》，对农民改征米谷，而把米谷直接拨交军队，取消一切临时附加费，军民两利。"田赋征实"政策在福建实行之后，获得良好效果。重庆国民党政府的行政院政务处处长蒋廷黻和财政部长孔祥熙立即指示在全国实行"田赋征实"政策。严家淦因此第一次引起蒋介石的注意。

1944年12月，严家淦被调往重庆，任战时生产局采办处处长。1945年8月抗战胜利，严家淦又代表经济部和战时生产局，首先飞往南京，协助何应钦办理受降接收事宜。

1945年10月24日，严家淦奉命飞赴台湾，任交通部特派员兼台湾省行政长官公署交通处处长。严家淦来到台湾工作，跟1949年下半年国民党在大陆战败时大批官兵退往台湾相比，算是先走一步。也正因为严家淦先走一步，在台湾打下了深厚的基础。

1946年，严家淦任台湾省行政长官公署财政处长兼台湾银行董事长，主管台湾财政。也就在这个时候，他作为台湾银行董事长，迁入原日本株式会社台湾银行"头取"的官邸，成为这一豪宅的新主人。当时严家淦的许多亲戚也随他来台北，住在一起，吃饭时在官邸里往往席开4桌之多。1947年又任台湾省财政厅长。

严家淦主管台湾财政，一上手就遇到棘手的问题：在日本统治台湾时期，日本株式会社台湾银行在台湾发行台币。在结束日本统治之后，这种"日治台币"当然应该废止。可是台湾人一下子又无法接受国民党政府当时在中国大陆发行的法币、金圆券。严家淦先以台湾银行发行一种台币，跟"日治台币"以一比一兑换。这样一来，很容易被台湾民众接受。台湾银行在1946年5月22日开始发行这种台币（人称旧台币），只在台湾流通。然而随着国共内战开始，国民党连连败北，大陆通货膨胀越来越严重，法币、金圆券严重贬值，造成台币也大幅度贬值。另外国民党在大陆吃紧，从台湾调运大批米、糖到大陆，造成台湾粮荒，物资短缺，物价飞涨。

严家淦为台湾省政府制订"台湾省币制改革方案"、"新台币发行办法"，在1949年6月15日以新台币取代旧台币，即以40 000元旧台币兑换1元新台币。另外采取种种措施稳定台湾物价。国民党败退台湾之后，台湾的物价倒是日趋稳定，新台币也抑制了贬值倾向，一直沿用至今。

严家淦治埋台湾经济有方。1950年初，45岁的严家淦升任"经济部长"。1950年3月，改任"财政部长"，成为国民党政府迁台之后的首任"财政部长"。他同时兼任台湾银行董事长。严家淦这位化学系的毕业生，成为台湾首席"理财专家"，受到蒋介石的重用，前后两度担任"财政部长"达10年之久。

1954年蒋介石给予严家淦更加重要的任命——出任台湾省主席，主持台湾省政3年。1957年转任"行政院政务委员"兼"美援会主任委员"，"经济安定委员会副主任委员"。1958年回任"财政部长"。

对于严家淦来说，"更上一层楼"是在1963年12月16日，"行政院长"陈诚请辞，"总统"蒋介石提名严家淦继任。就历史而言，严家淦与蒋介石并无很深很久的渊源，严家淦在国民党内也没有很深的资历。在国民党内，在蒋介石的嫡系之中，资历、能力在严家淦之上的人很多。蒋介石如此看重严家淦，不仅因为严家淦是台湾的财经专家，更重要的是严家淦为人向来低调，不争权夺利，无"野心"。那时候，蒋介石正在部署"太子"蒋经国接班大事，需要有一位"保驾护航"的人，蒋介石选中了无"野心"的严家淦。

果真，严家淦出任"行政院长"的翌年——1964年3月，就提名蒋经国为"国防部副部长"并兼任"政务委员"。蒋经国开始进入台湾政坛高层。

严家淦出任"行政院长"之后，政务繁忙。1964年在他的那幢维多利亚式楼房北侧，增建了一幢两层水泥楼房，供他办公及接见宾客之用，被称为"大同之家"。

1965年1月14日，蒋经国接替俞大维出任"国防部部长"，掌握了兵权。

经"总统"蒋介石提名，1966年5月20日严家淦出任"副总统"兼"行政院院长"。从此严家淦一直担任蒋介石的副手，地位仅次于蒋介石。

1969年6月，台湾"行政院"改组，"院长"仍由"副总统"严家淦兼任。

直至1972年5月20日严家淦再度当选"副总统"，1972年6月1日严家淦卸任"行政院长"（他当了9年的"行政院长"）。蒋经国接替严家淦，出任"行政院长"。这时，蒋介石已经进入风烛残年，"'总统'蒋介石——'副总统'严家淦——'行政院长'蒋经国"的布局也已经完毕。严家淦夹在两蒋中间，充分显示他被两蒋的看重。

1975年4月5日，蒋介石去世的当天，严家淦按照规定继任"总统"。当时的"总统"任期为6年。

从1975年4月5日到1978年5月20日这3年时间里，严家淦是"总统"，蒋经国是"行政院院长"，形成所谓"蒋严体制"：严家淦确实如蒋介石所预料的那样无"野心"，充分尊重蒋经国，领衔推举蒋经国出任国民党中央委员会主席暨中常会主席，一切听命于蒋经国。严家淦是名义上的"元首"，而决策由蒋经国做出。也就是"名在严家淦，权在蒋经国"。

严家淦"总统"任期即将届满之际，以国民党中常委的身份给国民党中央秘书长张宝树写了一封信，提名蒋经国为国民党第六任"总统"候选人。1978年1月7日，国民党中常会举行临时会议，同意严家淦建议，决议向十一届二中全会提案，提名蒋经国为第六任"总统"候选人。

1978年5月20日，严家淦"总统"任期届满，蒋经国继任"总统"。严家淦忠实地实现了蒋介石的"子承父业"的期望。

严家淦卸任"总统"之后，担任国民党中常委兼"中华文化复兴运动推行委员会"会长。1986年3月因患脑溢血住院，从此退出政坛，在那幢维

多利亚式楼房里安度晚年。

严家淦家庭和睦。1924年12月14日，严家淦与刘期纯结婚，育有5子（严隽荣、严隽森、严隽同、严隽泰、严隽建）、4女（严隽华、严隽菊、严隽芸、严隽荃），内、外孙21人。现全国人大常委会副委员长、中国民主促进会主席严隽琪是严家淦侄女。刘期纯虽然曾是台湾"第一夫人"，但是跟严家淦一样低调，她几乎不出席种种社会活动。

1993年12月24日晚10时，严家淦因心脏衰竭病逝于台北"荣总医院"，终年88岁。去世7年之后，夫人刘期纯也于2000年病逝。

严家淦官邸乃是"公产"，产权属于台湾银行。在严家淦夫人刘期纯去世之后，台湾银行打算拆除严家淦故居，重建新楼，毕竟严家淦故居地处黄金地段，而且占地面积很大。

2001年4月6日，台北市文化局局长龙应台率专家学者李干朗、林会承、黄兰翔、丘如华、徐裕健、王惠君、黄俊铭、赖志彰、康旻杰等人前往严家淦故居会勘并当场召开鉴定审查会议，认定严家淦故居及紧邻的大同之家为"市定古迹"。当天龙应台就召开记者招待会，宣布严家淦故居包括主建物、围墙内所有植栽、防空洞、屋内陈设及大同之家、网球场等，列为台北市第九十二处古迹。据称，台湾银行的代表感到相当错愕，不得不取消改建新楼的计划。从此严家淦故居作为文化古迹得以保留。

不过严家淦故居毕竟是建于1915年的老建筑，维修、保养不容易。我看到多处架设了防护钢棚以保护。由于经费短缺，严家淦故居成了"危楼"，无法全面整修，当然也就谈不上布置成严家淦纪念馆对外开放了。只有像我这样对于台湾名人故居有着浓厚兴趣的人，才会去细细参观，领略当年"总统"官邸的风光。

## "很平民"的马英九家

寻访马英九家，是一次难忘的经历。

2009年1月那天，我的长子、长媳都休息，问我想去哪里，我说去寻访马英九家，他们也很有兴趣，因为他们虽然生活在台北，也没有去过马英九家。照例，是长媳开车。开车前，她问我马英九家的地址，我告诉她在文山区兴隆街，她把几段几号都输入GPS。然后，照着GPS的指点，直奔文山区而去。

对于台北的文山区，我并不陌生。我曾经多次前往台湾政治大学，那所大学就在文山区。我出席台湾"行政院陆委会"在猫空举行的宴会，猫空也在文山区。我去深坑探访"豆腐一条街"，去台北县永和访问永和豆浆老店，都途经文山区。来来去去文山区那么多趟，却没有想到，马英九就住在这里。

文山区是台北市边远的区，位于台北市的东南郊，跟台北县的新店市接壤。其实，这一带原本属于台北县，直到1968年7月1日才划归台北市，当时设木栅区和景美区两区。1980年3月12日台北市行政区调整，把景美区和木栅区合并为文山区。

据考证，文山这地名的来历是这样的。这里有一座山，形状如拳，名叫拳山，这一带也就叫拳山堡。由于地名不雅，日本统治台湾时期取"文山秀气"之意，改称为文山堡，后又改设文山郡。当景美区和木栅区合并时，便以文山区命名。不过，许多台北市民说惯了景美区、木栅区，所以通常都说马英九住在木栅。

如今，文山区最著名的旅游景点有二，一是木栅动物园，一是猫空缆车。

那天，长媳驾车沿信义快速道路（亦即高速公路）从北向南行驶。当轿车穿过隧道之后，眼前的景象大变。原本是台北市中心繁华的商业区，到处是高楼大厦，一下子变成冷落的郊镇，山也多了起来。

GPS真灵，当轿车穿过满是小店小铺的一条小街，GPS就显示目的地到了。我透过右侧的车窗朝外一看，出现在眼前的一幢七层楼房好熟悉——在电视里多次看到过。那幢楼房是很普通

马英九家住了25年的公寓

的公寓楼，看上去已经很陈旧。我的长子、长媳都惊呼起来："原来马英九住在这么个地方！"两天前，他们陪我和妻去看过陈水扁所住的宝徕花园，那是名副其实的豪宅，跟马英九家形成鲜明而强烈的反差。

我走近马英九家那幢楼房，看见大楼表面贴着长竖条白瓷砖，由于经过二十多年风雨的冲刷，白瓷砖已经近乎灰色。跟中国大陆的许多居民楼相似，这幢楼家家户户都把阳台用铝合金窗封闭起来，以求扩大居住面积。每家所安装的铝合金窗大小、式样都不同，看得出是居民们入住之后自行安装的。大楼的下面三层，也跟中国大陆的许多居民楼相似，在窗户以及阳台前安装了防盗铁栅栏。各家的铁栅栏也不相同，所以从外面看上去，有点杂乱。马英九家住在三楼，也安装了铁栅栏。比起下面两层用的是横条铁栅栏，马英九家的铁栅栏用拱形的钢条装饰，显得美观一些。

我走向马英九家那幢楼房的大门，马上就引起了注意，两名穿了蓝灰色警服的警察朝我走来。他们的帽子上印着一行黄色的字："台北市政府警察局"。因为马英九已经成为"总统"，这幢大楼也就成了台湾"国安局"保护的对象，派了多名警察在这里值勤。听我说来自上海，警察非常友善，跟我握手，表示欢迎。

这幢楼房的不锈钢大门，看上去也似曾相识，因为也在台湾电视中多次见过。马英九当选"总统"时，这里有好多台电视摄像机"恭候"，马英九进出时，记者们总要上前采访。大门的右侧是物业公司的办公室，左侧则是住户信箱。我在台湾电视中看到过，马英九早上穿一条短裤，走出大门，从信箱里取出当天的报纸。

马英九在这幢楼里住了25年。三楼的房子是马英九的父亲马鹤龄（马鹤凌）在1983年的时候买的，总共两套，门对门，一套朝南，一套朝北，每套都是33坪，即相当于109平方米。

马英九在1972年赴美国留学，1976年在纽约与周美青结婚。在获得美国哈佛大学法学博士之后不久，1981年携妻回到台湾。由于马英九是父亲马鹤龄的唯一儿子，按照台湾的习惯，马英九回台湾之后与父母住在一起。马英九毕竟已经成家，长女马唯中刚周岁，这三口之家跟父母住在一起，原先的房子显得局促。于是，马鹤龄决定买新房子。

马鹤龄乃公务员出身，并无太多积蓄。他早年曾任蒋介石侍卫官。1948年到台湾，曾任国民党中央委员会秘书处秘书，国民党知识青年党部书记长等职位。1981年5月至1986年4月任国民党台北市党部副主任委员。马鹤龄看中兴隆路的房子，因为这一带相当于台北市的郊区，房价不高，所以他买了这幢公寓楼的三楼两套房子，这样他和儿子马英九既近在咫尺，又各自有着独立的空间。父亲马鹤龄和母亲秦厚修把朝南的那套房子让给儿子、儿媳住，自己住在朝北的那套房子里。在当时，马英九小夫妻和女儿一起住一百多平方米的房子，算是不错的了。

在25年间，马英九的"状况"有了很大的变化，1985年次女马元中降生，马英九从三口之家变为四口之家。马英九又不断"升官"，从蒋经国的英文秘书、国民党的副秘书长到"法务部长"、台北市市长，直至2008年当上"总统"，但是马英九一直没有迁往新居。1998年12月，马英九当选台北市市长，他没有迁往公家提供的市长官邸。2002年12月，马英九连任台北市市长，依然住在这幢旧楼里，直到他2006年12月卸任，在整整八年市长生涯之中，他没有挪过窝。

2008年3月22日，马英九在大选中胜出，当选新"总统"。然而，他在5月20日宣誓就任之后，仍住在这幢旧楼里。许多人劝他要搬进"总统"官邸。确实，再偏居一隅，住在这远离市中心的旧楼，已经很不方便。马英九终于答应迁往"总统府"的玉山官邸。这玉山官邸的名字，是陈水扁取的。那里原本是李登辉当"总统"的时候住的，叫做"大安官邸"。陈水扁搬进去的时候，改名为"玉山官邸"。玉山山脉的主峰海拔3952米，是台湾第一高山，陈水扁以玉山命名自己的官邸，自诩为台湾第一人。陈水扁搬进去的时候，花重金重新装修。

当马英九成了那里的新主人时，把"玉山官邸"改名为"中兴寓所"。马英九特别交代，能省则省，就连陈水扁过去使用的洗衣机、烘碗机及部分家具，马英九并不介意继续用。不过，陈水扁睡觉用的12万元"天使梦幻床垫"，马英九不敢睡了，叫人悄悄搬走了！

马英九迁往中兴寓所时，曾经打算把母亲秦厚修接来一起住，因为86岁的父亲马鹤龄因心脏病在2005年11月1日病逝。然而，秦厚修仍住惯老房子，那里地熟人熟，不愿迁往中兴寓所。大抵因为那幢旧楼里还住着马英九的母亲，所以警察在大门口保持警戒。

对于马英九能够25年如一日住在兴隆路的普通公寓里，跟平民百姓一样生活着，大多数台湾老百姓都赞许不已，称他"很平民"。不过，也有个别人讽刺说，马英九在"作秀"。人们纷纷反诘："难道'作秀'，有这么一作25年的？"

马英九住所平民化，其实是跟他向来作风清廉、生活朴素完全一致的。

离马英九家只一箭之遥的兴隆市场里，有个叫赵焜荣的鞋匠。他说，马妈妈拿一双穿了多年的球鞋来修过几次，他一问才知道是马英九穿的。市场里的裁缝师傅从来没有修补过游泳裤，因为一条游泳裤才多少钱，而

马妈妈却拿了游泳裤来请师傅修补，一问方知是马英九的。市场里的谢普庆是卤味摊的老板，马家是他的老顾客。谢普庆说，马英九吃东西从来不讲究，喜欢吃卤味，也喜欢吃市场里的韭菜水饺、山东馒头、扬州狮子头，尤爱吃猪的大肠。

马英九的夫人周美青跟马英九一样节俭。不论马英九的"官"有多大，她总是乘公共汽车上、下班。直到她成为"总统"夫人，成为媒体追拍的对象，不得已才改乘出租车。

马英九再三说，他喜欢兴隆路这老房子，因为屋前就是一个小公园，屋后有小山，是他每天早上跑步的好地方。他的皮鞋不大修理，而球鞋因天天晨跑磨损厉害。他也喜欢游泳，骑自行车。

马英九平民化的作风，在台湾传为佳话。如今，他住了25年的老房子，也成了文山区的一个"景点"。

马英九生活平民化，除了他本身的教养，还在于他担任过蒋经国的英文秘书，深受蒋经国的影响。在台湾历任的"总统"之中，蒋经国是生活最朴素的。

# "四星上将" 的人生

# 张大帅的幽禁岁月

## 台北幽禁处——"禅园"

　　在台北，如果问幽雅路在哪里，一百个人里头恐怕有九十九个人答不上来。

　　幽雅路坐落在台北阳明山区，或者更准确地说是在大屯山区。大屯山旧名"大遯山"，是由十几座火山锥所组成。这是一群死火山，其中的最高峰是海拔1,120米的七星峰，另一座半圆似钟的死火山叫纱帽山，在七星峰之南、纱帽山之东的一座死火山原名草山，因为蒋介石崇拜明代哲学家王阳明，改名阳明山。由于阳明山最出名，所以人们也就把那一带称为阳明山公园。幽雅路就在阳明山前、大屯山的一座火山锥的半山腰上，淹没在浓密的山林之中。

　　幽雅路原本是一条山野小道。日本占领台湾之后，看中北投以及附近

张学良将军

晚年张学良

的温泉，于是这条山野小道被拓宽，沿着山坡建设了高级宾馆和日式住宅。1945年台湾光复之后，这条山间马路由于"沿途景致清幽雅丽，能抚人躁动之心"，被命名为幽雅路。

那里如今叫"幽雅路"，这"幽"象征"幽禁"

短短的幽雅路上，拥有三座台北市的"市定古迹"：其一是幽雅路32号，是创建于大正十年（1921年）的佳山旅馆，是台湾现存规模最大的日式单栋木造别庄之一；其二是幽雅路21号，是创建于昭和九年（1934年）的吟松阁，是台北市目前仅存的一幢日式全木结构旅馆；其三是幽雅路上一条名叫杏林巷的小巷，巷里有多座私家寺院，巷口有日治时期所建的佛教石窟，供奉不动明王。

然而，我去幽雅路的目的，并不是寻访密林之中的那三座台北市的"市定古迹"，而是直奔34号。在34号大门口，门的上方高悬横写的"禅园"两字，门的下方有一块牌子上则竖写着一行字："张学良少帅旧居"。

我所要寻访的，正是当年幽禁张学良将军的处所。这幽雅路之幽，其实应当是幽禁之幽——虽说在囚禁张少帅之前，这里已经取名幽雅路。

张学良（1901年6月3日～2001年10月14日），字汉卿，号毅庵，奉系军阀首领张作霖的长子。东北人称张作霖为"张大帅"。1928年6月4日，张作霖乘坐专列在皇姑屯被日本人炸死，27岁的张学良继任东北保安总司令，人称"张少帅"。

张学良在父亲张作霖被炸死后一星期，作出"东北易帜"的决定，宣布服从南京国民政府，被国民政府任命为陆海空军副司令、东北边防司令长官。从此张学良与蒋介石有了相当亲密的关系，张学良为国民党陆军一级上将，亦即四星上将。

这位四星上将在台湾的命运，又是如何呢？

走进34号大门，迎面就是一条向下的石阶路。沿着小路向下，在绿树浓荫之中，在山坡之上，散落着一组青瓦、砖墙、铺着木地板的日式建筑。这里是北投地热谷大屯山凹的制高点，面对着淡水河口的观音山。遥望山下，近处是北投的楼房，远处是台北市区，可谓美景尽收眼底。

"禅园"是1981年才取的名字，并非原名。这座建于20世纪20年代的日式庭院，浓缩着台湾色彩斑驳的历史。

建成之初，这里叫"新高饭店"，是日本商人聚会之所。

后来被日本军方看中，这里成为"日本军官俱乐部"。

作者在张学良台北北投软禁处所，照片两侧是于右任赞扬张学良的题词

少帅张学良台北北投软禁处所

到了第二次世界大战期间，这里成了日本的自杀式飞机驾驶员"神风特攻队"的招待所。他们在出征赴死、报效天皇前，来到这里尽情寻欢作乐，享受人生最后的"幸福"。

台湾光复之后，这里一度成为台湾官方的招待所。

此后，这里成为张学良将军和赵四小姐的囚禁地。

1981年，这里被改建为禅园花园景观餐厅，做蒙古烤肉自助餐，直至今日。另外，当年看守张学良将军的特务们所住的房子，则成了翡翠轩茶坊。尤其是在夜幕降临之后，这里成了观赏台北夜景的好处所。

我走下石阶路，首先见到的是翡翠轩茶坊。那幢日式房子在禅园花园景观餐厅之上，当年特务们住在这里，便于居高临下监视张学良将军的一举一动。

我走向禅园花园景观餐厅，那里才是

真正的"张学良少帅旧居"。餐厅门口醒目地挂着一帧"帅哥"与"美女"面对面坐在一对藤椅上的照片。那"帅哥"就是张学良，那"美女"就是赵四小姐。照片的说明词写道："1947年，张学良和赵一荻在台湾住所，这是他被押至台湾后莫德惠前来探访时拍摄的照片。"

这张1947年3月7日的照片，是极其珍贵的历史照片。照片上的张学良，只有46岁，而赵四小姐年仅35岁。这张照片表明，张学良和赵四小姐早在1947年就已经被囚禁在台湾——实际上他们是在1946年被秘密押往台湾。照片的说明词只是说"1947年，张学良和赵一荻在台湾住所"，很多游客误以为是在禅园拍照的，实际那是在新竹。

莫德惠，国民党中央委员。他是东北社会贤达，曾经得到张学良之父张作霖倚重，出任奉天财政厅长、代理省长、北洋政府农工商总长，也深得张学良信任。莫德惠同时也得到蒋介石信任。所以张学良在被囚禁期间，不论在大陆还是在台湾，莫德惠都得以探视张学良。

1945年4月，莫德惠曾经在军统特务李肖白陪同之下，奉蒋介石之命到贵州桐梓看望张学良，并替蒋介石转送给张学良一只怀表。

张学良见怀表大笑道："时间已将过去10年，现在蒋先生才挂念起让我掌握时间。"

张学良笑毕，问道："莫老，你看蒋老先生什么时间能放我？"

莫德惠只得模糊以答："自有佳期，君莫问！"

张学良台北北投软禁处所位于半山腰，可以望见台北城

## 专机秘密押送台湾

关于张学良的行踪，在蒋介石时代一直是"党国"的高度政治机密。直到蒋经国去世之后，张学良这才在台湾公开露面。随着时间的推移，张学良的秘密囚所才逐渐曝光，浮出水面……

1936年12月12日，当时任"西北剿匪副总司令"的东北军领袖张学良和当时任"国民革命军第十七路总指挥"的西北军领袖杨虎城联手，在西安发动兵谏，扣留了"国民政府军事委员会委员长兼西北剿匪总司令"蒋中正，要求"停止剿共，出兵抗日"，这便是名垂史册的西安事变。

西安事变时的当天，张学良、杨虎城向全国发出关于救国八项主张的通电，提出：

改组南京政府，容纳各党各派，共同负责救国。

停止一切内战。

立即释放上海被捕的爱国领袖。

释放全国一切政治犯。

开放民众爱国运动。

保障人民集会结社一切政治自由。

确实遵行孙总理遗嘱。

立即召开救国会议。

在中国共产党的积极参与下，西安事变得以和平解决。

1936年12月24日，蒋介石口头答应六项协议：

改组国民党与国民政府，驱逐亲日派，容纳抗日分子。

释放上海爱国领袖，释放一切政治犯，保证人民的自由权利。

停止"剿共"政策，联合红军抗日。

召集各党各派各界各军的救国会议，决定抗日救亡方针。

与同情中国抗日的国家建立合作关系。

张学良台北北投软禁处所展出张学良图片

其他具体的救国办法。

1936年12月25日下午，张学良亲自送蒋介石飞回南京。张学良一到南京，即被军统特务监视。

1936年12月31日，国民政府军事法庭对张学良进行审讯，以"张学良首谋伙党，对于上官为暴行胁迫"，判处10年有期徒刑。

1937年1月4日，国民政府委员会议一致决议通过：张学良所处10年有期徒刑，特予赦免，仍交军事委员会严加管束。

这"严加管束"，其实就是软禁。从此，张学良开始了漫长的幽禁生涯。

中国共产党坚决要求释放张学良。然蒋介石对张学良的行踪，严加保密。

1916年，15岁的张学良奉父命与长他3岁的于凤至结婚，生有一女三男。1940年2月，于凤至因病赴美就医，赵四小姐——赵一荻从香港到贵州阳明洞陪张学良幽居。此后张学良在漫长的囚禁生涯中，一直由赵四小姐陪同。

1946年10月17日，张学良和赵四小姐从贵州桐梓被押送到重庆。这时候，张学良显得很高兴，因为特务头子告诉他，要从重庆乘飞机前往南京，蒋介石将在南京召见他和杨虎城，宣布他和杨虎城一起恢复自由。

10月19日，张学良和赵四小姐在重庆登上专机，负责押送的是军统局重庆办事处主任张严佛。专机中途在武汉落地加油。专机再度起飞之后，却没有在南京降落，而是飞越台湾海峡，降落在台北松山机场。这时，张学良方知到了台湾。

其实，事先张严佛就接到南京保密局局长郑介民、副局长毛人凤的电报指示，要把张学良从重庆押往台湾。为了避免在押解途中发生意外，就骗张学良说是飞往南京。

张学良一到台北松山机场，就有专车等候，把他和赵四小姐立即送往新竹县五峰乡井上温泉。军统局事先在那里安排好禁所，并配备了看守特务和宪兵。

军统局是在根据蒋介石的指令行事。起因是1946年1月10日至31日，政治协商会议在重庆召开，中国共产党代表周恩来在会上指出，应当立即释放张学良、杨虎城两将军。此后，随着1946年12月12日西安事变10周年纪念日的临近，全国要求释放张学良、杨虎城两将军的呼声越来越高。为了避人耳目，蒋介石在1946年10月19日指示军统局把张学良秘密押往台湾。

据当时看管张学良的军统特务张严佛后来回忆："张学良被幽禁在台湾新竹县井上温泉山区。这是一个风景区，树木参天，峰峦起伏，当地多数居民为高山族，离新竹市约五六十华里。那时，张学良和赵四小姐住在一起。军统局负责看守他的由刘乙光指挥的看守人员有十余名，另有武装宪兵一个连。生活方面，据说蒋介石指示尽量照顾他，还说是叫他读书修养。因此，张学良表面上可以到附近十华里或更远一点范围内散步、钓鱼，平时可以打网球、游泳或做其他运动。他经常可以通信（与外界要被

在台湾新竹囚居的张学良和赵四小姐　　1947年张学良与赵四小姐在台湾井上温泉住所

准许的），并准许接见（客人）和接受送给他的烟、酒、日用品、食物。除有时由蒋介石、军统局派人陪他讲学、读书之外，他经常订阅《大公报》、《"中央"日报》及台湾当地报纸，他自己以及军统局替他买了不少的线装书和中外书籍。饮食方面，烟酒等不受限制。我看守他一个月中，和他一起吃饭，大概吃的和过去差不多，可以听他自己选择。据毛人凤、刘乙光平时和我谈起张学良的生活饮食起居、接见通信以及所谓修养读书，和他同案但不关押在一起的杨虎城将军则完全两样，杨将军备受精神虐待，对张学良表面上较宽。"

1946年12月15日，台湾省主席陈仪前往新竹看望张学良。张学良依然充满忧国忧民的情怀，对陈仪讲述了关于中日历史症结及对未来发展的看法。张学良在日记中写道："彼对中日问题，有深刻认识，特殊见解。言到吉田松阴对日本尊王、吞华思想之提倡，伊藤博文、后藤新平吞华之阴谋，被认为日本侵华思想一时难为消除，美国亦将上日本人的当。"这清楚表明，在西安事变10年之后，张学良仍对日本军国主义的复活保持高度的警惕。

禅园花园景观餐厅门口墙上所挂的张学良和赵四小姐1947年在台湾的照片，实际就是在新竹县井上温泉囚禁处所拍摄的。那年5月，莫德惠获准前去探视张学良，拍摄了这张照片。从照片可以看出，那是一幢日式房屋。这幢黑瓦日式平房，约150平方米。

1949年1月21日蒋介石宣布下野，李宗仁任代"总统"。李宗仁立即安排与中共和谈，并发表了八项主张，其中有"释放政治犯"，提出恢复张、杨自由。1月25日，张学良从看守刘乙光给的《申报》中，读到八项主张。张学良在日记中记下："23日《申报》载，政府明令，余及杨虎城，恢复自由。"

然而，军统局根本不把代"总统"李宗仁放在眼里，毛人凤等居然宣称"不知张、杨在何处"！

由于莫德惠曾经对《大公报》记者言及张学良关押在台湾新竹，一时间媒体据此曝料。军统局于1949年2月2日凌晨3时把张学良从新竹押往新竹机场，因天气恶劣，直到上午11时才起飞，12时10分抵达台南冈山镇机场，转移到高雄要塞，藏在兵舍之中。直到风头过去，才于1950年把张学良重新押回新竹井上温泉，直至1957年10月被转移至高雄市西子湾。

1954年5月下旬，蒋介石曾经在台北官邸接见张学良。1955年蒋介石因写《苏俄在中国》一书，因对张学良发动"西安事变"的经过不了解，请张学良写出来。张学良奉命写了20万字。蒋介石看了之后，叹服张学良的文笔。

张学良在新竹县井上温泉住了9年的黑瓦日式平房，在1963年被台风冲毁。随着台湾开放大陆游客赴台，新竹县政府为了吸引大陆游客，仿照那幢黑瓦日式平房原貌重新复建，但是担心原址地势太低，容易再遭水患，改在附近高处建造。这幢仿建的张学良囚禁所于2008年12月底开放迎客。

## 顶天立地男儿汉

随着时光的流逝，张学良已经不再是那么敏感的政治人物。蒋经国被委任为"国防部总政战部主任"后，负责"管束"张学良的保安处也归蒋经国管辖。蒋经国对张学良颇为尊重。再说，张学良患眼疾，需要治疗，台北的医疗条件比高雄好，于是在1960年，张学良获准从高雄市西子湾迁往台北，软禁于幽雅路34号。正因为这样，如今那里挂上了"张学良少帅旧居"的牌子。

幽雅路34号的日式黑瓦平房，倒是原物，只是自1981年改为禅园花园景观餐厅以来，里面的格局完全改变了。我走进这家餐厅，觉得进深太深而显得幽暗。我在木地板上漫步，发现张学良的幽禁之地，完全商业化了。餐厅中最主要的一间包房，名叫"汉卿厅"，以张学良的字汉卿命名，那里原本是张学良的主卧室。当年张学良的客厅，如今成为蒙古烤肉的自助餐厅，而当年张学良的观景阳台，如今成为情侣座餐厅。

在"汉卿厅"的正墙上，挂着莫德惠在1947年拍摄的张学良和赵四小姐的那张照片，放大到办公桌的桌面那么大。照片两侧，是于右任先生赠给张学良的一对对联：

养天地正气
法古今完人

张学良的主卧室里不见大床，代之以一张硕大的10座圆餐桌。这里专门供应"少帅台湾宴"，所有的菜肴都与张少帅相关。比如冰糖炖猪蹄这道菜名曰"铁蹄忆军旅"，因为"少帅喜欢台湾的猪蹄，忆及西安军旅之日，能以黄豆、冰糖炖猪蹄配饭，就是高级享受了。" 而"银耳养颜羹"则象征着赵四小姐的"美容圣品"，就连玫瑰普洱茶，那"普洱的浓厚余味象征着少帅的温和稳重，而玫瑰的香甜则暗藏着赵四小姐的似水柔情"……

由于"汉卿厅"里的"少帅台湾宴"，一次只能开一桌，所以要品尝"少帅台湾宴"必须提前三天预订。这里的食客以大陆旅游团居多，尤其是张学良的东北老乡对他怀有深厚的感情，总希望一睹当年张学良在台北的幽禁之处，希望在"汉卿厅"里一尝。

"少帅台湾宴"的菜单是这样的：

开胃菜"简朴中的美丽"，用挪威熏鲑佐以台湾生果，不加任何调味，意寓赵四小姐在台的清简生活；

第二道"晓翅烩白玉"，豆腐为赵四小姐养颜之宝；

第三道"开怀金凤盏"，取张少帅强龙困浅滩，寄望开怀之义；

第四道"铁汉蚝煌鲍"，因张少帅喜食华国饭店二楼的港式饮茶和鲍味，食小鲍不招摇，还能解思乡之愁；

第五道"铁蹄忆军旅"，台湾的猪蹄劲而不腻，忆及西安军旅时日，能以黄豆、冰糖炖猪蹄配着饭吃就是高级享受了；

主食"台湾的最爱"，其实是最为家常的肉臊饭。

禅园里吸引众多游客的是张学良图片展。那里原本是一条长长的走廊，餐厅的主人在走廊两侧挂满张学良的图片。图片展示张学良在长期囚禁中的三大爱好，即养兰花、迷京戏、打国牌(麻将)。

蒋经国常常到幽雅路34号看望张学良。蒋经国指示，对张学良不再"严加管束"，而是比较宽松，允许张学良的老朋友前去看望，也允许张学良外出看望朋友。这时，张学良乘机向蒋经国提出，幽雅路34号过于僻远，老朋友们也都年事已高，前来看他甚不方便，能否另迁他处？蒋经国答应了。于是，张学良选中北投复兴三路70号，在那里自己花钱建造了一幢别墅。那里环境幽静又离市区不远，成为张学良在台湾的最后住所。为了庆贺张学良乔迁新居，蒋经国给张学良送了一套客房用的家具。只是那里至今尚未对外开放。虽说张学良在新居中仍处于被监视的状态，但是他的"自由度"比过去有所增加。张学良买了一辆二手福特轿车，从此可以开车进城看望老朋友，只是他的车子后面总是有"尾巴"跟踪。

1964年7月4日，张学良与小他9岁的赵一荻正式结婚，在台北杭州南路美国人吉米•爱尔窦的家中举行婚礼。宋美龄、张群、莫德惠等出席了婚礼。

张学良晚年交往最多的是张群、张大千和王新衡。张群乃国民党元老，与张学良有着几十年的交情。王新衡是蒋经国在莫斯科中山大学留学时的同学，担任过国民党特工，曾任保密局上海站站长，后来从商，担任台湾的亚洲水泥公司董事长。至于画家张大千，跟张学良原本素昧平生。1930年张学良任国民政府陆海空副总司令，常去北平买名家书画。一天他花重金购得明末清初著名画家石涛的一幅山水画，后来方知是赝品，伪造者是青年画家张大千。张学良非但没有责难张大千，反而欣赏他的才华，与张大千有了许多交往。张学良与张群、张大千和王新衡轮流坐庄，每月宴请一次，人称"三张一王"。

在张学良晚年，身边增加了一位至亲，那就是侄女张闾蘅。她在美国读完大学，于1967年回台北，得以照料张学良。张闾蘅常去看望张学良和赵一荻，而张学良和赵一荻也总是每隔几天到张闾蘅处一趟。

张闾蘅后来回忆说：

"大伯似乎已经习惯了这种被人监视的生活，他很坦然，依旧与我们家人大摆'龙门阵'，聊到高兴时，笑声朗朗。或者拉我们一同去下馆子，边吃边聊。我就是从那时起，才真正认识了我这位'鼎鼎有名'的大伯，我与大伯的感情，也是在这段交往中、在听他的讲述中慢慢建立起来的。"

"大伯家在北投，在他们家里，除了吴妈，其余'服侍'他们的人，都是派来的看守特务。在大伯家的外围，也布满警卫点，不让外人靠近。我们平时不能常去大伯家，偶尔去了，家人总要再三交代，说话要小心，隔墙有耳，不能口无遮拦，免得给他们添麻烦。当时我真是无法理解，看着他们宛如生活在'鸟笼'中，心里很压抑也很气愤。大伯的'自由'是很有限的，来往的朋友也少得可怜，大伯每次外出都要提前报告，出门时总是两辆车，前一辆是大伯、大妈，跟随的一辆就是便衣特务或警卫。"

"大伯、大妈最开心的日子是逢年过节。每到年三十，我们与大伯、大妈一起在北投过年，平时他们家冷清寂寞，连玩牌都不允许。这一天可以例外。大妈忙里忙外准备年夜饭，她烧得一手好菜，中西餐都很拿手，尤其是西式蛋糕更是一绝，小巧精致、香甜诱人。吃过年夜饭，大伯带头玩牌，别看他的视力听力均不好，每次赢家总是他，我们口袋里的'红包'还未焐热，大部分的压岁钱都回到他手里，看我们沮丧的样子，他呵呵一笑说，耍钱，你们差远了，我是拜过师的！有时，玩过了通宵他亦不知疲倦，而我们都东倒西歪了。这就是我的大伯，天性爱热闹、爱玩、爱生活。"

张学良非常喜欢到张闾蘅家，"有时一待就是半天，吃了晚饭还没有动身的意思，'跟班'的就不时上楼来催，大妈有些紧张，可大伯正聊到兴头上，故意装听不见，能多待一会儿，他就多'赖'一会儿……每次看到大伯如贪玩的顽童不愿'回家'，而'跟班'的又不停地催促，我心里又痛又恨！大伯、大妈已经被他们囚禁了那么久，为什么还不放过他们？听大伯讲，他在20世纪30年代就拥有自己的'私人飞机'，甚至自己驾驶飞机到南京开会，再想想现在，这叫什么日子？他内心的痛楚，是言语无法表达的。环境、容貌都在改变，唯一没变的，是他性格中的开朗豁达与率真。连我的朋友都知道，我家有一个'顽童'般的大伯，喜欢与他聊天，听他讲故事。只要你跟他待一会儿，你就会被他的睿智所吸引。我常对自己说，我真幸运能有这么一位长辈，从他那里，我学会了许多做人处世的道理。从他的言谈中，我能感受到他对家人、家乡、国家、民族的挚爱。谈起这些话题时，他兴奋不已、神采飞扬，有时说着说着，又黯然神伤，音落神凝。"

# 在逆境中长寿

在蒋介石、蒋经国先后去世之后，对于张学良的"监管"渐渐松动。

1990年，在张群的建议下，张学良的一些老部下和学生在台北为张学良庆贺九十大寿，张学良公开露面。"总统"李登辉也宣布予以张学良"自由"。

即便如此，仍有特务在暗中监视着张学良的行踪。

张学良真正获得自由的日子，通常说是1991年3月10日——这一天，张学良与夫人赵一荻赴美探亲。6月25日，张学良结束了在美国105天的探亲访友和旅游，从旧金山返回台北。

屈指算来，从张学良1937年遭到囚禁，到1991年恢复人身自由，总共被关押长达54年——多于半个世纪！

在这漫长的54年之中，有45年被关押在台湾：

1946年10月起，被软禁在新竹县五峰乡清泉温泉，长达11年；

1957年10月起，转移至高雄市西子湾，共4年；

1961年秋，移居台北市阳明山，至1991年，长达30年！

1995年张学良和赵一获离台，从此侨居美国夏威夷。

张闾蘅回忆说："大伯、大妈后来去了夏威夷，我们全家陪着他们一同沐浴阳光与海风，这样自由自在的时光对于他们来说，来得太晚了！我是看着他生机勃勃的躯体日渐枯干，炯炯有神的目光悄然暗淡……我读懂了什么叫'力不从心'！我无法阻挡时间的脚步，在大妈去世一年后，2001年，大伯也画上了人生句号。"

张学良夫人赵一获于2000年6月22日当地时间上午11点11分，因肺炎及并发症在美国夏威夷首府檀香山史特劳比医院病逝。

张学良于2001年10月14日下午2时50分，也在这个医院病逝，享寿100岁，虚龄101岁。

张学良的百年人生之中，有54年处于监禁。有人问他为何身处逆境，却能如此长寿？

张学良获得自由之后，曾经对美国《基督教科学箴言报》医学栏目主笔詹姆斯·林德说：

"我居住的地方都是远离城市的荒野之地，有一项好处就是树多。树是个好东西呀，它对这个肺呀皮肤呀是太有好处了。树是个宝，没有那些树木，我张学良可能就会早早枯姜了。还有一个大米，就是大米熬出米的米油汤，那也是个好东西。我生下来就是米汤喂养的我，以后，我就相信这个米汤。这两点我以前没讲过，今天贡献出来，供你们研究。"

米汤能否令人长寿，姑且不论。张学良所说的"我居住的地方都是远离城市的荒野之地"则是苦涩之言，他的54年监禁，囚处确实都是"远离城市的荒野之地"。

人们历数张学良的囚禁之处：

1937年：江苏南京—浙江奉化—安徽黄山—江西萍乡

1月4日，国民政府下特赦令，将张学良交军事委员会"严加管束"。从此失去自由，开始幽禁生涯。

1月13日，转移至浙江奉化溪口雪窦山中国旅行社分社。

10月中旬，转至安徽黄山，不久转移至江西萍乡。

80

叩开台湾名人之门

1938年：江西萍乡—湖南郴州—湖南沅陵
1月，转至湖南郴州苏仙岭。
3月，转至沅陵凤凰山。

1939年：湖南沅陵—贵州贵阳
12月下旬，日军进犯湖南，转移至贵阳修文县阳明洞。1941年
5月，患急性阑尾炎，住贵阳中央医院手术治疗。出院后，移居贵阳
黔灵山麒麟洞。

1942年：贵州贵阳—贵州开阳
2月，转移至贵州开阳县刘育乡。

1944年：贵州开阳—贵州桐梓
冬，日军进犯黔南，贵阳告急。急转至黔北桐梓县天门洞。

1946年：贵州桐梓—四川重庆—台湾新竹
11月2日，由桐梓转移至重庆戴公馆。不久，被转移至台湾新竹
井上温泉。

以上浙江、安徽、江西、湖南、贵州、四川的张学良囚所，无一不是
"远离城市的荒野之地"。

没有想到，半辈子被监禁在"远离城市的荒野之地"，反而使张学良
比蒋介石长寿，这真是用失去自由"换"来的意想不到的生命"硕果"。

1990年，张学良曾为东北大学校友会题词：

> 不怕死，不爱钱，
> 丈夫决不受人怜，
> 顶天立地男儿汉，
> 磊落光明度余年。

这首诗是张学良一生的写照。

# "山西王"阎锡山的最后日子

## 圆山脚下的"大将军"墓

2011年秋，适逢妻的生日，长子一家在圆山饭店为她祝寿。宴罢，外出散步，小孙女说，在圆山脚下有一座"大将军"的墓。我去圆山饭店那么多次，还从来没有去看过"大将军"的墓。于是长媳开车，带全家来到圆山脚下。

下了车，先是路过一条地道的出口，似乎是传说中的圆山饭店神秘地道的出口。再往前走，便是一个突出的山岬，"大将军"的墓以及牌坊、碑坛、祭堂，就在山岬之上。

首先映入眼帘的是红柱飞檐的纪念堂，纪念堂的正中是红门红窗的祭堂。在纪念堂四周，我看到悬挂着一个个黑底金字的横匾，上书"党国完人"、"浩然正气"、"光争日月"、"作我民极"等等。内中还有蒋介石所题"民族正气"、蒋经国所题"齐烈流芳"、阎锡山所题"先我而死"。这么多的匾额，表明"大将军"的身份相当显赫。

我注意到两蒋以及其他"党国要员"的题词都是颂扬死者，唯有阎锡山所题"先我而死"与众不同。

阎锡山（1883~1960），人称"山西王"、"山西土皇帝"，统治山西长达38年之久的军阀。阎锡山字伯川，号龙池，山西五台县河边村人，1904年赴日本陆军士官学校学习，1909年毕业，回国之后成为清朝陆军步兵科举人。阎锡山在日本留学期间，于1905年在东京加入孙中山领导的中国同盟会。鲜为人知的是，阎锡山当时还参加了中国同盟会所属类似于敢死队的秘密组织——"铁血丈夫团"。奉孙中山之命，他与另一位同盟会成员赵戴文一起接受暗杀慈禧太后的任务。当时，阎锡山和赵戴文各带一颗

阎锡山

台北"太原五百完人"祭堂

炸弹回国，用于炸死慈禧太后。过海关时，阎锡山担心一人带一颗炸弹，万一被查出，两人都会被捕，所以他干脆一人带两颗炸弹过海关，这样顶多一人被捕。不料阎锡山竟然闯关成功，由此可见阎锡山有勇有智。后来由于计划改变，阎锡山未能成为炸死慈禧太后的英雄。

1911年辛亥革命时，阎锡山在山西起兵反清，出任山西都督。翌年，孙中山来山西考察，曾高度评价阎锡山："去岁武昌起义，不半载竟告成功，此实山西之力，阎君伯川之功，不惟山西人当感戴阎君，即十八行省亦当致谢。"

从辛亥革命起，山西便姓阎，直至1949年中国人民解放军进军山西。在这漫长的38年间，尽管风云变幻，阎锡山随机应变，他的头衔不断"与时俱进"，而他作为"山西王"如同不倒翁从未倒过。

1911年他支持孙中山，组织与领导了太原辛亥起义，任山西都督。

北洋政府期间他脱离国民党而投效袁世凯，任山西省省长。

1927年北伐期间他转而支持蒋介石，任国民革命军北方总司令、山西省政府主席。

1928年任国民党中央政治会议太原分会主席。

1932年，拥蒋反共，任太原绥靖公署主任，总管山西、绥远两省军政。

抗日战争期间，阎锡山改为实行"拥蒋联共抗日"路线，任第二战区司令长官。

国共内战期间，任太原绥靖公署主任兼山西省政府主席。

阎锡山所题"先我而死"，这死者究竟是谁呢？

我从纪念堂前花岗岩碑坛上所刻的碑文《太原五百完人成仁招魂冢纪事》得知，小孙女所说的"大将军"，其实就是所谓的"太原五百完人"。

那么什么是"太原五百完人"呢？

对于大陆民众来说，"太原五百完人"是完全陌生、从未听说的。可是在台湾，"太原五百完人"却广为人知，因为关于"太原五百完人"的故事被编入台湾小学国语课本以及中学历史课本。

所谓"太原五百完人"的故事，大致如下：

1949年4月24日清晨，解放战争中的太原战役进入了总攻阶段。中国人民解放军1300门大炮开始向太原城垣猛烈轰击，25万大军兵分12路攻入城内，遭到猛烈抵抗，在歼灭阎锡山军队13万余人的同时中国人民解放军也付出4.5万余人的巨大伤亡代价，古城太原终于获得解放。太原一役共持续六个多月，是解放战争中历时最长、参战人员最多、战斗最激烈、伤亡也最为惨重的一场城市攻坚战之一。

在解放军对太原发起总攻之际，号称"山西王"的阎锡山不在太原，

台北"太原五百完人"碑坛

而在上海。阎锡山当时担任太原绥靖公署主任、第二战区司令长官、山西省政府主席。在隆隆炮声中，时任山西省代省长梁化之（字敦厚）、阎锡山的五妹阎慧卿在太原绥靖公署地下室服毒自尽，卫士柏广元遵梁化之之命将二人尸体浇汽油焚毁，化作灰烬。除了梁化之、阎慧卿，阎锡山手下的骨干据称五百人也"自杀殉职"。这就是所谓"太原五百完人"。

阎慧卿，人称阎锡山的五妹，准确地说是阎锡山的堂妹。阎锡山的叔父阎书典共有5女，阎慧卿居末，乳名五鲜，人称"五妹子"或"五姑娘"。阎锡山则叫她"五鲜子"，而她则称阎锡山为大哥——在别人面前则称阎锡山为"老汉"。她对别人转达"老汉"怎么说，那就是阎锡山怎么说。阎慧卿小阎锡山27岁，曾经有过两次不幸的婚姻。后来阎慧卿来到阎锡山身边，专门照料阎锡山起居，成为阎锡山心腹。妹籍兄贵，阎慧卿也因此挂名担任"战时儿童保育会山西分会"主任、"太原慈惠医院"院长、"国大代表"等职务。平日阎慧卿服侍阎锡山于左右，如影随形。由于阎慧卿与阎锡山关系亲密，曾经引起阎锡山元配夫人徐竹青的不满，一度负气出走。阎锡山这次离开太原时没有带"五鲜子"一起走，这原本是表明阎锡山三两天就会飞回太原，不料"五鲜子"竟然与他永别。

在阎慧卿自尽前夕，由梁化之代笔写下了《阎慧卿致阎锡山的绝命电》，经"山西省政府秘书长"吴绍之润色后交机要处拍发给阎锡山。绝命电全文如下：

> 连日炮声如雷，震耳欲聋。弹飞似雨，骇魄惊心。屋外烟焰弥漫，一片火海；室内昏黑死寂，万念俱灰。大势已去，巷战不支。徐端赴难，敦厚殉城。军民千万，浴血街头。同仁五百，成仁火中。妹虽女流，死志已决。目睹玉碎，岂敢瓦全？生既未能挽国家狂澜于万一，死后当遵命尸首不与匪共见。临电依依，不尽所言！今生已矣，一别永诀。来生再见，愿非虚幻。妹今发电之刻尚在人间，大哥至阅电之时，已成隔世！前楼火起，后山崩颓。死在眉睫，心转平安。嗟乎，果上苍之有召耶？痛哉！抑列祖之矜悯耶？

据说，阎锡山在上海读到这份绝命电时，泪流满面。绝命电中提到的"同仁五百，成仁火中"，成为"太原五百完人"的依据。

1949年，国民党兵败如山倒。为了鼓舞士气，号召士兵"效忠党国"，1949年10月30日，国民党政府"立法委员"吴延环等36人，在"立法院"院会提议建立"太原五百完人成仁招魂冢"。当时的"行政院长"

便是阎锡山。吴延环等的提案在"立法院"院会获得通过。但是这"招魂冢"还没有来得及在大陆动工，以阎锡山为院长的"行政院"便在1949年12月8日从成都迁来台北。

"太原五百完人"皆为阎锡山部下。来到台湾之后，阎锡山极力鼓吹"太原五百完人""杀身成仁"的故事，以表示他治晋有方。

1950年3月，"行政院"拨款新台币20万元，在圆山的日本神社原址，设立"太原五百完人成仁招魂冢"。1950年8月1日动工，至11月15日落成。

有大陆学者在1988年11月出版的《山西文史资料》第60辑发表《太原五百完人调查报告》。该报告根据台湾方面发行的《太原五百完人纪念册》中的五百人名单逐一进行了调查，报告指出，"太原五百完人"中能最终认定的自杀者最多只有一百余人，其中多人是太原绥靖公署特种宪警指挥处的成员，可能害怕中共报复而集体自杀。

在我看来，考证"太原五百完人"的人数究竟是500人还是100多人这并不重要，重要的是"太原五百完人"毕竟反映了当年国共战争的惨烈之状。今日我作为"陆客"能站在台北圆山的"太原五百完人成仁招魂冢"前，细细拍摄碑文以及各种纪念匾额，意味着"国共不再战、两岸共携手"的今日，是何等的来之不易。

愿"太原五百完人冢"不再是仇恨、血泪的象征，而是"兄弟一笑泯恩仇"的纪念碑。从这个意义上讲，历史的教训值得永远汲取。


## "山西王"名存实亡


参观台北圆山的"太原五百完人冢"，引起我对"山西王"阎锡山命运、尤其是在台湾最后结局的关注。

1949年初，北平和平解放，阎锡山坐立不安，意识到统治山西的末日即将来临。当时的阎锡山，决心固守山西，与太原共存亡。阎锡山称："昔日田横五百壮士，壮烈牺牲，我们有五百基干，要誓死保卫太原。不成功，便成仁。"所谓"五百基干"是指阎锡山"同志会"的基本骨干分子，当时在太原约有五百人左右。

据报道：

为了激励军心，当时阎锡山还特意向一名德国医生魏尔慈咨询，问德国纳粹军官在苏军攻克柏林时是如何自裁的。当他听说在牙齿中暗藏氰化钾毒丸，咬破后可当即毙命，就立即让川至制药厂试制，后来终于配制出五百瓶毒药。阎锡山将它们摆放在自己面前让美国记者拍照，这张照片刊登在美国的《时代》杂志和山西的《复兴日报》上，他还把照片特意送给司徒雷登和陈纳德等。

1949年3月28日，国共和谈即将开始，与山西相关的条件需要阎锡山前往南京商定。当时蒋介石已经"下野"，"代总统"李宗仁致电阎锡山："和平使节将于31日飞平（引者注：指北平）。关于和谈大计，深欲事先与兄奉商，敬祈即日命驾入京藉聆教益。"

阎锡山接到电报之后，在翌日召开要员会议，宣布了李宗仁的电文，表示"也许三天五天，也许十天八天，等和平商谈有了结果，我就回来。"

阎锡山从河西红沟机场飞往南京，到机场送行的只有梁化之和五妹子阎慧卿。从此阎锡山离开了他盘踞多年的太原。当时，阎锡山并没有带阎慧卿一起离开太原，部下坚信阎锡山真的三天五天就会回来，因为在部下看来，倘若阎锡山一去不复返，必然要带阎慧卿一起出走。

有人称，阎锡山知道太原即将不保，于是示意在南京的亲信徐永昌、贾景德等人向李宗仁建议邀他赴南京商讨国事，使他得以冠冕堂皇地脱离太原险境。此外，阎锡山出走时，带着继母陈秀卿、妻子徐竹青以及黄金一起上飞机，也表明阎锡山此行乃是逃命之行。

不过此说受到质疑，因为阎锡山在南京会晤李宗仁之后，曾经在4月初乘飞机回太原并在太原上空盘旋了1个多小时，由于中国人民解放军炮火封锁河西红沟机场无法着陆而只得返回南京。毛泽东得知之后，当即指示太原前线的彭德怀、徐向前，阎锡山在南京期间，不要夺取飞机场，阎在太原，还有和平解决的希望，若阎不在太原，负责留守的阎锡山部将梁化之、孙楚等人恐怕直到最后也不会投降，只会增加攻城的牺牲。但是梁化之在给阎锡山的电报中报告，河西红沟机场遭到炮轰之后，已经无法起降飞机。

4月1日，国民党政府和谈代表团飞赴北平。

4月11日阎锡山飞往奉化拜见"下野"的蒋介石，蒋介石劝阎锡山留在南京。阎锡山遵命回到风雨飘摇的南京。

4月20日，北平和谈破裂，战局急转直下。

4月21日，毛泽东和朱德发出了《向全国进军的命令》。中国人民解

放军百万雄师，在千里长江分三路渡江作战。

4月22日，阎锡山从南京逃到上海。

4月23日，中国人民解放军即将发动对太原的大规模攻城战役，太原告急。阎锡山深知，他的部属没有胜利的希望，战必死。在这个紧急关头，阎锡山虽说是军阀头子，毕竟还是动了恻隐之心。中午，阎锡山从上海致电太原梁化之、王靖国、孙楚、赵世铃、吴绍之所组成的"五人小组"，亦即他离开太原时任命的领导核心："太原守城事，如果军事没有把握，可以政治解决。"阎锡山所谓"政治解决"，亦即和平解决。据说这份电报首先交到梁化之手中，被梁化之压下。当天深夜，阎锡山又以"留沪基干会"的名义发去电报："万一不能支持，可降；唯靖国、化之两人生命难保。"梁化之是阎锡山的姨表侄，是阎锡山的机要秘书，也是政卫处、特警处和谍训处等特工组织的首脑，曾经是中共的死对头。阎锡山所说的梁化之即便投降，亦"生命难保"，也正是梁化之负隅顽抗的原因。

也就在4月23日深夜，中国人民解放军渡过长江，直扑南京；

4月24日晨，中国人民解放军先遣部队直奔南京"总统府"，红旗在"总统府"的门楼上高高飘扬。与此同时，解放军攻下阎锡山老巢太原，梁化之等人自杀。正在上海的阎锡山得知在同一天里连丢南京与太原，悲痛欲绝。太原之失，使"山西王"的根基倾覆，从此徒有虚名。

中国人民解放军在占领南京之后，迅速进军上海。

"代总统"李宗仁以及"国民政府"逃往广州，阎锡山也从上海前往广州。这时，只做了3个月的"行政院长兼国防部长"何应钦应付不了乱局，宣布辞职。受"代总统"李宗仁之聘请，1949年6月13日，阎锡山在广州宣誓就任"行政院长兼国防部长"。他的组阁成员有"行政院副院长"朱家骅、"内政部长"李汉魂、"财政部长"徐堪、"经济部长"刘航琛、"教育部长"杭立武等。阎锡山发表了施政演讲"新内阁的施政总目标就是要扭转时局。政治上要转乱为治，转危为安；军事上要转败为胜，转守为攻；经济上要改革货币，抑制物价，安定国民生活。政府机关要整饬吏治，提高威信，提倡廉洁奉公，勤俭节约。"

阎锡山明知这个"国民政府"已经朝不保夕，却仍然说出狠话："不惜一切牺牲，不顾一切障碍，勇往直前"。

当时的"总统府"与"行政院"都设在广州维新北路的兰园宾馆。李宗仁住北楼，阎锡住南楼。

刚刚走马上任的阎锡山，使尽浑身招数，对付危局。

身为"行政院长"的他，面对财经困局，"金圆券"急剧贬值，提出以"银圆券"取代"金圆券"，挽救颓势。

身兼"国防部长"的他制订《扭转时局方案》和《反共救国实施方案》，决心与中共作最后一拼。

然而国民党的那个"国民政府"，已经病入膏肓，无药可救。

1949年6月24日阎锡山在日记中写道：

> 到穗以来，始知国事日非，由于党内有派系争，有小组织争，有地域争。地域有南北争、西北争、东北争、东南争。争起来无理的说人坏，有理的说己好。不说事怎样做，只说人怎样用……

处于内外交困之中的阎锡山，与"代总统"李宗仁商议，只有请国民党总裁蒋介石出山，才能应付乱局。为此他们曾经共同致电蒋介石，而蒋介石却只愿在幕后指挥，让李宗仁与阎锡山在第一线抵挡。

1949年10月1日，毛泽东主席在北京天安门宣布中华人民共和国成立。

10月12日，中国人民解放军逼近广州。"代总统"李宗仁宣布"国民政府"迁往重庆办公。阎锡山率"行政院"阁僚逃往重庆。在抗战期间重庆曾经是"陪都"，国民党打算以重庆为核心、以西南为依托苟延残喘。

10月14日，广州城头插上五星红旗。

毛泽东命刘伯承、邓小平、贺龙大军进军四川，逼近重庆。11月2日，"代总统"李宗仁自称患病，离开重庆，回到桂林老家养病去了。重庆只剩"行政院院长"阎锡山唱独角戏。阎锡山自知独力难撑局面，接连电催正在台湾的国民党总裁蒋介石来渝主持大局。

11月14日，蒋介石从台北飞抵重庆。此时的蒋介石仍处于"下野"状态，没有恢复"总统"名分。蒋介石下了飞机，就给"代总统"李宗仁发电报，要他速来重庆"共商全局"。李宗仁却不来重庆，反而经南宁飞往香港，住进了太和医院，发表声明称："治病期间，军政事宜，由阎院长负责。"

11月30日，中国人民解放军攻下山城重庆，阎锡山率"行政院"阁僚随蒋介石迁往成都。

12月7日，蒋介石眼看形势越来越不妙，终于在成都发出了这样的电报：

> 命令政府迁设台北，并在西昌设大本营，统率陆海空军，在大陆作战。此令
>
> 蒋中正
> "中华民国"三十八年十二月七日

根据蒋介石的命令，翌日——1949年12月8日，阎锡山率"行政院副院长"朱家骅、"总统府秘书长"邱昌渭等人，从成都迁来台北。从此阎锡山永远离开了中国大陆。

阎锡山在到达台北的当天下午，召开新闻发布会，正式宣布"国民政府"自即日起迁移台北办公。

12月10日，蒋介石乘坐中美号专机，也从成都的凤凰山机场起飞，对中国大陆投下最后一瞥，飞往台北。

# 阎锡山拱手向蒋介石交权

阎锡山来到台湾之后，"总统"蒋介石虽然也来到台湾，但是他已经"下野"，而"副总统"李宗仁则从香港去了美国做寓公。按照"国民大会"通过的"宪法"规定，"总统"、"副总统"缺位的时候，应由"行政院长"代行其职权。因此阎锡山一度成为"代理总统"。

刚到台湾，阎锡山曾经对国民党在大陆的惨败多有批评，也曾多次抨击国民党的腐败无能。

可是蒋介石岂容阎锡山成为台湾"第一号人物"？蒋介石岂能让阎锡山说三道四？

1950年元旦刚过，蒋介石这位国民党总裁就把"行政院长"阎锡山叫到办公室，说是商议"行政院"阁员的改组，亦即各"部长"的调整。蒋介石借此安插自己的人马担任各"部长"，而且削去阎锡山的兼职——"国防部部长"，改由蒋介石嫡系、"参谋总长"顾祝同兼任"国防部部长"。这表明阎锡山被剥夺兵权。蒋介石名义上说是跟阎锡山商议，实际上是蒋介石说了算。阎锡山明白，台湾不是山西，他在台湾没有根基，只能唯蒋介石之命是从。

不过，蒋介石以一个党的总裁去"领导"一个"行政院长"，于理于法都是不通的，尽管阎锡山口口声声表示"服从"。

1950年3月1日，蒋介石终于宣布在台北正式复职，亦即复"总统"之职。在蒋介石重新披上龙袍之际，阎锡山向蒋介石递上辞呈，请求辞去"行政院长"之职。

蒋介石本来就打算撤换阎锡山，如今阎锡山主动请辞，真是求之不得。不过，戏还得要演。于是乎，蒋介石在复"总统"之职的翌日，亲自来到阎锡山的办公室，再三表达"挽留"之意。

蒋介石"挽留"是假，阎锡山请辞是真。阎锡山又一次表达，台湾人才济济，贤能众多，他才疏学浅，不堪重任。

戏演到这种地步，也就差不多了。3月6日，蒋介石主持国民党中央常委临时会议，批准了阎锡山的辞呈，决定由陈诚继任"行政院长"。

就这样，阎锡山当了9个月的"行政院长"，下台了。对于阎锡山来说，"行政院长"是他一生中的最高职务。虽然他当"行政院长"不过9个月，但毕竟是国民党政府迁往台湾之后的首任"行政院长"。此后，尽管阎锡山在台湾只挂了"总统府资政"以及国民党中央评议委员这么两个虚衔，但是人们对于他的称呼一直是"阎院长"。

有人曾经问阎锡山，你从"行政院院长"这样的"大官"位置上退下来，起码也应该向蒋介石要个像样的官位。阎锡山苦笑道："力凭理壮，理凭力伸。"言外之意是说，眼下他在台湾已经没有实力，人家要是不主动给他什么，他是不会求人赏赐什么的。

阎锡山从呼风唤雨、手握重兵的"山西土皇帝"，变成无职无权、无兵无卒的闲人一个——当然，作为前"行政院院长"，作为陆军一级上将，即便是赋闲，也还有30名警卫人员保卫他的安全，另外有1个连的宪兵负责外勤。

阎锡山可谓急流勇退，也可谓无可奈何。不管怎么说，识时务者为俊杰，阎锡山算得上是一个识时务者，是一个明白人。

阎锡山拱手向蒋介石交权，是因为他并非蒋介石嫡系，他与蒋介石之间有过"说不清，理还乱"的历史积怨。其中的"高潮戏"是1930年的"蒋冯阎大战"。当时，蒋介石羽翼未丰，与阎锡山、冯玉祥、李宗仁并列为中国四大军阀。蒋介石视阎锡山为眼中钉，1930年1月3日趁阎锡山赴郑州指挥作战，蒋介石密令河南省主席韩复榘相机捕阎。不料这一高度机密的电话，被阎锡山部下窃听，阎锡山急忙化装逃出郑州，回到老窝太原。此后，阎锡山誓除蒋介石，双方剑拔弩张。阎锡山还联合冯玉祥、李宗仁共同倒蒋。

1930年3月14日，原第二、三、四集团军将领57人，通电全国，拥护阎锡山为陆海空军总司令，冯玉祥、李宗仁、张学良为副总司令，出兵讨蒋。

4月1日，阎锡山、冯玉祥、李宗仁分别宣誓就职。阎锡山在就职通电中，斥责蒋介石把国民党变为"一人之化身，专制独裁，为所欲为"，致使"党不党，政不政，国不国，民不聊生"，"犹复迫我以武力，助其铲除异

己"。阎锡山宣称，自己不得已"应军民之请求"，以战争手段重建党国。

这时，阎锡山作为陆海空军总司令，红极一时。1930年5月19日出版的美国《时代》周刊，把阎锡山作为封面人物，足见当时阎锡山之不可一世。

蒋介石把持的"国民政府"则针锋相对，宣布撤除阎锡山所有职务，并"通令缉捕"。蒋介石控制的国民党中常会则决定永远开除阎锡山的党籍。

阎锡山以牙还牙，在1930年8月联合冯玉祥在北平另组"国民政府"，阎锡山自任"国民政府"主席。

以阎锡山、冯玉祥为一方，以蒋介石为另一方，进行了"蒋冯阎大战"。最初，蒋介石差一点在柳河车站被冯玉祥部队俘虏。

然而张学良在沈阳通电拥护蒋介石，出兵进山海关，使蒋介石声势大振。这场军阀混战最后以阎锡山、冯玉祥战败告终。陆海空军总司令阎锡山于1930年10月15日宣布下野。12月阎锡山潜往大连，保住一命。1931年8月5日，乘飞机潜回山西大同，回到山西五台山隐居，然后趁着1931年的"9·18事变"全国掀起抗日高潮，阎锡山复出。蒋介石表示要与阎锡山联手抗日，1932年2月20日任命阎锡山为太原绥靖主任。阎锡山赶紧拍蒋介石的马屁，致电蒋介石："锡山向来追随钧座，受国家之优遇，亦当追随钧座，赴国家之危难。中央为保全国土而忍辱，锡山愿与钧座分祸；如为发扬民族精神而奋斗，愿随钧座牺牲。"

有过如此"精彩"的恩恩怨怨，到了台湾，阎锡山在蒋介石面前更要摆出一副"追随钧座"的样子，生怕得罪蒋介石，因此主动请辞"行政院院长"之职。

阎锡山在卸任"行政院长"之后，迁往台北城东南的丽水街一幢日式别墅居住。那一带原本是"高等日本人"的居住区，有很多幢日式别墅，原本叫"富田町"、"古亭町"、"龙安坡"。台湾光复之后，用浙江南部的城市命名那里的街道，诸如温州街、泰顺街、丽水街、青田街、云和街、龙泉街等。阎锡山家的对面邻居是当时的上将彭孟缉。

阎锡山为了避免惹是生非，深居简出，杜门谢客，但是毕竟他曾经是"党国元老"，客人还是不请自来。阎锡山"谨言慎行"，不问政治。他也托病几乎不出席各种会议，因为他知道凡是出席会议必定要发言，凡是发言就很容易"触雷"，所以这"两个凡是"是万万使不得的。

为了更加彻底远离政治漩涡，阎锡山有两种选择：

第一选择就是李宗仁道路。李宗仁躲到美国去，远离蒋介石的淫威。阎锡山的儿子在美国，所以阎锡山倘若以探亲的名义去美国，可以一去不复返。阎锡山在日本也有许多亲友，他也可以前往日本安度晚年。重要的是，阎锡山在逃离大陆时，携带了相当数量的黄金，供他和家人在国外生活绰绰有余。

然而当阎锡山向蒋介石试探口风的时候，蒋介石说，还是在台湾好呀，何必到国外去呢？

蒋介石此言，使阎锡山的出国之梦破碎。阎锡山知道，蒋介石是轻易不会把自己昔日的政敌放走的。

摆在阎锡山面前的，只有第二选择，那就是找一个远离台北市中心的荒僻之处躲起来。

于是，阎锡山四处踏访，想寻觅一个在台湾的安全住处。

## 建在荒山僻岭的阎锡山居所

山西多山。阎锡山从小就在五台山长大，他喜欢山。他看中了台北的阳明山。

阳明山是台湾达官富贾的别墅区所在地，是避暑圣地。可是阎锡山在阳明山踏勘，眼光却与众不同。阎锡山居然看中了阳明山里的菁山。

菁山原本是日本占领台湾期间打算兴建的一个农场，欲建而未建。这里非常偏僻，交通极其不便。在当时，要沿着一条砂石铺成的小路步行30分钟，才能到达阳明山公路，然后乘车进台北市区。菁山野草丛生，没有人烟，没有电灯、电话、自来水，只有四处奔窜的野兔。

阎锡山在菁山建造了草屋（其实是简易木板房），取名"菁山草庐"。他在台北市区的丽水街日式别墅只住了5个月，便于1950年8月迁往"菁山草庐"。他的秘书、司机、厨师、负责保卫安全的30名警卫人员以及1个连的宪兵，也随他迁往菁山，同样一律住简易木板房。那30名警卫人员来到这荒郊野外，并无怨言，因为这些警卫人员大都是山西人。阎锡山跟蒋介石一样，重用同乡。只不过当时的宪兵部队大都是广东人，颇有怨言，他们无法理解"阎院长"放着豪华的日式别墅不住，却要到这偏僻山区过"原始生活"。好在阎锡山手头宽裕，给他们加点额外津贴，也就把怨言平息下去。

阎锡山这"山西王"没有领教过台湾台风的厉害。"菁山草庐"那些

简易木板房的屋顶，在台风中整个被掀掉，风雨直灌屋里，警卫和宪兵们叫苦不迭。

当时只建简易木板房，是因为他太"乐观"，以为很快就可以"反攻大陆"，重回山西。可是严峻的形势使他明白"反攻大陆"谈何容易，而且台湾的台风接二连三，使阎锡山终于下决心在菁山建造永久性居所。

阎锡山此人确实与众不同。他居然异想天开，要在阳明山建造窑洞作为永久性居所！他的山西老家到处是山，到处是窑洞。窑洞不仅无惧于台风，而且能够抵挡炮弹、炸弹，更何况冬暖夏凉。

然而台湾没有会建造窑洞的工匠，因为台湾虽然多山，却没有一孔窑洞，当然也就没有会挖窑洞的工匠。阎锡山向当地人询问，为何台湾无窑洞？答曰："台湾土地潮湿，不适合挖窑洞。倘若挖窑洞，势必洞里整天滴滴答答滴水，地上也满是泥水。再说，台湾多地震，住在窑洞里不安全。"

阎锡山明白了台湾不能建造窑洞的原因，但是他仍怀念家乡的窑洞。于是他决定用当地所产的安山岩，建造一幢石头屋，这石头屋仿照窑洞形状砌成。笔者近年曾经多次访问延安，发现延安人现在住窑洞的不多，倒是建造了很多"阎锡山式"的窑洞状石屋，其原因是这种窑洞状石屋可以砌后窗，使屋内对流通风，而窑洞倚山而建，当然没有后窗。

这么一来，阎锡山的"菁山草庐"，变成了"菁山窑洞"。

阎锡山的警卫、宪兵们也用砖头或者安山岩建起了砖房、石屋这样的永久性建筑，再也不怕台风了。


# 探寻阎锡山的"菁山窑洞"


我查到阎锡山"菁山窑洞"的地址是台北市阳明山永公路245巷34弄273号及277号。那天我和妻乘坐捷运来到阳明山脚下的士林，然后从那里乘坐公共汽车沿着阳明山的主干道——仰德大道上山，在永公桥车站下车。在那里我看见几十米外就是台湾著名作家林语堂的故居。我从仰德大道沿着石阶走下去，便来到永公路，可是那里离阎锡山故居还很远。在那里有"小16路"公共汽车（小巴）驶往"公馆里"，途经阎锡山故居，但是车次很少，40~50分钟一班车，要等很久。我想乘坐计程车，可是阳明山

阎锡山的故居"种能洞"

上的计程车一是少，二是90%以上有乘客，哪有空的计程车在如此冷清的公路上觅客。

真是天无绝人之路，正巧一辆送完客人的黄色计程车迎面驶来。我连忙拦住"阿黄哥"，并把这辆车包了下来，送我们到阎锡山故居之后再送我们回到此地。这位年近六十的司机一听说去阎锡山故居，一脸惊讶："这样的大人物，会住在如此荒僻的地方？"看得出，连"阿黄哥"都不知道"阎院长"住在永公路。他在狭窄的永公路掉过车头，驾车在弯弯曲曲的山路上行进。他告诉我，他姓江，是老司机了，所以还知道"阎院长"的大名，台湾的年轻人恐怕都不知道阎锡山其人了。这条永公路很冷清，越往山里面开，越是没有人烟。两侧只有荒草和野树，几乎看不到住宅，所以很难看到门牌号。

计程车开了一阵子，我看到一个门牌号，已经超过300号，知道开过了头。于是掉头细细寻找，终于在公路旁见到一扇很普通的铁栅栏门，两边是水泥抹的方形门柱。在右门柱上方，有一蓝色门牌，上面白色的文字是："士林区永公路245巷34弄"，下方是"259、261、265、267、271、273、275、277"。哦，这里就是阎锡山故居所在地。如此简陋的大门，连"阿黄哥"都觉得不像是"行政院院长"该住的地方，所以没在意就驶过去了。

95

我一下车，发现铁栅栏门紧锁着。透过铁栅栏门可以看见一条绿树、青竹夹道的路通向深处。经过仔细观察，发现右门柱下方有一电铃按钮，即上前摁了一下。铃声似乎在很远处作响，却马上引起一片犬吠声。俄顷从路上走过来一位中年妇女，经我说明来意，她即开了门，并说自己姓陈。

陈女士带领我和妻进去参观，计程车司机江先生也随我们一起入内，他说也很想看一看"阎院长"的故居。陈女士说，参观"阎院长"故居，通常是由"阎院长"当年的侍从警卫副官张明山先生陪同。张明山先生是山西朔州人，15岁就在阎锡山部队当兵。到台湾之后，担任阎锡山侍卫，跟随在阎锡山左右。1950年8月，当"阎院长"搬到这里，张明山先生就随同他来此。在"阎院长"1960年去世之后，张明山先生仍在这里照料故居。后来张明山成家，搬到山下居住，但是每天仍花3小时乘坐公共汽车上山，来到这里打扫"阎院长"故居，接待来客。只是现在已经81岁，腿脚不便，无法天天上山。今天他来过，不巧在1小时之前下山回家了。

我沿着那条小路向前，走过几幢红砖所砌的房子，即是当年的秘书室、厨房、车库。此外还有砖砌岗楼。阎锡山军人出身，住在这荒山野岭，当然非常注意自身的安全。岗楼居高临下，内有射击口。据称，当时阎锡山的警卫以及宪兵拥有50多枝各式枪支，阎锡山居所犹如一座军事要塞。这样的名人故居，在台湾并不多见。

我走到小路尽头，豁然开朗，山脚下是一片平地，亦即台北盆地，淡水河蜿蜒其中。阎锡山便是选择这个既向阳又防风、视野开阔的山坡建屋。

我在这山坡上看见又一道铁栅栏门，门右侧的水泥方柱上嵌着黑色长方形大理石，上刻"阎院长故居"5个描金大字。在铁栅栏门左侧，是一幢两层的方形红砖房子。由于年代已久，红砖上粘了一层黑色尘土，斑斑驳驳，看上去红黑相间。陈女士告诉我，这是当年阎锡山的写字楼。这座红砖楼房墙厚达90厘米、楼板厚度达30厘米，窗户加装钢板（现已拆除），当年阎锡山把他的写字楼当作堡垒来建造！

红砖楼房的正下方，便是富有山西特色的"菁山窑洞"。"菁山窑洞"是用凿成长方块的安山岩加水泥粘砌而成，由于安山岩又大又厚，水泥牢牢固着，这样的石头屋比红砖楼房更加结实，不惧枪炮以至炸弹。

阎锡山把"菁山窑洞"命名为"种能洞"。这名字听起来有点古怪，阎锡山阐述了命名的含义："世界万物的根本是种子，种子功能无穷大。"

人们常以为阎锡山乃一介武夫，"山西土皇帝"而已，大约胸无点

▶ 阎锡山故居——两层红砖写字楼

墨，其实阎锡山不仅有文才，而且颇知哲理。从"种能洞"的命名，便反映出他的宇宙观。给他戴上"著作家"、"哲学家"之类的高帽子虽说不合尺寸，但是他的晚年主要埋头于著书立说，却是事实。"种能洞"里到处可以看到书架，散发着书香，便足以证明他在戎马生涯数十年之后，在"种能洞"里静思，与书为伴，每日笔耕不辍，全然是一副学者的派头。他选中菁山的时候，有人说这里太静，而阎锡山则说"越静越好"，他正是要远离台北尘嚣，在静静之中细细思索。

"种能洞"的门廊皆为拱形门，外形像山西窑洞。"种能洞"不大，五间斗室而已，每间都不过十几平方米，一字排开，分别为卧室、起居室、书房、会客室、警卫室。

室内分割为几个区间，包括：储藏室、卧房、书房、衣帽间、客厅、餐厅、浴室、厨房等，各区间的门都位在前方，呈一字排列，彼此互通。"种能洞"前后都有窗，后墙还设气窗，通风良好，确实不像山西的窑洞后墙无窗通风不良。

阎锡山对"种能"这名字格外偏爱。他来菁山之后，向附近的台湾金铜矿务局租了一大片地，建了一座农场，命名为"种能农场"。阎锡山和侍卫们在农场里种植了柑橘和松树。阎锡山在写作之余，到"种能农场"侍弄果树、花草，大有当年"归去来兮"的陶渊明的遗风，"采菊东篱下，悠然见南山"。

# 从"民国第一豪宅"到蜗居

阎锡山迁入菁山的最初3年，无电无水，靠蜡烛、煤油灯照明，引山泉供饮用，饮食简单，主食为馒头、面条，菜肴为炒青菜、炒鸡蛋、豆腐之类。

听说阎锡山隐居菁山，向来对阎锡山的动向颇为关注的蒋介石，便在不久偕夫人宋美龄前来探视。蒋介石亲眼看到身穿便服的阎锡山身居荒山，潜心著述，与外界"老死不相往来"，在给予这个昔日政敌以几句勉励后，终于放心了。

原本门庭若市的阎锡山，变得"门前冷落车马稀"。在"菁山窑洞"住了10年，会晤的客人屈指可数，计有何应钦、陈诚、张群、陈纳德等。

其中，何应钦、陈诚是阎锡山出任"行政院长"的前后任——阎锡山从何应钦手中接任，而陈诚则从阎锡山手中接任。例外的是蒋经国，每年春节必定要来"菁山窑洞"给"阎院长"拜年。蒋经国不仅对阎锡山如此，对于处在软禁中的张学良也常去看望，总算有点人情味。有人说蒋经国给阎锡山拜年，是"黄鼠狼给鸡拜年"，因为蒋经国当时是台湾情治单位首脑，每年借拜年达到监视的目的。其实也正因为蒋经国是台湾情治单位首脑，他倘若要监视阎锡山，在阎锡山的警卫或者宪兵之中安插一、两个特工即可，何必自己车马劳顿来这荒郊？

倒是台湾的媒体对这位过着山林隐士生活的"党国元勋"颇有兴趣，不畏路途辛劳前来拜访。阎锡山深知媒体的广泛影响，总是只谈哲学，只谈著书，绝不对台湾政治说三道四，给人以"两耳不闻窗外事"之感。

其实阎锡山身居简陋逼仄的"菁山窑洞"，岂是"无怨无悔"？须知，"菁山窑洞"与阎锡山的山西故居相比，天差地别。阎锡山的山西故居，在他的故乡河边村。河边村原属山西五台县，今属山西省定襄县。阎家原本是一座普通的农家小院。阎锡山的父亲阎书堂略有钱财，曾经在五台县城开设"积庆长"钱铺。阎锡山的生母曲氏在他6岁时亡故，先由外祖母后由继母陈秀卿抚养长大。陈氏无出（后随阎锡山到台湾）。1900年，"积庆长"钱铺破产，阎氏父子不得不到太原躲债。阎锡山因祸得福，翌年——1901年在太原考入了山西武备学堂。1904年他得以选送到日本陆军士官学校留学，奠定一生腾飞的基础。自从阎锡山成为辛亥革命的山西元勋，走上"山西王"王位，他便"光宗耀祖"，在老家建造豪华大宅。

阎锡山的山西故居，如今成为山西知名景点，游客远比台北"菁山窑洞"多。这个故居，历时14年、耗资140万两白银建成，建有都督府、得一楼、二老太爷府、上将军府、穿心院、新南院等近30座院落，近千间房屋，在当时被称为"民国第一豪宅"。至今仍存18座院落575间房屋。

山西故居分为东、西两个花园。西花园是中式庭院建筑，青砖灰瓦，飞檐斗拱，抱厦回廊，东花园则有西式喷水池，可谓中西合璧。其中一座秀气的小楼，供"五妹子"阎慧卿居住。

从"民国第一豪宅"到蜗居"菁山窑洞"，阎锡山心中可谓五味杂陈。在台湾，他可以说是一位"台漂"，毫无根基，飘零一族而已，何况还得时时提防蒋介石的暗箭。寄人篱下，阎锡山不能不收起锋芒，夹着尾巴做人。

不过，跟"先我而死"的"五妹子"相比，阎锡山还算是幸运的。

阎锡山从"行政院院长"退下之后，闲人一个，倘若终日沉湎于往昔的荣耀之中恐怕气也气饱，愁也愁倒。所幸他及时调整心态，从事著述，竟然写下20多本著作。

阎锡山早年就有写日记的习惯。日记为蓝皮红色竖格宣纸本，毛笔抄录。逃离太原时，他的1931年至1944年的日记共16册遗留在太原。这些遗留日记，在2010年由山西省地方志办公室、山西省政协文史资料委员会主编，由社会科学文献出版社公开出版。全书共60多万字。

阎锡山就连写日记，也很有个性。他曾经说："记事是主观的，记理是客观的，记事是为自己留痕迹，记理是对人类作贡献，我不愿为自己留痕迹，愿对人类有贡献。"阎锡山写日记，怎么个"对人类有贡献"呢？据阎锡山日记研究者称，阎锡山写日记，"俨然一个学贯中西、自恃自律的思想者，对处人、处世、治政、理家均有一套心得"。"日记中不乏其精心总结的治政思想、用人经验以及对政局国是的推测预见。"

阎锡山在日记中写道："施政，无论如何好的事，人民未经过，不能使之信。须周密的考虑，明白的讲解，次第的推行"，"公务员做甚不务甚，对人民告说甚人民不信甚，教人民做甚人民不听甚，焉能自强"，"雪亮聪明的人，不足以担大任。一偏聪明的人，不足以任全事"，"今日非将一盘散沙的人民变成一块胶石的人民，不能图存"……

据曾经担任阎锡山秘书、留居山西、年近九旬的李蓂源老先生回忆，阎锡山的日记多数并非其本人亲自书写，而是由其口授，秘书记录。内容大致可分为六类：一为重要事件的记载；二为重要信件的记载；三为重要文件的记载；四为阎锡山本人诗词的记载；五为感怀、警句和论点记载；六为家事、政事、梦事的记载。

李蓂源说，1941年前后，年仅16岁的他曾一度负责记录阎锡山口授日记。他回忆，阎锡山口授日记在时间、数量上均无一定规律，可能一天说几段，也可能十天八天说一段。阎说出一段两段，他便马上记在本子上，然后读给阎锡山听，如没问题，便交给誊录秘书，用毛笔抄录到专用的16开红色竖格宣纸日记簿上。

阎锡山做事仔细。他生怕自己的日记在战乱中散失，请人再抄一份，所以他的1931年至1944年的日记虽然有一份遗留在太原（被称为"留晋本"），另一份却被他带到台湾（被称为"留台本"）。由于阎锡山对日记曾经做过修改，所以"留晋本"与"留台本"在个别文字上稍有差异。

阎锡山居然还写过歌词，诸如《洪炉歌》、《公务员歌》、《希望将来歌》。这些歌曲后来在他去世之后，于1964年由台北鸣凤唱片股份有限公司灌成密纹唱片公开发行。

阎锡山还研究过经济，曾说治晋之根本在于发展经济。阎锡山早年著有《物产证券与按劳分配》一书，曾经对马克思的"按劳分配"理论表示赞赏。

阎锡山在台湾的写作，大体上保持原先在山西的习惯。陪同阎锡山在"种能洞"度过10年光阴的阎锡山的侍从秘书原馥庭现仍健在，他回忆说，阎锡山依然是自己口述、秘书记录。在阎锡山的书房里，几位秘书以半月形的位置坐在阎锡山的前面。

阎锡山虽然已经是"闲人"，但仍然有8位秘书。原馥庭说，阎锡山对于写作非常投入，他在枕边也要放纸笔，以便想起什么来，可以随时记下，第二天再口述给我们整理。

1959年，77岁的阎锡山曾经因心脏病住进台湾大学附属医院治疗。他在医院住了一个多月，仍时时记挂尚未完稿的《三百年的中国》一书，没等痊愈便要求出院。他在回到"菁山窑洞"之后加紧写作，终于在1960年1月完成《三百年的中国》一书。

阎锡山的著作，除了《阎锡山日记》、《阎伯川先生言论辑要》、《阎伯川先生抗战复兴言论集》、《阎伯川先生要电录》之外，《三百年的中国》是他晚年代表作，还有《大同世界》、《大同之路》、《感想录》等。

阎锡山在晚年还着手研究《二十五史》、《十三经》，可惜未及动手写研究专著就离开了这个世界。


## 晚景凄凉　死后热闹


在参观完阎锡山故居之后，听说阎锡山的墓就在不远处，在陈女士指引下，我请司机江先生开车到阎锡山墓地。

阎锡山墓地在永公路245巷32弄内，离"菁山窑洞"大约一公里左右。我在永公路下车，沿着一条青石板铺成的小路大约走了百米，在茂密的林木之中见到竖立着高达5米的长方形墓碑上刻着"阎伯川先生之墓"。阎伯川亦即阎锡山。碑顶饰有蛟龙、海水图案。

如果说"菁山窑洞"显得寒酸，那么阎锡山墓则够气派的。墓地南北约50米，东西约70米，坐北朝南，依山面阳。墓前有层级而上的墓道，安装了不锈钢扶手。远山如屏，山下的淡水、基隆两河左右萦绕，远处隐约

阁伯川先生之墓

可见台北市区。墓后倚着山坡。这一墓地是阎锡山生前精心挑选的，据说风水甚佳。

我来到阎锡山墓。阎锡山的墓方碑圆冢，冢的直径3米，顶部微隆呈穹拱状，顶部中心处高约2米，边高1.3米，墓墙、墓顶均由灰绿色的马赛克贴面。墓顶刻有"世界大同"四个大字。

1960年5月2日，阎锡山腹泻，经过医生治疗得以康复。5月10日阎锡山气喘，医生诊断为感冒转气管炎，建议入院治疗。这时，台大医院内科主任蔡锡琴赶到，诊断为急性肺炎合并冠状动脉硬化性心脏病，病情已十分严重，但是阎锡山仍不愿住院。

1960年5月23日，阎锡山终于结束他"十年隐居，十年著作"的晚年生活，驾鹤西去，享年78岁。

阎锡山死于感冒引发的肺炎和心脏病。据侍从警卫副官张明山回忆，"那一天病已经很危险了，台大医院内科主任蔡医生上来也不行。'阎院长'让我问医生还能不能去台北？医生同意了。我便用藤椅把'院长'抬上汽车后座，我也坐上去双手抱着他。汽车转了几个弯，还没到山脚，我听到'院长'喉咙里咕噜一声，口中溢出一股臭气。我心想坏了，大叫'快停车，叫医生过来！'医生又是打针，又是人工呼吸，最后还是赶到了医院。其实路上就不行了。"

阎锡山死前，曾嘱其家属七点：

一、丧事宜俭不宜奢；

二、来宾送来的挽联可收，但不得收挽幛；

三、灵前供无花之花木；

四、死后早日出殡不作久停；

五、不要过于悲痛放声大哭；

六、墓碑上刻日记第100段和第128段；

七、七日之内每天早晚各读他的《补心灵》一遍。

夫人徐竹青遵嘱打开他的日记，找到了第100段和第128段，见上面分别写着：

▲台北阳明山上阎锡山之墓

义以为之，礼以行之，逊以出之，信以诚之，为做事之顺道。多少好事，因礼不周，言不逊，信不孚，致生障碍者，比比皆是。

突如其来之事，必有隐情，惟隐情审真不易，审不真必吃其亏。但此等隐情，不会是道理，一定是利害，应根据对方的利害，就现求隐，即可判之。

徐竹青是阎锡山元配夫人，是离他家10里路的五台县大逢村人，年长阎锡山6岁。这门亲事由阎锡山父亲所定。徐竹青跟阎锡山婚后没有生育过孩子。

阎锡山后来娶偏房徐兰森，山西大同人，生5子：长子阎志恭（少亡）、次子阎志宽（24岁病逝成都）、三子阎志信（幼夭）、四子阎志敏、五子阎志惠。徐兰森于1946年病逝于太原，终年48岁。

元配夫人徐竹青随阎锡山同往台湾，同住"菁山窑洞"。四子阎志敏、五子阎志惠则在美国。

阎锡山晚景凄凉，死后却热闹一番。在台湾，阎锡山算是"党国元老"，葬礼由何应钦主持，蒋介石亲临致哀，并送悼匾，上书"怆怀老勋"。黄少谷题"日星河岳"、孔德成题"勋望长昭"、郝柏村题"耆德之勋"，1,500多人参加送葬。阎锡山之子阎志敏、阎志惠亦从美国回来奔丧。

"监察院副院长"张维翰所写挽联，概括了阎锡山的一生：

主政近四十年三晋人心思旧泽
遗书逾百万字中华国运展新图

据云，阎锡山曾经立下遗嘱，把他从大陆带来的黄金，依照"山西在台同乡会"的名册，分发每个大人一两、妇女小孩半两，足见阎锡山乡土观念之重。当然，这只是"据云"而已，是否确切，尚待考证。不过阎锡山携不少黄金到台湾，却是不争的事实。今日山西煤老板腰缠万贯，当年统治山西长达38年之久的阎锡山当然"腰缠万金"。所幸阎锡山到了台湾并不"露财"，只建"菁山窑洞"而已。倘若阎锡山在台北建造金碧辉煌的豪宅，过着招摇于市的生活，早就会被蒋介石"清除"。

在为阎锡山下葬时，墓没有全部封死，在墓后面留下一个活动的口子。4年之后，原配夫人徐竹青去世，终年88岁，棺木从活动的口子推入墓中，与阎锡山合葬。

# 墓前的 "中" 字和山西醋

漫步阎锡山之墓，有两件事令我感触颇深：

一是阎锡山墓前45度的斜坡上，有一个用水泥雕成的3米多高的 "中" 字。在他的墓冢之上，在 "世界大同" 四字的间隙处下方，又分别嵌有4个 "中" 字。这都是依照阎锡山生前的嘱咐建造的，足见阎锡山如何看重这个 "中" 字。

依照阎锡山的解释是：处事、为人、为政，都要 "发于仁，归于中"。

"中" 是阎锡山哲学的核心。阎锡山根据儒家的中庸之道，把自己几十年的从政经验总结为 "中的哲学'，认为 "中" 就是 "不偏不倚、情理兼顾、不过不及"。阎锡山以为，"人事得中则成，失中则败；承认矛盾，要用二的分析法分析矛盾，以求得'矛盾的不矛盾'，使矛盾对消，达到适中，以求生存；认为事理有母理与子理之别，母理讲的是该不该，子理讲的是能不能，母理是不变的，子理服从母理，人事以生为最高母理。"

阎锡山曾经在日记中也多处阐述 "中" 的哲学，主张 "公道" 处世，"恕道" 处人，持戒敛欲，务实求成，以 "做事" 为人生第一要务——"对在不对的中间，好在不好的反面。反面易求，中间难找"，"中是使矛盾的不矛盾，冲突的不冲突，不平衡的平衡，不调和的调和，不存在的存在，不发现的发现，可有者有，可无者无"，"藏智，显仁，讷言，敏行，自成之道"，"趁赴我的损我者，我趁赴者益我者(趁赴，五台方言，屈从迁就之意。)"……

阎锡山的处世哲学就是奉行 "中道"。阎锡山强调，"认识周围，站在中间，始有作为"、"不慎之于初，必悔之于终"、"军事非知彼知己，精密计算，不可定决心"。

山西地处中国内陆，经济不发达。阎锡山一生，生存环境险恶，他只能在强势者的夹缝之中求生存，被称为在 "三只鸡蛋上跳舞"。他总是选择一个 "中" 字：早年他在孙中山与袁世凯之间，奉行一个 "中" 字，左右逢源；后来又在蒋介石与毛泽东之间，奉行一个 "中" 字，左右不定……

正因为这样，生活在动荡岁月的阎锡山，凭借一个 "中" 字，成为罕见的经历清王朝、辛亥革命、北洋军阀统治、国民党统治以及晚年在台湾的"五朝元老"。

另一件事是我在阎锡山墓前的石供桌上，看到赫然放着一瓶醋。以醋祭亡魂，世所罕见。醋瓶上印着"山西名牌产品紫林陈醋"。还有3袋印着"中国名牌水塔醋"的袋装醋。不言而喻，这些醋来自阎锡山的家乡山西，是"山西客"远道而来，放在阎锡山墓前的。醋是山西特产，以醋祭阎锡山，充满"山西特色"。在乘飞机时严查液体物品的今日，即便是放在托运的行李中玻璃瓶也易破碎，把这些醋从山西带到台湾可谓千里鹅毛，更何况还要来到这交通甚为不便的菁山，足以表明"山西客"的一片深情。

在1948年新华社授权公布的国民党43名发动内战的战争罪犯中，蒋介石名列首位，阎锡山名列第32位。

多年以来，大陆史书总是称阎锡山为"山西土皇帝"，是"精明狡黠、左右逢源、反复无常、言而无信的军阀"，是"反共老手"、"战争罪犯"。

醋无言，人有情。供桌上的醋，表明"山西客"对于阎锡山的深深怀念，也表达了大陆方面对阎锡山的评价在悄然改变。时间冲淡了昔日的积怨，人们的头脑变得冷静，就连对于当年的"头号战犯"蒋介石，大陆学者也开始予以客观的历史评价。

山西省社科院历史所研究员景占魁先生对阎锡山做了深入的研究，对阎锡山做出公允的评价：

阎锡山墓前的石供桌上，赫然放着一瓶山西醋

阎锡山墓前用水泥雕成一个3米多高的"中"字

"提起阎锡山，很多人的第一印象是盘守山西数十年的军阀和土皇帝形象，但事实上并非如此。现在回头看去，辛亥革命以来中国发生的很多重大历史事件中，都能看到这位山西人的身影，可以说，阎锡山是中国政坛上一个举足轻重的人物。

"阎锡山组织领导的太原辛亥起义不仅时间较早，而且作用重大——推翻了清朝在山西的统治，使晋、陕两省革命势力连成一片。与吴禄贞联手截断京汉铁路之举，又阻止了袁世凯入京就任内阁总理大臣。孙中山对此曾有过充分肯定。此后阎参加过北伐战争和抗日战争，也卷入过北洋军阀混战；发动过倒蒋的中原大战，也进行过反共反人民的内战。他在风云变幻的中国政坛上经过长期历练，掌握了一套矛盾中找平衡、夹缝中求发展的方法，纵横捭阖、左右逢源，成为民国政坛一个翻云覆雨的人物。他不甘落后，谋求自强，欲对种种社会弊端加以克服改造，却又患得患失，不敢从根本上触动，试图用折中的办法加以调和。执政山西期间，阎锡山为振兴山西政治、经济、军事、文化教育等做出过积极贡献，但同时也曾给山西民众带来不少灾难。

"解读历史人物，须以大历史角度。阎锡山生活的时代，正是中国社会大动荡、大变化、大转型时期，阎锡山日记中流露的思想和主张，正是其从本集团、本阶级及国家民族利益出发，反复思考、权衡、取舍的结果，因此，对阎锡山日记的解读，同时也是对其所处时代中国社会的一次深入解读。而公众对阎锡山这位于近现代山西影响深重的历史人物的认知和评价，终将会随着时间的流逝，渐渐回归本相，趋于客观与公正。"

景占魁先生的评价，道出了阎锡山墓前那瓶山西醋的含义。

阎锡山在台湾也受到了尊重。从2004年起，阎锡山故居及阎锡山墓，被台北市政府定为古迹，以纪念阎锡山先生。

我离开菁山时，再三向陈女士道谢。计程车司机江先生一边开车，一边感叹"阎院长"的晚年竟是如此凄楚。江先生送我至永公桥。他告诉我，在那里换乘阳明山公共汽车下山，可以直达捷运剑潭站。

有了这次的经验，我下一次要是再来阎锡山故居，最简捷的路径是乘捷运到剑潭站，一出站就是16路小巴车站，可以直达阎锡山故居。这一路径可供自由行的"陆客"朋友们参考——通常参加旅行团的"陆客"是没有机会去参观阎锡山故居以及陵墓的。

最后，我引用阎锡山日记中一段格言式的话结束本文：

"做事是人生的结果，做的事多就是此生的结果大，做的事少就是此生的结果小，为做人即应当做事。"

# "福将"何应钦

## 何应钦的两则旧闻引起我的注意

我在台北寻访国民党陆军一级上将、前"行政院院长"何应钦的故居，最初是因两条旧闻引起的。

其中之一，2011年当我"泡"在台北的"国家图书馆"时，从1987年10月26日出版的台湾《新新闻》周刊上，读到关于何应钦将军去世的详细报道《何应钦的两个遗憾》。文章写及，"四星上将何应钦已于（1987年）10月21日病逝，享年99岁（引者注：指虚龄）"。在国民党的"党国元老"之中，何应钦能够在台湾活到将近百岁，可算是最长寿的了（除了在美国去世的活了106岁的宋美龄）。

另一个，是从2002年7月5日台湾《联合报》上读到报道《何应钦台北故居将成为明日的历史影像》。报道称，何应钦位于台北的故居，昨天公开招标，最后以6.26亿元新台币的价格卖出。何应钦故居位于台北市牯岭街61号，面积762.6坪（引者注：1坪为3.3平方米），底价定在4 2857亿元新台币。该处地产吸引了七家建设公司投标，最后由元大建设公司得标。据悉，元大建设公司计划将该处改建为高价住宅后出售。

我还从2002年7月20日的台湾《中国时报》看到后续报道《台北何应钦故居改建，"留一笔"历史记忆》。报道写及，在开发商元大建设的慨然开门迎宾下，台北市文化局长龙应台昨日午后会同元大建设副总经理黄仁勇、中研院近代史所研究员陈存恭、农委会林试所研究员金恒镳、台北科技大学建筑系助理教授张昆振及南福里长杨信治等人进入深锁已久的故居内会勘。不过，由于主

北伐时期的何应钦

建物已经残破到无法补救的地步，拆除重建势在必行，龙应台与专家学者一致的意见是在新建的大楼里留下一笔历史记载，以匾额的方式记录这一段重要过去，她认为从台北史、台湾史的角度去看，不论党派，这段历史都是走过的痕迹；这理念也获得建商的支持与允诺。

报道说，获业者允诺，未来规划中留一笔历史记载，并尽可能保存其人文风貌。龙应台感谢业者树立良好典范，也呼吁更多的开发商在经手类似的房地产时，能多保留其历史记忆。

何应钦故居未予保留，原因有三：

其一，何应钦故居前身，据称是日本"三菱商事"驻台最高负责人的住宅。台湾光复时，被收归公有，后来成为何应钦官邸，其产权并不属何应钦；

其二，何应钦故居原是木结构日式别墅，如报道所言已经"残破到无法补救的地步"；

其三，何应钦故居处在台北闹市，地皮价钱不菲，是房地产商争夺的焦点，不像阎锡山故居在台北远郊菁山荒野之中。

当我读到这些旧闻时，已经事隔9年，那里已经改建成了高级住宅，我还是决定前去走访，看看那里究竟如何"留一笔历史记载"。


# "元大钦品"这"钦"字


报道把何应钦故居所在地写得很清楚，即"台北市牯岭街61号"。

牯岭街这地名，我很熟悉，因为江西庐山上最热闹的一条商业街，就叫牯岭街。由于处于山上，被人们誉为"天上的街市"。不言而喻，台北的牯岭街的街名，是从江西庐山"拷贝"过去的。

台北的牯岭街处于市中心，最初叫龙口街，那里邻近"总统府"（亦即日本统治台湾时的总督府），属于黄金地段。据说清朝的时候，就打算在这里建造"官舍"，亦即官员住宅。这批"官舍"尚未动工，日本占领了台湾，在这里建造了一批日式别墅，供"高等日本人"居住。当时，这条街从龙口街改名"佐久间町"——以台湾的第五任日本总督佐久间左马太的名字来命名。佐久间左马太的别墅就在这条街上。

何应钦故居坐落在台北牯岭街

元大钦品大门口

大楼前的墙上镶着"元大钦品"四字。这"钦"就是为了纪念何应钦

何应钦故居原址已经盖了12层大楼

1945年8月日本投降之后，这里改名牯岭街，因为庐山曾经是蒋介石的"夏都"，他在炎夏躲到"清凉世界"庐山上办公，常在那里的牯岭街主持会议。以"蒋介石"取代"日本总督"命名这条街，意味着这条街"光复"。

在牯岭街与福州街的交叉口，有一幢日式别墅，在日本统治时期是台北帝国大学校长的官邸。光复之后则成了台湾大学校长官邸，傅斯年当台湾大学校长时，就住在那里，晚上常一人到宁波西街小吃摊吃宵夜；胡适回台湾初期，也曾住在那里，直到"中央研究院"的院长宿舍建成之后，才迁到南港。

台湾光复的时候，大批日本人被遣送回国，由于携回的物品有数量限制，许多日本人就把书、报、杂志、碑帖、家具、字画在牯岭街兜售，后来台北人也把旧书、旧报拿到这里出售，于是牯岭街逐渐成为台北旧书摊集中之处。到1960年顶峰时期，牯岭街有四五十家旧书摊、十家旧书店。

历史的风云际会更为奇特，当年随蒋介

石在江西庐山牯岭街出席过多次会议的何应钦，在1949年当蒋介石被逐出大陆时何应钦也来到台湾，居然就在台北牯岭街住了下来，直至1987年病逝。

我去台北牯岭街的那天，秋阳高照，气温升至33摄氏度。我对台北已经很熟悉，在中正纪念堂旁边的南门市场吃过早餐，然后沿宁波路骑街楼下的长长的人行道前行，便到了牯岭路。按照交叉口牯岭街那绿底白字路牌上标明的门牌号，我很容易就找到了61号。

出现在我眼前的牯岭街61号，是一幢12层高的浅灰色、长方形新楼，有前院，有后园，右面为地下车库出入口。四周砌着高墙。宽敞的大门口竖着铁栅栏门。大门口右侧外墙上，嵌着马志玲所题"元大钦品"四字。马志玲，在台湾享有颇高知名度的元大集团总裁也。2002年以6.26亿元新台币买下何应钦故居建造"元大钦品"大楼的便是他。

我走向大楼。那里的管理员林先生一听说我要了解何应钦将军故居的往事，知道是有备而来，非常热情地给予接待。他告诉我，这幢楼叫做"元大钦品"，这"钦"就是为了纪念何应钦。我记起当年龙应台来此，元大集团答应要给何应钦"留一笔历史记载"，这"元大钦品"之"钦"，就是"留一笔历史记载"。

林先生告诉我，"元大钦品"是一幢大户型高档住宅。原先的何应钦故居用地是方形地块，所以大楼也是方形的。由于是大户型，每层只4套住房，每套都是四房两厅两卫双阳台，面积为70坪，亦即将近230平方米。全楼44套住房（底楼是公用设施）。另外地下还有两层车库。

林先生说，"元大钦品"大楼落成已经7年。当年大楼的"卖点"之一，就是这里原本乃何应钦故居，所以入住者便自称"住在将军府"。何况大楼地处黄金地段而且设计精良，楼价也就非同一般。开盘时每坪起价45万元新台币（相当于每平方米3万元人民币，尚未加上层次费），如今已经涨到100多万元新台币一坪。著名歌手周杰伦以4 000多万元新台币买下最高层——12层。现在他的母亲叶惠美仍住在这里。周杰伦的母亲叶惠美很有投资眼光，已经帮儿子在台北买了7套房子。

林先生还说，元大集团建造这幢豪宅楼，也赚了大钱，所以在"元大钦品"落成之后在不远处又盖了号称台北第一名宅"一品苑"。

林先生告诉我，何应钦官大住宅也大，就连"元大钦品"门口宽阔的人行道都是当年何宅的范围。

"元大钦品"的房子至今仍很俏。我在大楼对面的墙上看见巨幅广告上写着"急寻元大钦品房屋"。只要哪家想出售，从自家窗口看出去，照着广告上的售楼电话号码打一个电话，马上就有房屋仲介（大陆叫中介）上门服务。

所惜没有时光隧道，无法从眼前的"元大饮品"回到当年的何应钦官邸。还好，尚有几张何应钦在故居中的照片，可资一觑当年风貌。其中特别是在一帧照片中，何应钦一身将军服、一脸微笑坐在故居院子的假山前，那情那景那人那石与眼前的那高楼大厦迥然不同。

## 当了3个月的短命"阁揆"

在台湾，人们把"行政院院长"称为"阁揆"，是仅次于"总统"、"副总统"的最高行政首长。人们对何应钦的习惯称呼是"何院长"，因为他曾经担任"行政院院长"——这也是何应钦一生中的最高职务——与何应钦相同的是阎锡山，在台湾，人们对阎锡山的习惯称呼是"阎院长"，"行政院院长"也是阎锡山一生中的最高职务。据说，何应钦也最乐意别人称他"何院长"，而不是何将军、何司令，诚如阎锡山最乐意别人称他"阎院长"。正因为这样，阎锡山故居前的标牌上刻着的是"阎院长故居"5个大字，而何应钦的故居可惜被拆了，不然的话定然会挂上"何院长故居"这样的标牌。

阎锡山担任"行政院院长"非常短暂，前后只有9个月，而何应钦担任"行政院院长"更为短暂，前后只有3个月！

阎锡山是从何应钦手中接任"行政院院长"，而何应钦则是从孙中山之子孙科手中接任"行政院院长"，孙科也只当了3个多月的"行政院院长"。

对于国民党的"国民政府"而言，1948年至1949年是风雨飘摇、大厦将倾的岁月，所以"行政院院长"像走马灯似的几个月就换一个人，而换人依旧无法挽回失败的命运。

翁文灏，1948年5月25日至1948年11月26日

孙科，1948年11月26日至1949年3月12日

何应钦，1949年3月12日至1949年6月13日

阎锡山，1949年6月13日至1950年3月10日

国民党的"国民政府"只有退到台湾之后，才算稳定下来。陈诚接替阎锡山出任"阁揆"——1950年3月10日至1954年5月18日，做了4年多的"行政院院长"。

何应钦是奉蒋介石之命出任"行政院院长"。何应钦当"行政院院长"时，"顶头上司"已经不是"总统"蒋介石，而是"代总统"李宗仁。蒋介石是想让何应钦牵制那位李"代总统"，尽管何应钦本人并不愿在这"国民政府"焦头烂额之际去接"行政院"这烂摊子。

国民党的江河日下之势不可阻挡。1948年8月初，国民党中原会战失败，蒋介石主持召开"三年来戡乱检讨会"。何应钦作军事形势报告，承认两年多来兵员损失300余万，武器弹药也损失不计其数。

由于在辽沈、平津、淮海三大战役中接连失败，主力被歼，桂系将领李宗仁、白崇禧等强烈要求蒋介石下台。1949年1月21日，南京中央社播发了蒋介石声明："战事仍然未止，和平之目的不能达到……本人因故不能视事……决定身先引退，由副总统李宗仁代行总统职权。"就这样，蒋介石"下野"，李宗仁成为"代总统"。

蒋介石"下野"之后，回到浙江奉化溪口老家去了。何应钦很知趣地也离开是非之地，前往杭州，表明他与李宗仁并无瓜葛，虽说何应钦跟李宗仁私交不错。蒋介石显然注意到何应钦的这一动向。

当时担任"行政院院长"的孙科与"代总统"李宗仁不和，请求辞去"行政院院长"。蒋介石从奉化写信给何应钦，请何应钦接手"行政院院长"。再说李宗仁也觉得何应钦跟他合得来。这样，孙科在1949年3月12日辞职，何应钦便在当天接任"行政院院长"，并兼任"国防部部长"。

何应钦上任之后的第一件事就是搬迁"行政院"，因为当时"行政院"在南京萨家湾，离长江很近，已经处在中国人民解放军大炮射程之内！何应钦把"行政院"迁往励志社。

何应钦这个"行政院院长"实在可怜兮兮，上任才一个多月——1949年4月23日人民解放军就占领南京。何应钦在仓皇之中，率"行政院"诸"部长"跟随"代总统"李宗仁逃往广州。

何应钦在广州支撑不了乱局，便向"代总统"李宗仁请辞。李宗仁一再挽留，何应钦最后只能对李宗仁说："德公，你如果要我继续干下去，我只有两条路可走，一是逃亡，二是自杀。"

就这样，何应钦在乱糟糟的局面之中，好不容易支撑了3个月，终于在1949年6月13日把乱糟糟的担子撂给了阎锡山。

## "嫡系中的非真嫡系"

卸下"行政院院长"的担子，何应钦顿感轻松，便从广州前往香港。不言而喻，何应钦只把香港当做暂时歇脚的地方，先观察局势的变化再做下一步的打算。

摆在何应钦面前有两条路：

一是去美国。他在1946年至1948年曾经担任驻联合国安理会军事参谋团中国代表团团长。他知道国民党大事不妙，私下里已在美国买好一幢别墅，作为将来的退路；

二是跟随蒋介石去台湾。

就在何应钦权衡利弊，为前程斟酌再三的时候，接到蒋介石命令，要求火速前往台湾"同甘共苦"，并为何应钦安排了飞往台湾的专机。

在这关键的时刻，何应钦服从蒋介石的命令，举家先期退往台湾。

何应钦与蒋介石的关系十分微妙：在别人的眼里他是蒋介石的嫡系，

1946年2月18日蒋介石（中）与参谋总长何应钦（左）、副参谋总长白崇禧在南京中山陵谒陵之后在草地野餐

而实际上他又非蒋介石的真嫡系。

何应钦怎么会成为蒋介石的"嫡系中的非真嫡系"呢？

何应钦与蒋介石渊源颇深：何应钦字敬之，出生于1890年4月2日，贵州兴义人氏。1909年秋，清政府陆军部招考留日学生，何应钦以第一名的好成绩应选，入日本振武学校。到了日本振武学校，结识了高一级的蒋志清，也就是蒋介石。他俩在日本加入孙中山领导的同盟会。所以何应钦与蒋介石的友情非同一般。

何应钦与蒋介石结下深谊是在1924年6月12日，黄埔军校创办的时候，蒋介石任校长，何应钦任总教官。何应钦对蒋介石相当尊重，而且勤勉工作，颇得蒋介石看重，遂成为蒋介石嫡系，得到不断提拔。

何应钦从蒋介石的嫡系，变成"嫡系中的非真嫡系"，是因为有两件事得罪了蒋介石。

其一是1927年7月15日，武汉国民政府主席汪精卫通电反共反蒋。以李宗仁、白崇禧为首的桂系、冯玉祥为首的西北军和阎锡山为首的晋系与蒋介石有矛盾，乘机公开逼蒋介石下野。何应钦以为此时蒋介石岌岌可危，暗中支持桂系。蒋介石不得不"下野"。后来蒋介石东山再起，当然对何应钦心存芥蒂。

其二是1936年12月12日的西安事变，张学良、杨虎城拘捕了正在西安督师的蒋介石，何应钦在南京代行蒋介石的总司令之职，扬言要出兵"讨伐"张、杨。孔祥熙、宋美龄主张和平解决。尤其是宋美龄，担心一旦轰炸西安，蒋介石可能会遭张、杨杀害，因此再三请求何应钦不要出兵。何应钦骂道："你一个妇道人家懂得什么？只知道救丈夫！国家的事，你不要管！"宋美龄不顾一切前往西安，蒋介石明令何应钦停战，何应钦这才不得不罢休。当蒋介石返回南京，虽然表面上并没有批评何应钦，却心中明白。

不过，尽管何应钦两度得罪蒋介石，但是何应钦毕竟并没有像阎锡山那样曾经公开跟蒋介石决裂，而且阎锡山长期割据山西，搞"独立王国"，所以相对来说蒋介石还是对何应钦委以重任。在1934年授何应钦陆军一级上将军衔。抗日战争时期，何应钦任第4战区司令长官，中国远征军总司令。1944年何应钦任中国陆军总司令。

最为得意的是1945年9月8日上午9时，由8架战机护航，何应钦乘坐"美龄号"飞机从湖南芷江飞抵南京。翌日——9月9日上午9时9分，南京举行"中国战区日本投降签字典礼"，何应钦作为中国战区陆军司令接受日本驻华派遣军司令冈村宁次大将递交投降书，成为全中国以至世界关注的新闻人物。

# 在台湾继续效忠蒋介石

　　何应钦奉蒋介石之命举家先期迁至台北，当时国民党的"国民政府"尚在大陆，台湾也处于一片混乱之中。何应钦已经没有"行政院院长"的头衔，手中又无兵权，"空头司令"一个。在这兵荒马乱的时候，何应钦两眼一抹黑，在人生地不熟的台北连合适的住处都难以寻觅。

　　据何应钦侍从参谋曾有忠说：何应钦来台北的时候，还把他们原先在南京的床铺、办公桌、衣柜，还有何夫人的梳妆台，都运到台湾，因为这些都是用最好的檀香木做的。

　　从曾有忠参谋的话中可以看出，何应钦当时是准备在台北长住的。相比而言，阎锡山比何应钦"聪明"，阎锡山来台湾只带黄金，有了黄金到哪里都能施展拳脚。

　　就在何应钦为住房之事走投无路之际，突然绝处逢生，当时台湾警备总司令纽先铭，原本是何应钦部下，答应帮忙。到底是熟人好办事。纽先铭找到当时产权归台湾省物资局的一幢日式别墅，供何应钦居住。这就是牯岭街61号何应钦官邸的来历。何应钦没有想到，从1949年7月住进牯岭街61号，一住就是38年，他的后半生就在这里度过，直至1987年病逝。

　　何应钦还没有喘过气来，"行政院院长"阎锡山率阁员们就从大陆退到台湾，随后蒋介石也从大陆败退台湾。身为"国大代表"的何应钦表示效忠蒋介石，加入了"劝进"蒋介石"复行视事"的行列。所谓"复行视事"，也就是重新以"总统"身份在台湾掌权。

　　这样的"劝进"，对于蒋介石而言，"正合朕意"。不过，这时候遇上了一个"法定程序"上的麻烦：李宗仁已经躲到了美国，却并未发表卸任"代总统"的声明。"国大代表"呼吁李宗仁从美国来台湾，办理卸任"代总统"的手续，把"总统"权力"交还"给蒋介石，而李宗仁总是推托身体不适，"医嘱不能远行"。倘若要对李宗仁进行"弹劾"，在台湾的"国大代表"又不足"法定人数"。

　　何应钦带头请蒋总裁早日恢复行使"总统"职权，并谴责李宗仁的"不忠不义"。在何应钦等人的"劝进"之下，蒋介石终于以"战争时期"情况特殊，也就顾不上"法定程序"，于1950年3月1日在台北"复行视事"，履行"总统职权"。从此蒋介石在台湾开始他的"威权统治"。

在台湾，何应钦再也没有往日的显赫，只是担任"总统府战略顾问委员会主任委员"、"三民主义统一中国大同盟主任委员"之类"闲职"，人称"官大权小，位高职虚"。比起阎锡山的"总统府"资政以及国民党中央评议委员之类虚衔，何应钦的两个"主任委员"的"闲职"要显得有"分量"，特别是"总统府战略顾问委员会主任委员"的办公室在"总统府"的3楼，离蒋介石的"总统办公室"很近——虽说"总统府战略顾问委员会主任委员"不是天天到"总统府"上班，蒋介石也主要是在士林官邸办公。

须知，何应钦与阎锡山同为陆军一级上将（四星上将），都担任过"行政院院长"兼"国防部部长"，是同级别的人物，但是蒋介石对两人到台湾之后的任命全然不同。

还有一点极大的不同是，阎锡山曾经想从台湾去美国看望儿子，蒋介石没有同意，生怕阎锡山到了美国一去不复返，在那里跟李宗仁搞在一起。然而，何应钦在台湾，却出入境自由，甚至还受蒋介石之命率团出访日本、西欧、北欧和菲律宾等国——虽说何应钦所率之团大都是以民间团体身份出访，并不代表"国民政府"。尤其是日本，何应钦差不多每年去一次。蒋介石对何应钦与阎锡山的亲疏不同，由此可见一斑。

前已述及，何应钦所住的牯岭街，在台北市中心，日本占领了台湾，在这里建造了一批日式别墅，供"高等日本人"居住。这些日式别墅，除了牯岭街61号成为何应钦官邸之外，其余的也先后被国民党高官所占住。内中，有桂永清和孙立人。桂永清是黄埔军校第一期毕业的，曾任海军总司令、国防部参谋总长，是海军一级上将。孙立人则是陆军二级上将，是蒋介石"五大主力"之一的"新一军"军长。在抗日战争期间，孙立人是歼灭日军最多的国民党将领之一。到台湾之后担任台湾防卫总司令部总司令。他们跟何应钦常来常往。何应钦家的客厅，高朋满座，谈笑有高官，往来无草根。这与阎锡山家"门前冷落车马稀"全然不同。

当年与何应钦来往最多的是住得最近的孙立人将军。1955年8月20日，孙立人突然以所谓"发动兵变"、"密谋犯上"等罪名被捕，被判处"长期拘禁"。前后有300多人牵涉"孙立人案"。虽然何应钦与孙立人过从甚密，却并未受到蒋介石怀疑而安然无事。

"孙立人案"直到蒋介石、蒋经国"两蒋"死后，才于1988年5月被国民党当局宣布是冤案，孙立人将军终于得以结束长达33年的"监护"。

## "福将"·寿星

走笔至此，该回到本文开头的话题：1987年10月21日何应钦病逝，享年98岁，人称"福将"。比起阎锡山78岁离世，何应钦要"长命"20岁。

何应钦的长寿，并不只是"活着"，而是健康地"活着"。1985年11月3日，96岁高龄的何应钦还为台湾的贵州同乡会新的会馆剪彩。剪彩完毕，端坐在太师椅上，听任同乡们逐批跟他这老寿星合影。

何应钦为何能够长寿？

何应钦能够长寿，原因之一就是他淡定的心态。他为官清廉，为人勤俭。他去世后，清查财产，除了院子里众多的兰花，一无长物，就连所住的房子也是公家的。他并没有像阎锡山那样从大陆私运了那么多的黄金。

原因之二是他从小就喜欢体育运动，有着健壮的体格。1921年，31岁的他曾经在昆明遭到刺客用枪打伤胸部和腿部，大量出血，由于体质很好，休养半年后就恢复正常。到了台湾之后，他喜欢到山野打猎，常跟白崇禧将军一起身穿猎装，开车到淡水河口打野鸭。何应钦的枪法很准，每次打猎收获必丰。

值得提一笔的是，白崇禧将军乃李宗仁手下的桂系大将。何应钦在1927年支持桂系倒蒋时，跟白崇禧有过交情。不过随着后来何应钦成为蒋介石手下大将，而白崇禧向来是李宗仁心腹，为了不让蒋介石疑心，何应钦特意跟桂系保持距离，几乎不与白崇禧来往。到了台湾之后，何应钦和白崇禧都成了无职无权的闲人，无所顾忌，反而走得很近，走得很勤，连打猎都同去同回。

原因之三是他有着良好的生活习惯。早睡早起，饮食清淡，不嗜烟、酒。何应钦也不好色，无赌博、吸毒之恶习。他兴趣高雅，晚年居家喜欢听音乐、打桥牌，侍弄200多盘淡雅清香兰花，还养了许多色彩艳丽的锦鲤。

何应钦曾经应台湾健康长寿会之邀，在大会上介绍了自己的养生秘诀。何应钦说：

"我们在座的每个人都希望自己健康长寿，从我个人的心得与体会来说，我认为有三点非常重要，这就是修养、生活和医药。"

"我是一个基督徒，遵照上帝的旨意，人应当宽忍为怀。《中庸》里有一句话，叫做'大德必得其寿'，这句话讲得很有道理。人要加强自己的道德修养，只有用温和、慈良、宽宏、厚重、缄默来克服心中的猛厉、残忍、褊狭、轻薄、浮躁，才能做到心直虑正。久而久之，人的心理就会始终处于轻松向上的状态。这对身体健康是十分有利的。"

何应钦将军在90嵩寿时，摄于官邸庭院

"第二，就是生活要有规律。我的生活是很有规律的，什么时候工作，什么时候休息，从不打乱。这种生活习惯，是我年轻出外读书时就养成的。我不嗜烟酒，不暴饮暴食，就是在战争年代，无特殊情况绝不熬夜。"

"除生活有规律之外还要适当运动。我从小就喜欢各种体育运动，球类、田径我都很喜欢。到台湾后，我的爱好改为'三打一跳'。即：打桥牌，打高尔夫球，打猎和跳舞。后来年纪大了，不能打猎了，高尔夫球也打不动了，我就以散步为主。出外旅游，能步行时，我就不坐车，以活动筋骨。"

"第三，要相信医生。人生了病，就要抓紧治疗，而不要讳疾忌医。我的夫人王文湘身体一直不好，她之所以能够多活20年，靠的就是现代化的医疗手段。所以我只要感到不舒服，就会马上到医院看病检查，及时治疗。"

## "家和万事兴"

何应钦能够长寿，还有一个重要的原因，就是家庭和睦，即所谓"家和万事兴"。

在台湾，人称何应钦是"PTT"协会会长。"PTT"是"怕太太"的谐音。这当然是开玩笑之言。何应钦善待妻子，在台湾有口皆碑，有着"台湾第一好丈夫"的美誉。

1917年，27岁的何应钦与王文湘在贵阳成婚，恩恩爱爱一辈子，虽然

何应钦后来飞黄腾达，权重一时，却也从无绯闻。尤其难得的是婚后王文湘无出，多少人劝何应钦纳妾，被何应钦怒斥一顿——在他那个年代，纳妾是司空见惯的事。阎锡山的元配夫人跟何应钦夫人一样无出，阎锡山纳妾之后连生5子。所以就连夫人王文湘也多次劝何应钦纳妾，以生儿育女，续接何家的香火，但被何应钦拒绝。

1916年秋，何应钦从日本士官学校毕业，回到老家贵州。当时贵州督军为刘显世，黔军总司令为王文华，何应钦在他们手下任黔军第一师第四团团长兼学生营营长。当年，26岁的何应钦结识了王文华的胞妹王文湘。王文湘年方十八，乃大家闺秀，千金小姐，知书达理，温柔贤惠，提亲者众。何应钦虽然出身农村，毕竟留洋归来，而且人品端正，相貌堂堂，被王文华所看重，王文湘也视何应钦为意中郎君。这样在翌年——1917年4月，何应钦便与小他8岁的王文湘喜结连理。从此王文湘成为何应钦终身伴侣、贤内助，跟随何应钦南征北战。

王文湘唯一觉得对不住夫君的是未能生育。由于何应钦坚决拒绝纳妾，何应钦的四弟何辑五见三哥何应钦官场春风得意，但是膝下无子女，家中却冷冷清清，就把女儿何丽珠过继给哥嫂为女。何丽珠，1930年生于上海。何应钦视何丽珠若掌上明珠，悉心培养。1949年，19岁的何丽珠随何应钦夫妇前往台湾，就读台湾大学政治系。

来到台湾不久，王文湘便感到身体不适。1952年，王文湘被诊断为乳腺癌。何应钦以为日本的医疗水平比台湾高，便陪同妻子到日本检查，日本大夫确诊为乳腺癌晚期，癌细胞已经扩散了，无法进行手术切除治疗。

从日本归来，何应钦亲自为妻子侍奉汤水，劝她安心养病。此后，何应钦每年陪同妻子到日本一趟，诊治癌症。

由于夫妻和睦，女儿孝顺，加上王文湘自己个性开朗，所以癌症病情得以舒缓。

王文湘笃信基督教，每个礼拜天的上午，王文湘必定与教友在家里聚会，举行祷告仪式，即便在后来病重期间，依然照例举行，雷打不动。

女儿何丽珠从台湾大学政治系毕业之后，曾先后担任台湾"驻日代表"及"驻美领事馆"商务官员。

何应钦晚年应酬多，有时凭着陆军一级上将的工资不够花费，夫人悄然变卖首饰，补助家用。她说，决不可让丈夫感到手头拮据。

由于宋美龄也是虔诚的基督教徒，有着这个共同语言，王文湘便尽量修好于"第一夫人"，以使何应钦能够得到蒋介石的照应。1958年，王文湘60大寿，宋美龄知道何应钦喜爱兰花，亲绘《墨兰图》国画赠王文湘，蒋介石还在画上题词："满座芳馨文湘夫人周甲荣庆蒋中正敬题"。在台湾的高官太太之中，能够得到蒋介石、宋美龄伉俪如此重礼，并不多见。王文湘帮夫，由此可见一斑。

王文湘于1978年4月终因病重而离世，终年82岁。从1952年发现晚期癌症，王文湘能够再活20多年，全靠何应钦无微不至的照料。

女儿何丽珠几度希望能够与丈夫蒋友光一起从海外回到父母身边，照料父母。无奈何应钦以为应当"忠于党国"、"恪尽职守"，劝说女儿以工作为重。直到母亲过世，何应钦无人照料，女儿与女婿终于回到台湾，住在离牯岭街不远的厦门街。女儿在台湾"外交部"礼宾司工作。

女儿、女婿的温情、细心，使何应钦终于走出丧妻之痛。

1979年4月，何应钦90大寿（虚龄），蒋经国在"总统府"向何应钦颁发"国光勋章"。授勋典礼之后，国民党中央委员会在台北三军军官俱乐部为何应钦主持隆重的祝寿茶会。蒋经国主持并致词，何应钦即席致答谢词，思维清晰，口齿清楚。

何应钦年迈思故乡。他收到的最宝贵的寿礼，是著名国画家张大千根据他的描述，用画笔勾勒他的故乡——贵州省黔西南州兴义市泥凼镇的风光，曰《泥凼风景图》。何应钦非常喜欢这幅画，挂于家中，朝夕观赏。

1984年4月，何应钦95大寿（虚龄），蒋经国再度主持祝寿宴会。

何应钦说："先'总统'时代，蒋公给予我的最大荣誉是抗战结束后在南京主持了受降大典；而来台后，经国先生给予我的最大荣宠是参加了我的90和95寿诞祝贺。我这一辈子，得到了常人没有得到的东西，也应该满足了。"

何应钦的凤愿是在台湾度过百岁大寿。

但毕竟已经是风烛残年。1986年4月，何应钦在与友人打桥牌时，突感不适，马上送进台北"荣民总医院"诊治，医生诊断为轻度中风。

此后，何应钦身体日渐衰弱，女儿日夜照料，"荣民总医院"以最好的医疗条件医治。

1987年10月20日上午，何应钦的血压突然剧降，医生全力进行抢救，至21日上午7点30分，何应钦终因心脏衰竭而离世，享年99岁。

在败退到台湾的国民党诸将之中，不论是阎锡山，还是白崇禧，唯有何应钦最有福气，在政治上受到"两蒋"礼遇，在生活上得到妻女温馨，堪称"福将"。

# 白崇禧的落寞岁月

## 灰飞烟灭的白崇禧故居

2011年秋，我在寻访阎锡山、何应钦在台北的历史踪迹之后，来到台北市中心的松江路，寻访当年白崇禧的故居。

在中国命运大决战之中，拥着数十万之众的白崇禧桂系部队被中国人民解放军一举歼灭，之后"光杆司令"白崇禧于1949年12月30日从海南岛海口飞往台北。到台湾不久，又把家眷20多人从香港接到了台湾。他在台南盖了两栋房子，安置大哥、九哥、六弟、二妹等亲属。白崇禧一家先是在台北圆山小住了一阵子，一个煤矿老板跟他有旧，打算把台北仁爱路一栋日本房子让给他住。那房子独门独院，四周有围墙，应当说是相当不错的。但是白崇禧最终还是看中台北松江路127号的一幢日式别墅。他在那里一住就是16年，直至1966年他在这幢房子里不明不白地离奇死去。

如今的松江路，非常繁华，道路宽广，两旁高楼大厦鳞次栉比。那天

台北松江路127号原本是白崇禧故居

白崇禧

我去松江路《天下》杂志编辑部拜访之后，便去寻访白崇禧故居。"松江路127"的门牌犹在，不过这门牌不是钉在木质的别墅上，而是钉在灰色大理石的墙面上，那里是一幢18层的玻璃幕墙现代化大楼。大楼上方，挂着"丰田汽车南松江营业所"大字。当年的白崇禧将军官邸，已经灰飞烟灭。

白崇禧将军官邸的踪影，只是定格在一帧黑白照片上：白崇禧和夫人马佩璋以及10个子女，总共12个人，来到台湾之后在松江路127号花园里拍摄的"全家福"。这是白崇禧全家唯一一张10个子女全部到齐的照片。1925年，32岁的白崇禧与22岁的"桂林美人"、大家闺秀马佩璋在桂林结婚，先后生下10个子女。在这10个子女之中，子7人，即先道、先德、先诚、先忠、先勇、先刚、先敬；女3人，即先智、先慧、先明。后来白崇禧的第八个孩子白先勇成了台湾著名作家，他回忆说，拍照的时候，"老十"——最小的弟弟白先敬"很作怪的，他就不肯照相，不肯嘛，站得好好又跑掉。大家就脱手表给他戴，好玩嘛，戴了一手的手表"，这才终于拍摄了这帧历史性的照片。

白崇禧将军官邸的踪影，还定格在白家子女以及邻居们的记忆之中。

白先敬回忆说：

"我父亲特别把那个园地取了一个名字，我记得很清楚，叫做'退思园'，丢掉大陆'匹夫有责'，老太爷身为那么高的军事将领，当然责无旁贷。"

1946年白崇禧一家在南京合影

白先勇回忆说：

"到台湾来我父亲住的那个房子，就是一般公务员住的那种木板房子。我们买了两幢，打通，连接起来，人多嘛。台风来了还会漏雨的。我记得我父亲母亲的房间漏雨，还拿脸盆来接。那个雨漏下来滴滴嘟嘟的。我一进去，看到我母亲坐在床上拿脸盆接雨水，她居然哈哈哈大笑起来。我父亲、母亲都是很豁达的人。"

白崇禧的义子、台湾交通大学教授粟明德回忆说：

"台北松江路白公馆，是一座很普通的日式木造平房，其中外大厅是饭厅兼幕僚人员办公处，一般来客都在这里接待……"

跟白先勇、白先敬年岁差不多的邻居朱邦复，后来成为台湾电脑中文输入法——仓颉码的发明者。朱邦复的父亲当年是蒋介石手下的第九十七军军长，湖北省政府代主席朱怀冰，到台湾之后成为"台湾省政府秘书长"。朱邦复回忆说：

"我的新家在台北市松江路125号，是省政府新建的宿舍，一片整齐划一的绿色双拼木房。院子不大，但足够种些花草。右侧住的是名将白崇禧，左侧是前南京卫戍司令宫其光，与我家同栋的另一端，则住着当时的新闻局长张彼德。

"除了几排紧连的宿舍外，四周都被稻田包围着。向北望去，青葱葱的山一直延伸到东南角。台北市区（引者注：指当时的市区）则在西方的河谷平原上。"

朱邦复的妹妹荆棘（笔名）后来也成为作家，她在文章中回忆道：

"我家在台北大名鼎鼎的白崇禧将军隔壁。白家小孩多，亲朋好友更多，还有大批以前的随从，整日人进人出，不时传过来京戏和喝彩的声音，门口的空地一下变成他们的农场。白将军还爱上山打猎，带回果子狸在笼子里一夜嘶嚎，的确是热闹非凡。两家的大人偶尔还打个招呼，小孩子却漠然不相往来，只是把隔壁的把戏看得津津有味。直到我进了台大，突然发现刚创刊的《现代文学》居然是白家儿子（引者注：指白先勇）的杰作，这一下才对这位对门居的美男子侧目以视。

"1960年的台湾，政治保守压抑，文化艺术死寂。《现代文学》像突破黑夜而来的一道火光，给文艺界带来了无比的震撼和光亮，也供给年轻人一个自由创作的天地。很多著名作家的处女作都在这儿注销（引者注：指发表）。我自己也在《现代文学》投下生平第一篇作品，当时胆战心惊地不敢用自己的真姓名地址。等到文章注销了，兴奋如狂，环顾左右，觉得天地都再也不一样了。《现代文学》后来登了一则启事，请荆棘赐示地址，可是我却羞涩胆怯不敢出面。白先勇到二三十年后才知道邻居的朱家小女也曾是《现代文学》的撰稿人。"

另外，陆军一级上将胡宗南的长子胡为真在回忆父亲时，虽说没有谈及白崇禧的故居，但是也谈到胡宗南曾经打算为部属购买台北松江路的官邸。

"父亲刚到台湾，曾经遭逢一桩很不愉快的事件。1949年，部队奉命从西安撤退到汉中，由于和谈破裂，共军已渡过长江，局势危急。父亲暗思，应该为麾下将领在台湾购置房舍，安定部属军心，免除后顾之忧。于是用一千两黄金，在台北南京东路、松江路附近，购置五十间房舍，供麾下将领和家人撤退台湾的栖息之所。父亲却未借此机会，为自己购买任何一间房舍。孰料，陕西省议会副议长李梦彪，跑到父亲办公室，向幕僚副官人员提出要求，希望能比照胡宗南部将领，为他配一间房子。幕僚人员告诉李梦彪，这房子是给将领住的，你不符合条件，但这件事他们并没有报告我父亲。李梦彪兼任'监察委员'，一气之下，向'监察院'提出弹劾案，以丢掉大陆为由，弹劾胡宗南。

"父亲从不为自己辩解，任何人对他毁谤、误解，他非但不置一词，也不准部下仗义辩解。他说，你们多辩解，就多给'总统'找麻烦，不必辩解，打落牙齿和血吞。

"弹劾案提出来后，便有108位'立法委员'联名为父亲辩诬。经过'国防部'详细调查后，停止弹劾。而蒋先生深信胡宗南的人格，最后也亲自出面讲话：如果没有胡某人，我怎么从大陆出来？如果没有胡某人，'政府'怎么出来？你们怎么出来的？不要再办了！这桩弹劾案终于不了了之。"

# 白崇禧死因蹊跷　众说纷纭

1966年12月2日早上，白崇禧的官邸遭到警方的严密封锁，因为在这里发生重大命案——白崇禧猝死，死因蹊跷。

关于白崇禧之死，至今仍传说纷纷，莫衷一是。

版本之一，来自李宗仁机要秘书程思远所著《白崇禧传》：

"1966年12月2日的早晨，台北松江路白崇禧公馆人声嘈杂，一片混乱。

"原来家里的人发现白崇禧起身很迟，就到他的卧室里去看看，只见白曲身倒卧在地板上，已经停止呼吸多时，衬衫给撕成片片，遍身抓伤，这表明他死的很痛苦。死者身上现铜绿色，又证明不是出于自然的死亡。一个保姆惊叫道，'你看，他的药酒还剩下小半杯哩！'一会儿，床头柜上的酒杯不见了。原来白氏在睡前必服一杯医生给他配制的药酒，如果他因饮酒中毒的话，显然是在场的人下手的，但究竟是谁所为呢？迄今还是一个不解之谜。"

不过，程思远并未点明白崇禧喝的是什么药酒？为何要喝药酒？

版本之二，流传甚广，而且绘声绘色，称白崇禧死于"风流"：

白崇禧自从来到台湾之后，受到蒋介石多方挤压，心境郁闷。1962年12月，59岁的白崇禧夫人马佩璋因高血压及心脏病不治去世之后，白崇禧陷入双重的苦闷之中。由于白崇禧夫妇都是回教徒，白崇禧把夫人安葬于台北近郊六张犁回教公墓。按照回教风俗，亡者自安葬之日至40天内，家属须每日清晨到墓前诵经祈祷。白崇禧以69岁高龄，每日必率儿辈准时前往夫人墓前念经，风雨无阻，很多人为之感动。

丧事毕，白崇禧陷入精神空虚之中。

白崇禧不像何应钦那样自律，当年在大陆作战时夫人不在军中，便有风流韵事传出。自从夫人过世，为解除烦闷，曾经与情妇傅太太来来往往。"国防部"军事情报局特勤处主任谷正文得知，便找到那位傅太太。当时谷正文获蒋介石密令，正要置白崇禧于死地，而白崇禧毕竟是"党国元老"，所以定下暗杀白崇禧的最高原则是必须不留任何痕迹，以免被外界说成政治谋杀。谷正文欲收买傅太太，在白崇禧不备之际下毒。傅太太深知人命关天，尤其白崇禧乃是"大人物"，怎可下此毒手？她虚与周旋，始终没有配合谷正文行动，而且从此也不敢再跟白崇禧接触，以免卷入旋涡。

此后，白崇禧竟与照料他的年轻护士张小姐同坠情网。白崇禧毕竟年事已高，为求与张小姐共卧鸳帐，便去中医协会理事长赖少魂那里求教壮阳之术。

这一秘密被谷正文得知，如获至宝。谷正文给赖少魂打电话，询问白崇禧的"病情"。赖少魂说："白将军不是病，是补。"谷正文说："不管他是病还是补，你要多多照顾他，沉疴需下猛药！"谷正文在台湾有着"活阎王"之称，赖少魂知道谷正文的命令不可违，便在给白崇禧所开的药方之中，加重了剂量。白崇禧照方到天生堂中药店买了两大包药回家泡酒。这"药酒"要了白崇禧的命，却不留痕迹。

1966年12月1日夜，张小姐又悄然来到白崇禧官邸。翌日，白崇禧原定于上午8时出发为某工程剪彩，可是已经超出半小时，副官吴祖堂仍不见白崇禧起床。于是副官在门外高声呼喊，依然不闻将军回音，于是破门而入，见73岁的白崇禧赤身裸体俯卧在床上，早已气绝身亡，而张小姐不见踪影。

由于白崇禧亡命于丑闻，白家虽明知背后有鬼，也未敢声张。当时并未要求追究溜之大吉的张姓女护士，也未追究事发之后不久那不翼而飞的"药酒"与酒杯。

从此那位张小姐便从人间"蒸发"，再也无人见到。张小姐是白崇禧之死唯一的见证人，她为什么见白崇禧死去而不报警？她极可能被"国防部"军事情报局特勤处所收买，抑或她本人就是军事情报局特勤处派去施美人计的特务。

版本之三，是国民党当局的官方版本，声称白崇禧将军因突发心脏病回天无术而离世。

白崇禧之子白先勇在2012年5月出版的新著《白崇禧将军身影集》中，采用国民党当局的官方版本，即白崇禧死于心脏病而非其他原因。

"总统"蒋介石闻讯，下令"厚葬"白崇禧。于是"副总统"兼"行政院长"严家淦与"国防部"部长蒋经国立即派遣"国防部"副部长马纪壮前往白府吊唁，并宣布由"国防部"负责以军礼治丧。何应钦、孙科、陈立夫、顾祝同等200余人组成治丧委员会。

1966年12月9日，台北为白崇禧将军举行隆重公祭。蒋介石不仅颁发"轸念勋猷"挽额及"旌忠状"，而且还亲自到景行厅向白崇禧遗体告别，鞠躬致敬。

白崇禧最小的儿子白先敬回忆说，"早上六点多我们在灵堂，就来通知说蒋先生马上就到，那我们就整理整理等他，三鞠躬礼完了，他对我们每一个小孩子都看一下，大哥那时站在第一个，我是最小的，他就用江浙话讲了一句话，有什么困难，有困难来官邸找他。那时候我脱口就冲了一句，白家子弟没有困难。"

公祭毕，安葬于台北市近郊六张犁的回教公墓，与他的夫人安葬在一起。

白崇禧的墓，与国民党其他死去的将领一样，朝着大陆方向。


# 三度逼蒋介石下野结下深仇


为什么蒋介石如此欲除白崇禧而后快？

唐朝有大诗人李白，而对于国民党来说，"李白"是桂系军阀的代称，亦即李宗仁与白崇禧。

白崇禧，字健生，回族，1893年3月18日生于广西临桂(今桂林)，李宗仁也生于临桂。他的阿拉伯名字叫"乌默尔"。1916年毕业于保定陆军军官学校。1923年被孙中山任命为广西讨贼军参谋长，从此立足广西，1925年与李宗仁形成桂系。

白崇禧经历了北伐战争、抗日战争、国共内战三大战争。

在北伐战争中，白崇禧担任国民革命军总司令部行营参谋长（总司令为蒋介石）、东路军前敌总指挥。白崇禧与蒋介石有过很好的合作。

在抗日战争中，白崇禧历任军事委员会副总参谋长、第五战区司令长官、桂林行营主任，屡建战功。1938年李、白指挥台儿庄会战，取得在国民党军队抗战中的首次重大胜利。同年6月，白崇禧指挥武汉会战。1940年2月，白崇禧指挥桂南战役，在昆仑关两度挫败日军。

在国共内战中，白崇禧坚决反共。1945年10月白崇禧晋升陆军一级上将。1946年5月任国防部部长。1948年5月任战略顾问委员会主任委员兼华中"剿总"总司令。

白崇禧指挥作战讲究韬略，常能出奇制胜。在国民党军队之中，白崇禧有着"小诸葛"之誉。日本人称他为"战神"。毛泽东则称之为"中国境内第一个狡猾阴险的军阀"。

白崇禧跟蒋介石之间恩恩怨怨几十年，关系错综复杂。

白崇禧有过与蒋介石的多次合作，但是"李白"是蒋介石的冤家对头，在国民党里是公开的秘密。

蒋介石曾经先后三次"下野"，每一次逼蒋"下野"，都有李宗仁的份，都有白崇禧的份。

第一次是在北伐胜利之后，蒋介石任国民党中央常务委员会主席和军人部长职务，势力急剧膨胀。汪精卫联合李宗仁、白崇禧反蒋介石，逼蒋介石于1927年8月下野。

第二次是蒋介石在蒋桂战争、蒋冯战争、蒋冯阎战争中取胜后，从形式上统一了全国。1931年"9•18"事变发生后，蒋介石奉行不抵抗政策，阻挠军队和人民抗击日本侵略，致使东北三省迅速沦丧。这时李宗仁、白崇禧反对蒋介石不抵抗政策，坚决要求蒋介石下台。全国抗日反蒋怒涛日益高涨，蒋介石不得不于1931年12月15日被迫宣告再度下野。

第三次是蒋介石在辽沈、淮海、平津三大战役中大败，李宗仁、白崇禧又一次联手反蒋。蒋介石被迫于1949年1月21日发表《引退谋和文告》，宣布由"副总统"李宗仁代行"总统"职权，这就是蒋介石第三次下野。在《引退谋和文告》发布之后，蒋介石在宋美龄、蒋经国等陪同下，拜谒了中山陵，向孙中山塑像三鞠躬，伫立无语。下午4时，蒋介石乘坐"美龄"号专机，从南京明故宫机场起飞，绕南京城两周，然后朝浙江奉化飞去。

蒋介石三次被李宗仁、白崇禧逼着下野，理所当然对"李白"恨之入骨。

据说，蒋介石曾经讲过，李宗仁、白崇禧是心脏病，心脏病是要命的，共产党是皮肤病，没关系擦点药就好了。

蒋介石此言也许是在对"李白"咬牙切齿时说的"过头话"，因为共产党对于蒋介石来说绝不只是"皮肤病"，但是"李白"三度逼他下野，确实几乎要了他的命。

在李宗仁代行"总统"职权之际，白崇禧手里还掌握着15个军25万人马，另外还有40多艘军舰和几十架飞机。谁知桂系同样不是中国人民解放军的对手，依然逃脱不了全军覆没的命运，血本无归。

李宗仁这个"代总统"从南京败退广州。1949年11月19日，李宗仁致电"行政院长"阎锡山，要其以责任内阁全权处理"国政"。自己则于翌日凌晨乘专机"天雄号"从南宁起飞，赴香港"就医"。不久，李宗仁偕夫人郭德洁及两个儿子去了美国做寓公。从此，蒋介石对李宗仁鞭长莫及，无可奈何。

# 白崇禧面临三岔路口

在李宗仁从南京败退广州时，白崇禧放弃武汉，撤往长沙。不久，桂林、柳州都落入中国人民解放军手中，桂系失去老家。白崇禧于1949年12月4日败退至海南岛。

白崇禧来到海口仿佛来到人生的三岔路口，面临三种抉择：

一是追随李宗仁的后尘去美国或者其他国家；

二是退往蒋介石控制的台湾，但是李宗仁在跟白崇禧话别时曾告诫，"健生，如果大陆实在待不下了，什么地方都可以去，但就是不能去台湾。切记！切记！"

当然还有第三条路，那就是投奔共产党。

虽然白崇禧反共，但是并非没有在暗中与中共来往。李宗仁、白崇禧

手下的刘仲容，便是桂系与中共联络的密使。早在蒋桂战争时，刘仲容就奉命与中共联络。1936年12月西安事变时，刘仲容就在西安与周恩来秘密长谈，然后又悄然应邀访问延安，受到毛泽东接见。在1949年1月李宗仁成为"代总统"之后，刘仲容更是三度前往北平，会晤毛泽东、周恩来，替李宗仁、白崇禧前去"讨价还价"。无奈由于李宗仁、白崇禧坚持要与中共以长江为界"划江而治"，毛泽东挥师横渡长江，白崇禧的所谓陆、海、空"立体防线"土崩瓦解，中国人民解放军占领南京。1949年5月21日，到了广州的李宗仁再次拒绝中共的和平解决条件，刘仲容就留在了北平。后来他在北京受毛泽东之托，创办北京外国语学院，并出任"民革"中央副主席、七届全国政协常委。

退到海南岛的白崇禧，倘若要投奔中共，依旧可以通过刘仲容前往北京。毛泽东曾言，白崇禧来北京，当待为上宾。据传，毛泽东还说，"只要白健生愿意倒戈起义，一切好商量，此公好带兵，如愿起义，可继续带兵，建国后可让他带五十万国防军！"

就在白崇禧徘徊于人生的三岔口之际，蒋介石把关注的目光投向白崇禧。

1949年12月10日，蒋介石派出陆军副总司令罗奇带去亲笔信抵达海口，盛情邀请白崇禧到台湾来"共商善后"。罗奇还带来蒋介石口信，蒋打算在准备复职"总统"之后，请白崇禧接替阎锡山出任"行政院院长"一职。

另外，蒋介石还派出军需署长陈良到达海口，给白崇禧送上若干金砖，说是发清华中部队的军费。

蒋介石"有意"让白崇禧出任"行政院院长"，最使白崇禧为之动心。这是因为在1949年11月3日，白崇禧就主动做了让蒋介石复职"总统"而由他出任"行政院院长"的方案。白崇禧把方案在11月7日托人送到台北给蒋介石看，当时蒋介石只同意自己复职"总统"，并不同意白崇禧出任"行政院院长"，使白崇禧大失所望。眼下，蒋介石暗示可以让白崇禧出任"行政院院长"，这正是孜孜以求的目标。

在蒋介石名利双诱之下，白崇禧动了赴台之念。

白崇禧对于台湾是熟悉的。1947年2月28日台湾爆发"2•28事件"，台湾民众与国民党军队严重对立。蒋介石担心台湾局势不稳，于3月11日派白崇禧以"国防部长"的身份前往台湾宣慰，他到了台北、台中、台南、新竹，4月2日自台湾返抵南京，7日报告台湾"2•28事件"善后。对于"2•28事件"的处理，白崇禧是慎重、温和的。当时担任台湾警备总部参谋长的柯远芬说："宁愿错杀九十九，不要放过一个"，白崇禧纠正道："不行，宁放九十九，不能错杀一个！"白崇禧回到南京后，要求蒋介石查办柯远芬。

不过眼下蒋介石要白崇禧赴台湾，白崇禧不能不有所顾虑：现在他只是一个"光杆司令"而已，到了台湾势必完全被蒋介石控制。

为了打探台湾的情况以及蒋介石的真实用意，白崇禧决定派出李品仙和参谋长徐祖诒先去台，名义是办理华中军政长官公署和桂林绥靖公署结束事宜。李品仙，广西梧州人，乃桂系干将，曾任第十战区司令、安徽省政府主席。

李品仙、徐祖诒来到台北之后，马上受到蒋介石、陈诚接见，蒋介石请他向白崇禧转达赴台共荷"戡乱救国"之责。接到李品仙、徐祖诒的电报之后，蒋介石又来电敦促赴台，白崇禧终于下决心前往台湾。

得知白崇禧要去台湾，白崇禧的至交、"立法委员"何遂对他苦劝道："上将回台，将必难免一死，应乘机起义，响应共军。"白崇禧闻言，答道："我自追随蒋公北伐以来，殆逾二十载，既处遇顺境，亦处遇逆境，一生一世历史第一，我必对历史有所交代，生死利害，在所不计，君勿为此喋喋也。"

# 被蒋介石"骗到台湾去"

对于白崇禧来说，1949年12月30日从海口飞往台北，是决定他晚年命运的一天。自从到了台湾之后，从此虎落平阳，处于蒋介石的严密控制之下，再也没有允许他离开台湾寸步。

1949年8月，程潜、陈明仁通电起义后，国民党和谈代表刘斐悄悄回到广州，劝李宗仁、白崇禧起义。李宗仁试探白崇禧，是否愿意起义，没有想到白崇禧反劝李宗仁去台湾，李宗仁气的大骂"乌龟王八蛋才去台湾！"

李宗仁曾经说过："健生（白崇禧字健生）的做法过于天真率直，他还指望同蒋介石合作。蒋介石对人毫无诚意，唯知玩弄权术，当他要利用你时，不惜称兄道弟，饮血为盟。一旦兽尽狗烹，就要置人于死地。"

据后来回到大陆的李宗仁机要秘书程思远忆述，周恩来曾经这样为白崇禧赴台而扼腕："白健生颇自负，其实在政治上无远见，竟听信蒋介石的话，给骗到台湾去了。"

白崇禧确实是被蒋介石"骗到台湾去"。蒋介石千方百计要白崇禧来台湾，主要目的是为了牵制在美国的李宗仁。李宗仁与白崇禧有着深情厚谊，"李白"并称也。白崇禧来到台湾，成了蒋介石手中的揿钮，李宗仁在美国有什么反蒋言论，蒋介石就立即揿白崇禧这个揿钮，以白崇禧之口驳李宗仁——白崇禧身处蒋介石的控制之下，不能不说"批李"的违心之言。

白崇禧刚回到台湾，蒋介石就连连揿白崇禧这个揿钮。当时，蒋介石急于要复职"总统"，但是李宗仁是"代总统"，他远在美国，迟迟不肯卸任"代总统"，使得蒋介石这个"总统"无法复职。

根据蒋介石的旨意，1950年1月16日，白崇禧与李品仙等桂系在台旧部联名给李宗仁发了电报，劝告李宗仁，如需继续在美休养，"深恐久旷国务，应请致电中央，自动解除代总统职务"。

李宗仁明知这是蒋介石的意思，便复电称，既不返台，也不辞职。

白崇禧将此电转给蒋介石。蒋介石无奈，也就不顾"法律程序"了。1950年3月1日，蒋介石以"国民之公意"为"理由"，宣布"复行视事，继续行使'总统'职权"。

蒋介石在复职之前，又让白崇禧致电李宗仁，关照他"望保持缄默，勿表反对"。

李宗仁当然明白白崇禧在蒋介石控制之下，言不由衷。他反其道而行之。你蒋介石要我"保持缄默"，我偏不"保持缄默"。就在蒋介石宣布复职的那天，李宗仁在纽约举行记者招待会，抨击蒋介石的"复职"之举"违宪"。

于是，蒋介石第三次揿动白崇禧这个揿钮。白崇禧不得不依照蒋介石的意思批评李宗仁不应该在美国给"总统"以难堪。

蒋介石光是利用白崇禧，在他复职"总统"之后，并没有让白崇禧出任"行政院院长"，而是只给了他"战略顾问委员会副主任委员"的虚衔，这个委员会主委是何应钦。

白崇禧抵台之后不久，全家20多人都迁来台湾。有人问白崇禧，怎么那样"笨"，别人都忙着为子女办出境证，让他们离开台湾。白崇禧却说："大陆丢了，我们是现役军人，负很大罪过，'中央'不处罚我，自己良心自责。台湾是复兴基地，我们手中的'领土'就只剩这一点点，希望在这生根发展回去，除此之外，现役军人死无葬身之处，跑到哪里去？"白崇禧的这些话，同样言不由衷。

1952年10月，国民党在台北召开"七全大会"（也就是第七次全国代表大会），除了组建了新的中央委员会，同时还设立了"中央评议委员会"，以安置那些"党国元老"。所有上了岁数的在台国民党六届常委都被选为"中央评议委员"，只有白崇禧一人向隅。不言而喻，蒋介石对白崇禧"另眼相待"。蒋介石此举，引起诸多"党国元老"的不满，公推于右任、居正两位长者面见蒋介石，希望能够把白崇禧列入"评议委员"。蒋介石打哈哈，只是说了句"健生的事，我知道，我知道！"此后并没有做出改正，白崇禧仍然没有当选"评议委员"。

白崇禧不仅当不上"评议委员"，就连"中国回教协会理事长"也当不成了。白崇禧是国民党高官中不多见的回教徒，1938年当中国回教协会在武昌成立的时候，白崇禧就是首任会长，翌年改称理事长。到了台湾之后，白崇禧依然是"中国回教协会理事长"。白崇禧热心于台湾的回教事业。台湾原本几乎没有回教徒，也没有清真寺。1949年蒋介石带领百万军政人员及家属从大陆迁往台湾，内中有许多像白崇禧这样的回教徒。在白崇禧的努力之下，台北建成了清真寺，成为回教徒们的活动中心。

约旦侯赛因国王继位不久，于1955年访问台湾。白崇禧作为"中国回教协会理事长"，理所当然出面接待侯赛因国王，并陪同侯赛因国王访问台北清真寺。白崇禧向侯赛因国王说起，他的祖先是中东穆斯林。侯赛因国王邀请白崇禧将军率领回教代表团访问约旦及中东。这原本是很正常的宗教来往，可是蒋介石得知之后，不准白崇禧出访中东，生怕白崇禧离开台湾之后一去不复返。

为了避免伊斯兰国家再度邀请白崇禧出访，蒋介石暗示"中国回教协会"进行改组，即把理事长改为主席。改选时，回教协会原常务理事时子周当选为主席。这样白崇禧担任多年的"中国回教协会"理事长就画上了句号，以后再也没有机会参与接待来访的伊斯兰国家代表团。连回教协会理事长这样的宗教团体职务都被勾销，其处境艰难可见一斑。

光是落选倒也罢，反正那些职务都是虚衔而已。蒋介石始终把白崇禧当年跟李宗仁一起三次逼他下野记在心头，总想"清算"白崇禧。

机会终于来了。1954年"国民大会"一届二次会议在台北召开，白崇禧作为"国大代表"出席会议。但没有想到，会上居然有40多名"国大代表"对他提出"弹劾"，罗列的罪状有三：

第一是私吞中央银行黄金7万两；

第二是私吞汉口中央银行库存白银370余万两；

第三是在徐州会战中，不遵守调令，拥兵自重。

弹劾案要求"追究责任，以明是非，振纪纲而知复兴"。

白崇禧马上进行反击，他给每位"国大代表"发了一份答复书，驳斥对他的种种指控。白崇禧的答复书很快就在香港《工商时报》上登了出来，海外舆论哗然，指出"弹劾"白崇禧实际上是在清算李宗仁，清算桂系。

这么一来，蒋介石觉得再"弹"下去，适得其反。这场弹劾案也就不了了之。

与白崇禧一起来台湾的桂系李品仙将军，虽然没有像白崇禧那样挨整，但是被蒋介石闲置，无所事事。李品仙将军热心为街坊办事，当起义务"居委主任"。李品仙原本文科出身，喜欢写诗，自嘲云：

> 昔统百万兵，
> 今为百户侯，
> 得与民甘苦，
> 乐岁以忘扰。

# "活阎王"监控"老妹子"

白崇禧来到台湾之后，他的行踪受到特勤处跟踪监控，这连他本人都知道。

白崇禧之子白先敬曾经回忆说，有一次跟随父亲到桃园中坜大水塘打野鸭，我们车子出去之后，咦，后面老有一部吉普车跟在后面。如果在台北市，你往往不觉得，可是到了郊区，到了那个田埂子里边的路，我们停他也停，我们走他也走，这就太明显了。后来我就注意了，每次跟我父亲出去，甚至去台北西门町看电影，后面也有个吉普车跟着。他们曾经委婉地解释说，凡是陆军一级上将，都有"安全局"的车子跟踪，那是为了保护你。小时候我们就说，好吧，就算你保护，你保护你也不要神神秘秘嘛。大家都知道，所谓保护那是鬼话。

监控白崇禧的幕后指挥，就是前文已经提及的"国防部"军事情报局特勤处主任谷正文。

谷正文，在台湾有着"活阎王"之称，保密局上校侦防组组长。"国防部"军事情报局特勤处主任是他的兼职，因为白崇禧属于"国防部"，所以他以"国防部"军事情报局特勤处主任的名义出面负责监视白崇禧的工作。

"保密局"，前身为军统。1946年，军统头子戴笠死于空难后，军统局主任秘书毛人凤在清理遗物时，注意到戴笠的日记中提到的一句话："郭同震读书甚多，才堪大用。" 郭同震何许人也？他便是谷正文的原名。据郭同震自称，1935年在北京大学读中文系时就加入了军统局，戴笠派人与他单线联系。但是有人称，郭同震当年加入中国共产党，曾任中共北平学生运动委员会的书记，后又转到八路军林彪的115师担任侦察大队长，被军统俘获时叛变，加入军统。不管怎么说，郭同震受到了戴笠的欣赏，被任命为"北平特别勤务组组长"。戴笠死后，军统改为保密局，毛人凤任局长。由于戴笠日记上有那句高度评价郭同震的话，毛人凤重用郭同震。郭同震有七、八个化名，谷正文是用得最多的一个，从此人们一直称他谷正文，反而很少知道他原名郭同震。

谷正文是蒋介石特务系统中继戴笠、毛人凤之后的"后起之秀"。尤其是蒋介石败退台湾以后，更加倚重谷正文。谷正文还是台湾"反共救国军"的"副总司令"，而"总司令"便是蒋介石。他常常向蒋介石直接汇报工作，并受蒋介石之命从事种种特务工作。谷正文尤其"擅长"暗杀行动，所以有了"活阎王"的绰号。据称他一生之中总共处理过2 000多人的"匪谍案"。

谷正文最受蒋介石称许的是精心策划了"克什米尔公主号"飞机事件：1955年4月，周恩来总理率中国政府代表团出席在印尼万隆举行的亚非会议。周总理原计划4月11日乘坐印度航空公司的包机"克什米尔公主号"从香港起飞，经印尼首都雅加达前往万隆。但"克什米尔公主号"在4月11日离开香港之后4个多小时爆炸失事，出席万隆会议的中国代表团中外记者11人殉难。周恩来总理因临时改变行程，从昆明取道仰光平安到达雅加达。这就是震惊世界的"克什米尔公主"号事件。2012年2月，中央电视台播出的电视剧《誓言今生》，又重新在屏幕上再现了"克什米尔公主号"事件。

由于多年从事特务活动，谷正文有几大怪癖：

一是在陌生场合，不论是谁给他沏茶，他从来不喝一口。这是因为他有一回在家里端起茶水时，发觉上面漂着不明的粉末。据说他由于警惕性高，逃过一劫。

二是他经常去"圣玛利"餐厅吃饭，侍者见他来了，就会主动把别桌吃剩的饭菜端来给他。他"喜欢"吃剩菜剩饭，因为别人已经吃过，表明是"安全食品"。

三是他若收到邮包，从来不会亲自拆开。这是因为他主谋了"暗杀何思源案件"，深知定时炸弹的厉害。1946年10月起何思源任北平市市长。1949年1月，中国人民解放军发起平津战役，兵临北平城下，何思源是北平市和平谈判首席代表。谷正文在何思源所住北平锡拉胡同19号院安放两枚定时炸弹。炸弹在凌晨爆炸。何思源的小女儿何鲁美被炸身亡，大女儿何鲁丽（1988年起连任两届北京市副市长，曾任全国人大常委会副委员长、民革中央主席）手部受轻伤，何思源夫人及两个儿子均被炸伤，何思源本人胳膊受伤。这一爆炸案震惊北平，但是仍然无法阻吓北平和平解放的进程。

自从白崇禧到了台湾，"保密局"把监控白崇禧的任务交给了谷正文。对于谷正文来说，这不过是小菜一碟而已。谷正文以"国防部"军事情报局特勤处主任的身份，执行这一任务。为了保密，他给白崇禧取了一个代号，叫做"老妹子"。

谷正文这"活阎王"，究竟怎样监视"老妹子"白崇禧的呢？

内中的细节，居然是谷正文晚年在"口述历史"时讲出来的！

说来也怪，谷正文这坏事做绝的家伙居然也长寿，直至2007年1月25日以97岁高龄病逝于台北"荣总"医院。在他的晚年，两蒋早已过世，"保密局"的许多往事也不再保密，这位"保密局"退役少将不断接受媒体采访，不断抖出"保密局""猛料"。比如，1995年，台湾《中国时报》周刊第171期刊登了谷正文专访，首次承认"克什米尔公主号"事件是当年住台湾"保密局侦防组组长"的他主谋，目的是刺杀周恩来。2004年，谷正文在接受《华声》周刊记者访问时，公开说出："蒋经国的情人章亚若，是蒋介石、陈立夫下令中统谋杀的。"在李登辉竞选连任"总统"时，他跳出来指证"李登辉曾经是共产党"。谷正文还透露，"邓丽君是台湾国民党国家安全局的秘密情报工作人员"。他每甩出一回"猛料"，在台湾都引起一番媒体风波。

当年戴笠称"郭同震读书甚多"，充分表明戴笠对谷正文的准确观察。谷正文一生酷爱读书。他每个月都花费一笔钱，购买文史类图书。他退役之后曾经在美国斯坦福大学胡佛图书馆埋头读书达3年半，看的尽是大陆报刊及中共将领回忆录，据说是为自己写作回忆录做准备。

2005年，95岁的谷正文仍思维敏捷，口述了一本自传《白色恐怖秘密档案》，详细披露自己的特务生涯。

谷正文承认奉蒋介石之命监视白崇禧："比如白崇禧每天到哪到哪，谁看他，他看谁，都有纪录。大概差不多一个礼拜吧，给老蒋(蒋介石)报告一次。"

# 监控白崇禧的三幕"幽默剧"

谷正文透露，当白崇禧在台北松江路127号安家不久，谷正文就在白公馆对面设了个派出所。这个派出所除了办理日常的业务之外，里面有几个警员担负特殊任务，即监视白公馆的一举一动。

笔者在台北松江路曾经想找到当年这个派出所，但是派出所早已经迁往长春街。我来到那里，询问当年在松江路127号对面是否设过派出所，年轻的警员连白崇禧都不知道！总算找到一位老警员，他说知道白崇禧，但是并不知道白崇禧曾经住在松江路127号，当然也就不知道白崇禧官邸前那个负有特殊使命的派出所。

监视"老妹子"的行踪，虽说是极其机密，但是白崇禧毕竟是"小诸葛"，聪明过人，他识破了跟踪者，并演出了一幕又一幕"幽默剧"。

"幽默剧"之一——

有一回，白崇禧的轿车开出去之后，发现后面跟着一辆吉普车，不言而喻那是一辆跟踪之车。谁知开到半路，后面的吉普车出了故障，抛锚了。就在跟踪者着急的时候，白崇禧命自己的司机停车，并派副官来到那辆吉普车跟前，告诉他们别着急、慢慢修，白将军在等你们！

副官的一席话，说得那几位跟踪者满脸通红。

"幽默剧"之二——

白崇禧一家外出看戏，白崇禧的夫人马佩璋发觉，在戏院外有几个便衣在张望。白崇禧说，怎么好意思我们在里面看戏，他们在外面"值班"？就多买了几张票，让儿子白先勇送了过去。

那几位跟踪者好尴尬，不进去看戏吧，不好意思；进去看戏吧，更不好意思！

"幽默剧"之三——

又有一天，白崇禧请几位朋友在咖啡店里喝咖啡，却替另外两桌陌生客人一起埋单。白崇禧的朋友不解。白崇禧笑道，他们为了监视我而到这

里喝咖啡，也是我的"客人"，理应由我埋单。

那天咖啡店里喝咖啡的人有好多桌，白崇禧的"慧眼"却看出那两桌的陌生客人是为监视他而来，"小诸葛"名不虚传。

从这三幕"幽默剧"可以看出，"活阎王"跟"老妹子"彼此心照不宣。白崇禧时时、处处遭到"保密局"的监控。

白崇禧之子白先勇说起这些不愉快的往事，愤愤道："一个对国家有功、晚年到台湾与国民党共存亡的人，却没有得到起码的尊重。最莫名其妙、最不应该的是监控，我父亲已到台湾来，竟还派特务跟踪，这是对父亲最大的侮辱。"

由于白崇禧的行动受到监控，消息传出，很多朋友不敢上门。白崇禧喜欢下围棋，在晚年找不到对弈的棋友消磨时光。

白崇禧晚年的一项工作，就是口述自己的回忆录。从1963年2月开始，台北"中央研究院"近代史研究所先后派出研究人员贾廷诗、马天纲、陈三井、陈存恭等人，访问白崇禧达128次，时间持续了将近4年，直至1966年白崇禧去世。贾廷诗等人把白崇禧的口述整理成初稿后，由近代史所所长郭廷以校阅，前71次的访问记录稿经白崇禧本人校阅，后面的部分因白崇禧猝死而未及亲自审阅。

1980年至1985年，香港《中报》月刊征得白崇禧亲属的同意，在这家杂志连载白崇禧回忆录。1984年5月，台北"中央研究院"近代史所把白崇禧口述回忆录以《白崇禧先生访问记录》为书名，分上下两册公开出版。

白崇禧的口述回忆，为研究白崇禧提供了第一手的重要资料。不过当时的白崇禧处于蒋介石特务的严密监控之下，不像谷正文能够活到2007年，回忆时的政治环境要宽松得多，他的口述不得不避开诸多政治敏感问题，显得十分拘谨。

## "保密局"三度暗杀白崇禧

白崇禧晚年，在台湾的处境越来越险恶。他不仅一举一动遭到保密局监控，而且蒋介石甚至向保密局下达了暗杀白崇禧的命令。这些内幕，随着谷正文这个"保密局"的"深喉"在晚年接受媒体采访，逐一曝光。

白崇禧的命运跟李宗仁紧密相连。蒋介石把白崇禧"骗"到台湾的目的就是为了牵制李宗仁。随着李宗仁在美国与中共有了密切接触，蒋介石获知相关情报之后，益发加紧了对白崇禧的控制。

1964年2月12日，李宗仁在纽约《先锋论坛报》上发表公开信，要求美国效法法国政府，承认新中国，实现中美邦交正常化。

蒋介石见到李宗仁的公开信，气急败坏，立即要求白崇禧致电李宗仁，指责李宗仁"迭发谬论"，要求他"幡然悔悟，以保晚节"。白崇禧处于蒋介石严密控制之下，只得从命。

当时在美国出版的中文《世界日报》发表评论称："李宗仁与白崇禧自统一两广而至北伐抗战，甘苦与共，患难相扶持，数十年如一日。今李德邻（引者注：即李宗仁）身居海外，而白健生（引者注：即白崇禧）困处台北，则无说话的自由。他实逼处此，不得不尔。言念及此，实可慨叹！"

李宗仁的公开信，透露了在政治上已经倾向中共。

1965年7月间李宗仁偕夫人从美国回到中国大陆，受到毛泽东、周恩来的热烈欢迎和高规格的礼遇。

蒋介石大怒，却无济于事，只能迁怒于白崇禧。蒋介石原本想利用白崇禧牵制李宗仁，这下子白崇禧在蒋介石手中只是"废牌"一张。

白崇禧也明白，李宗仁回到大陆，他在台湾的处境会更加艰难。白崇禧对家里人说："德邻（引者注：德邻是李宗仁的字）投匪（引者注：原话如此），我今后在台湾，更没有脸见人了。"

导致白崇禧遭到暗杀的起因，除了李宗仁回到大陆，还由于蒋介石接到密报："白崇禧不甘寂寞，意图发展客家组织，再造势力，联络地点就是一名客家人在台北市郑州路经营的一家渔猎用具店。"

谷正文抓捕了那个渔猎用具店的老板，但老板始终不承认与白崇禧有任何政治瓜葛。蒋介石得知之后，说道："事情岂有这样简单？况且，他还是一个历史罪人。"

就这样，蒋介石密令毛人凤，除掉白崇禧。毛人凤把暗杀白崇禧的任务，交给了"活阎王"谷正文办理。

据谷正文晚年透露，他收买了白身边一个姓杨的副官，作为内线，以便能够确切掌握白崇禧的行踪。

白崇禧晚年，为了打发时光，除了喜欢下围棋，还保持军人的爱好——打猎。白崇禧的儿子白先勇回忆，当他在美国拿到第一个月的工资，就给父亲买了一身猎装，专供打猎之用。

谷正文以为，在台北家中谋杀白崇禧有诸多不便，最好是趁白崇禧到外地打猎时在野外暗杀。

谷正文终于从杨副官那里获知，白崇禧将要去花莲县寿丰半山打猎。

谷正文制订了暗杀的原则："暗杀不准用枪。尽量利用意外事故置白崇禧于死地。"

谷正文详细调查了花莲县寿丰半山的情况，知道那里有小型山间铁轨，可以用人力轨道台车登山。他断定白崇禧会乘坐这人力轨道台车上、下山，因为白崇禧年事已高，不大会徒步上、下山。这小型山间铁轨经过一座桥。"保密局"侦防组派人静候在桥边。当白崇禧上山之后，埋伏在那里的侦防组人员把桥面之下木箱墩的螺丝钉拧松。这样当白崇禧乘坐人力轨道台车过桥时，就会出现桥塌车毁的场面，白崇禧必死无疑，却仿佛死于一场意外事故，因为不仅小型山间铁轨已经老旧，而且那座桥更加老朽。

果真，白崇禧在到达花莲之后，翌日清早上了寿丰半山。不出所料，白崇禧及其随行人员乘坐两辆人力轨道台车，10点37分途经那座桥。保密局侦防组的埋伏人员不由得佩服谷正文预料之准确。到了下午3时左右，山间响起人力轨道台车在铁轨上行驶的声响。"保密局"侦防组行动人员躲在树丛里目不转睛盯着那座桥。下山的两辆轨道台车，相距约30米，前面的车上坐着花莲县林意双乡长父子与一名助理，后面的车上坐着白崇禧与两名副官。

当第一辆车行驶至桥中央，轰隆一声桥面崩塌，车子从桥上翻入50多米的深谷。这时，第二辆车正好要上桥，车上一名副官看到情况危急，使劲把白崇禧推出车外，自己却随车跌入山谷。

那天两辆车上5人全部遇难，唯有白崇禧拣了一条命回来。

白崇禧怀疑这起事故可能并非纯属意外，但是他手中又没有证据，只是在受惊之余更加谨慎。

蒋介石在官邸听取了毛人凤、谷正文的汇报之后，说了一句："再从长计议吧！"

此后不久，谷正文又接到来自杨副官秘密情报，白崇禧似乎好了伤疤忘了疼，又要上阿里山打猎。

阿里山有小火车，白崇禧势必要乘坐小火车上山。谷正文经过了解，知道阿里山小火车有一段路轨是单线，就设好计策在那段单行线上做文章。

当白崇禧如期而至，一行人乘坐小火车上山。在驶至那段单行线时，突然有一辆小火车迎面高速驶来。由于白崇禧所坐的那列小火车车速不快，陪同人员发觉苗头不对立即帮助白崇禧跳下列车，结果白崇禧又躲过一劫。

这两起车祸加在一起，使白崇禧明白，有人在对他下毒手。

从阿里山回来，白崇禧再也不出去打猎了。就在这个时候，白崇禧收到儿子白先勇从美国寄来的猎装，虽然感谢儿子的一片孝心，可是他再也没有机会穿这套新猎装出去打猎了。

无人跟白崇禧下围棋，又无法外出打猎。郁闷之中的白崇禧，迷恋上那个年轻护士张小姐。

谷正文在晚年坦承在花莲及阿里山曾经密谋暗杀白崇禧，但是并不承认利用张小姐以及那药酒暗害白崇禧。

如果说，白崇禧确实是死于"保密局"侦防组、"军事情报局"特勤处之手，那么这是白崇禧遭遇的第三次暗害了。

何应钦、阎锡山、白崇禧同为四星上将，到了台湾之后命运截然不同。

作为蒋介石的嫡系，何应钦在台湾曾经多次率团"出国"访问，活到98岁；

阎锡山到台湾之后，蒋介石就不许他离开台湾，在台北远郊的"菁山窑洞"里活到78岁；

作为蒋介石曾经的政敌，白崇禧到台湾之后从未获准离开台湾，以死于非命而画上落寞岁月的句号。

# 独家专访郝柏村

## 振臂高呼 "消灭台独!"

2011年的秋日,阳光照着喧闹的台北市中心大街,街旁的小巷却格外宁静。已经是第七次来到台湾的我,对台北熟门熟路。我来到小巷深处,摁响郝柏村将军办公室门铃,胡参谋开门之后,我看见93岁的郝柏村先生西装革履,系着蓝白相间的领带,已经坐在办公桌那里。这位重量级的台湾政坛前辈,精神矍铄,思维清晰,面对我的摄像机、录音机侃侃而谈。

对于郝柏村,台湾媒体通常的称呼是 "前行政院长"、"国民党大佬" 或者 "郝柏村将军"。称郝柏村是 "前行政院长",因为他在1990年6月1日至1993年2月27日担任台湾 "行政院院长";称郝柏村是 "国民党大

叶永烈采访台湾前行政院长郝柏村

佬"，因为他在1993年至1997年担任中国国民党副主席；称郝柏村为"将军"，因为他是台湾"一级上将"，他在1978年3月至1981年11月担任台湾"陆军总司令"，1981年11月至1989年11月担任台湾"国防部参谋总长"达8年之久，1989年12月5日至1990年6月1日担任台湾"国防部部长"。

"国民党大佬"、"前行政院长"、"一级上将"显示了郝柏村在台湾党、政、军方面的巨大影响力，还有一个频见于台湾媒体的称呼，则与他的职务无关——"郝龙斌之父"。郝龙斌乃现任台北市市长。

郝柏村是一个坦率、正直、敢言的政治家。他最为鲜明的政治品格，就是反对"台独"。

1991年10月，当民进党要把"台湾独立"正式列入该党党纲时，郝柏村正担任"行政院院长"，他坚持要"依法处理"，甚至提出要解散民进党。郝柏村以为，把"台湾独立"正式列入民进党党纲，是"陷台湾2 000万人民福祉于万劫不复的境地"。

1992年10月13日，当台湾"立法院"进行质询时，一位民进党"立法委员"称："一个中国，无路可走；一台一中，海阔天空。"郝柏村针锋相对予以驳斥："一个中国，唯一可走；一台一中，四大皆空"。郝柏村所说的"四大皆空"，指的是"政治民主、经济繁荣、社会和谐及文化传统都落空"。

郝柏村再三强调："一个中国的原则，才是维护台海平静的重要基础。反台独才是真正的爱台湾。"

郝柏村成为"台独"势力的眼中钉。民进党有人曾经形容郝柏村："像斗牛场上的公牛，只要亮出'台独'的红布，他就会不顾一切地冲过去。"

确实，在台湾，哪里有"台独"，郝柏村就往哪里猛冲猛打。

由于郝柏村坚持"一个中国"原则，在他担任"行政院长"任内，批准成立了陆委会和海基会，为台湾与大陆"三通"开辟了互相联系与协调的重要通道。

正因为郝柏村坚决反对"台独"，明里受到民进党的攻击，暗里受到"总统"李登辉的排挤，逼迫他辞去"行政院院长"职务。

1993年1月30日上午，当"国民代表大会"在台北阳明山举行闭幕典礼时，郝柏村遭到民进党的围攻。郝柏村当场振臂高呼："消灭台独！"他在当天中午宣布辞去"行政院院长"职务。

当天台湾各电视台在新闻节目里，反复播送郝柏村高呼"消灭台独！"的镜头，在台湾民众中产生极大的震撼。至今，许多台湾民众一说起郝柏村，第一反应就是他高呼"消灭台独！"的正义之举。

经过"总统"李登辉的批准，郝柏村于1993年2月27日正式辞去"行政院院长"职务。

后来，当郝柏村访问美国芝加哥时，当地华侨在欢迎会上改唐朝诗人杜牧的《清明》一诗，赞扬郝柏村：

"台独""独台"乱纷纷，

海外华人欲断魂。

"民主中国"何处有？

华侨遥指郝柏村。

## 退而不休的健康老人

我跟郝柏村交谈着。我注意到，他的脸上没有一块老年斑。两道浓眉之下，闪耀着炯炯有神的目光。他跟我握手之后，在椅子上坐了下来，把左腿跷在右腿上，在整个交谈过程中一直保持这样的习惯姿势。

虽然我曾采访过许多九旬长者，但是像郝柏村这样眼不花、耳不聋、精力充沛的健康老人并不多见。他在2005年曾说："我上到海拔5 700米，身体完全没状况，心脏也没多跳一下。现在还是每分钟跳58到60下。我十层楼走上去也不喘。"

郝柏村的记忆力很好。他说起一件事，"民国某年某月某日"，说得清清楚楚。就连他十岁时从上海乘船到天津，那轮船的名字叫什么都能随口说出来。

他说着说着，会走向办公桌，拿一本书来，翻到某一页，讲给我听。我发现，他看书时不用老花眼镜。

郝柏村过着退休生活，他的五大爱好是游泳、打高尔夫球、唱戏、看书、著书。

郝柏村爱好游泳，自称在水中是"抬头蛙"，而长子郝龙斌则说"他游泳脚不着地游40分钟，40年没断过，风雨无阻"。

郝柏村非常喜欢打高尔夫球。在八十几岁时，有一回他打高尔夫球打了36洞，打得手都抬不起来。2001年他还曾经带领台湾的退休将领到大陆，两岸退役将领相聚切磋高尔夫球艺，称为"球叙"。

郝柏村是京剧"票友"，唱老生，扮诸葛亮。2009年8月7日，郝柏村应邀参加黄君璧画展开幕式，主办方中国美术馆在北京恭王府后花园举行晚宴表示欢迎。席间，耿其昌、李维康以及李宝春等两岸菊坛名角亮嗓献艺，郝伯村也在一片掌声中上台即兴演唱《空城计》选段："我本是卧龙岗散淡的人，秉忠心，我扶保汉室乾坤……"郝柏村中气十足的唱腔，博得满堂彩，而他却指着那几位京剧名演员谦逊地说，"我在戏台上是二等兵，他们都是一级上将，但我有这个勇气。"

郝柏村喜欢看书读报，他的办公室里放着很多书。他读书，著书。就在我从上海前往台湾之前，香港《大公报》的朋友送给我一厚册郝柏村的新著《郝柏村解读蒋公日记（1945~1949）》，那是由台湾天下文化出版社在2011年6月出版的。郝柏村花费了4年多的时间，完成这一长达500页的新著。

2011年6月16日，《郝柏村解读蒋公日记（1945~1949）》新书发布会在台北远东大饭店举行，郝柏村作了主旨演讲，"总统"、中国国民党主席马英九和中国国民党副主席蒋孝严等百余人出席会议。马英九热情称赞了郝柏村的新著以及郝柏村老而弥坚的工作精神。

郝柏村退而有休。《郝柏村解读蒋公日记（1945~1949）》一书的出版，只是郝柏村晚年众多工作中的一项。据称，郝柏村已经写好自己的回忆录，现在锁在保险箱里，待百年之后付梓。

郝柏村依然是台湾一位活跃的政治人物。2011年9月6日晚，台北盐城直航的首航庆典在台北举行。作为盐城籍的著名人士，郝柏村不仅参加了庆典，而且还在翌日乘坐直航班机从台北飞往故乡江苏盐城。

这次我在台湾住了一个多月，多次在台湾电视屏幕上，看到郝柏村的身影。他为马英九竞选站台，发表演讲，号召退伍军人支持马英九。

2011年10月31日，他在"纪念先'总统'蒋公诞辰"活动中公开挺马，向泛蓝支持者喊话："让马英九高票连任，不能让2000年选举失败的历史重演，希望所有军荣眷回家打电话拉票。"

郝柏村向来敢怒敢言。他还在演说中，尖锐地不点名批评宋楚瑜参选"总统"是"搅局"。他说，前天电视上有人说"某人竞选一定可以拿130万票"，"目的何在？能当选下任'总统'吗？他唯一的作用就是把马英九拉下来，那是搅局、捣蛋！"

台湾各媒体几乎都报道了郝柏村对宋楚瑜的批评，足见他在台湾政坛依然有着深远的影响力。

# 童年、少年在苏北盐城度过

　　郝柏村讲一口"国语"（普通话），但是带有明显的苏北口音。1919年8月24日，郝柏村出生于江苏省盐城县（今盐城市盐都区）葛武乡郝荣庄。

　　我在前往台北采访郝柏村之前，专程来到苏北盐城。盐城离上海300多公里。如今沿高速公路经苏通大桥北上，4小时之后轿车便驶入一座道路宽敞、高楼耸立的现代化新城，那便是今日面目一新的盐城市。在市中心，我看到一座外形奇特、由好多个正立方体叠加而成的建筑物，玻璃幕墙闪耀着银色的光芒。那便是2008年刚落成的中国海盐博物馆。那些正立方体象征海盐的结晶体，仿佛随意散落在这里。盐城有着漫长的海岸线，占江苏省海岸线的56%。这里面对黄海，自古以产盐著称，"环城皆盐场"，故曰"盐城"。两千多年来，盐城盛产银白色的淮盐，享誉华夏。正因为这样，这里的海盐博物馆冠以中国两字，足见盐城在全国盐业中地位之显要。

　　郝荣庄如今叫郝荣村，坐落在盐城市区西南大约40公里处，是郝柏村的出生地，也是他度过童年时代的地方。在盐城市盐都区台办主任张宗煜先生的陪同下，我来到郝荣村。在村口的巨石上，我看见刻着郝柏村题写的"郝荣村"三字。郝姓并不是盐城的大姓，但是郝荣村的村民中郝姓甚多。郝荣村里有郝氏宗祠。我在那里看到四大册《苏北郝氏宗谱》。据考证，郝氏家族迁至盐城的始祖叫郝贵四，他原是苏州阊门富户。明代初期，当时的朝廷从江南迁移大量人口到苏北一带进行垦荒，史称"洪武赶散"。在"洪武赶散"中，郝贵四迁往盐城郝荣村，传至郝柏村，经历了十八代。

　　一条东西向的夹沟河横穿郝荣村，把郝荣村分为北庄和南庄。郝柏村的故居在北庄，经过修整，如今向游人开放，成为盐城的一个旅游景点。

　　我来到郝柏村故居参观，见到朝东的大门之上，有郝柏村所题"郝氏故居"四个大字。郝柏村故居前后两进，砖瓦结构，始建于1919年4月，在1992年4月修缮，占地面积307平方米。前进三间为客厅、书房，抱柱上有郑板桥写的一副对联："不过奢华不过俭，也知稼穑也知书。"后进三间

作者在江苏盐城郝柏村故居内

为卧室。南厢房是储藏室和男仆卧室，东厢房是厨房和女佣卧室。中间为一小院。

郝柏村在跟笔者谈起他的身世时，用"耕读传家"四个字来形容他的家庭。郝柏村父亲郝绪龄，字肇基，是独子。母亲袁珍宝。郝柏村说，父亲受的是旧式教育，从小读了很多古书，原本是要考科举的，但是当父亲要考秀才的时候，科举制度废除了。父亲眼见清廷腐败，绝意仕途，寄希望于下一代。父亲守着祖上留下的一百多亩土地，在家耕读课子，所以郝柏村称之"耕读传家"。

郝柏村共有兄弟姐妹七人，他行三，上有哥哥、姐姐，下有弟弟和三个妹妹。郝柏村回忆说，自己"命大"，在他4岁的时候，和哥哥、姐姐同时染上天花，哥哥、姐姐不幸病故，而他抵抗力强，从病魔手中挣脱。他记得，出天花的时候很痒，母亲把他的双手绑了起来，不让他抓痒，所以他的脸上没有留下一颗麻子。郝柏村笑着对笔者说，后来他报考黄埔军校时得知，倘若脸上有麻子，黄埔军校是不录取的，所以他非常感谢母亲的细心呵护。

江苏盐城郝柏村故居郝柏村出生地

在哥哥和姐姐夭折之后，郝柏村成了长子，父亲对他寄托了莫大的希望。郝柏村刚满六岁，父亲就送他去读私塾。郝柏村当年就读的私塾设在郝氏宗祠内。郝柏村入学时，私塾的老师是郝家族人郝荫蔎，人称"八先生"。论辈分郝荫蔎先生跟郝柏村同辈，但是岁数比他的父亲还大，成了他的启蒙老师。郝柏村从此读书识字。后来请了龙冈的王老师来上课。

郝柏村回忆说，父亲对他的要求很严格，从小培养他独立生活的能力。在他开始上私塾的时候，父亲让女佣收拾了一间厢房，给他独住，铺床叠被，打扫房间，都要自理。郝柏村说，父亲按照《朱子格言》要求他"黎明即起，洒扫庭除"。父亲还要他每天写毛笔字。

在私塾读了三年，父亲送郝柏村上小学。当时郝荣村附近没有好的小学，父亲便送他到尚庄小学读书。尚庄小学离家十几里，父亲陪郝柏村乘船来到那里，9岁的郝柏村就要住校，过着完全独立的生活，只有寒假、署假才能回家。这时候郝柏村明白，父亲为什么要他在6岁时就单独住一个房间。

# 10岁时的北平之旅

父亲为了精心培养郝柏村，在郝柏村10岁那一年，决定送他到北平（即北京。当时由于民国政府定都南京，改北京为北平）念书。

父亲怎么想起把郝柏村送往北平念书的呢？

80多年前的往事，对于郝柏村来说，记忆还是那么清晰：

那一年，苏北发生严重的旱灾。冬日，郝柏村的三舅袁世宝打算从盐城前往北平找工作，父亲拜托三舅带郝柏村以及郝柏村的表弟去北平。三舅袁世宝是保定军官学校五期毕业生，与顾祝同是同班同学，原本在军队工作。当郝柏村的外祖母（也就是三舅的母亲管云金）过世时，三舅袁世宝回到了盐城。他为什么要去北平找工作呢？那是因为郝柏村的四舅袁民宝在北平中法大学当法语教授。父亲打算请三舅、四舅在北平照料郝柏村上学，以得到更好的培养，何况10岁的郝柏村已经会独立生活。

那时候，从盐城到北平很不容易，父亲决定陪三舅一起送两个孩子到上海，然后由三舅带两个孩子从上海到北平。在离开盐城之前，郝柏村没有看见过山，更没有看到过海。他们一路上乘船，从盐城到泰州，经过口岸，前往上海。郝柏村记得，从泰州到口岸，当中22公里是陆路，他和表弟走不了远路，是坐在手推车上被推到口岸的。在口岸，他们乘坐长江轮船"江顺号"前往上海。"江顺号"大约千把吨，郝柏村当时从未见过这么大的船，非常兴奋。

到了上海码头，正值夜晚，见到许多提着灯笼的人争着上前接客。他们一行四人，被几个人接走，来到租界的一家旅馆。父亲和三舅原本以为旅馆一夜几角钱而已，谁知他们开价九块银圆，而且态度蛮横。父亲和三舅知道上了上海地痞流氓的当，不得不给了他们九块银圆，那几个人这才散去。这是郝柏村头一回明白什么叫做流氓。

他们搬到上海杨树浦亲戚家去住。当时，由于军阀混战，上海到北平的火车不通，他们只好买英国太古轮船公司从上海到天津塘沽的船票，那艘船叫"新铭号"，大约5,000吨，比"江顺号"大得多。

上了船，郝柏村第一次看到海，非常高兴。但是他看到头等舱里都是

外国人，入口处挂着"华客免进"的牌子，又感到不解。他不由得记起，前几天在上海租界看见外国人，个个趾高气扬。他开始知道，中国是一个弱国，中华民族是受列强欺凌的民族。

在海上行驶了三天三夜，"新铭号"即将到达天津塘沽港。天寒地冻，海面上结着厚厚的冰。靠着破冰船撞碎了冰，"新铭号"才终于靠岸。

在天津，郝柏村头一次乘坐火车，来到古都北平，来到四舅家中。四舅袁民宝作为大学教授，生活优裕，年薪达到600银圆，而当时郝柏村家100多亩土地一年的地租还不足100银圆。他家长工一个月的工资，不到1个银圆。郝柏村记得，当时在盐城一个银圆可以买300个鸡蛋，两个银圆可以办一桌酒席，三个银圆可以办一桌豪华酒席。江南当时用的是小铜板，北平用的是大铜板，叫做"大子儿"。

四舅家住着一个四合院，包了一辆黄包车。郝柏村在四舅家住了一个多月，游遍故宫、隆福寺、北京大学等等。在郝柏村当时的印象中，北平到处是一条条胡同、一座座四合院，灰土很多。正因为这样，2009年8月当郝柏村应邀到北京参加黄君璧画展开幕式时，他说，80年前我就到过北京。

郝柏村说，他的外祖父袁寿彭是教师，没有钱，倒是外婆的三弟管云臣毕业于日本仕官学校，在民国初年为中将，担任过江苏南通镇守使，出资让四舅袁民宝留学法国。四舅是在第一次世界大战时到法国留学，除了外婆的弟弟给他提供费用，他还在法国勤工俭学。他回国之后在上海震旦大学获得博士学位。郝柏村还记得四舅袁民宝博士论文的题目是《中国农业制度考》。

由于三舅袁世宝在北平没有找到合适的工作，决定仍回盐城。郝柏村和表弟也随三舅经天津、上海返回盐城。父亲把郝柏村送进盐城最好的小学——盐城实验小学学习。

虽然未能在北平上学，但是郝柏村能有机会在10岁时出了一趟远门，这个苏北的孩子第一次知道，外面的世界有多精彩。他也从四舅那里得知，读书非常重要，一定要刻苦学习。

顺便提一下，郝柏村的三舅袁世宝后来曾任国民党江苏省第四区保安副司令。2009年8月17日，当郝柏村到保定军官学校参观时，军校出示目前仅存的一册同学录，郝柏村找到了袁世宝的名字，显得格外欣喜。此外，郝柏村夫人郭菀华的叔叔、台湾前"国防部部长"郭寄峤（原名光矞，字季峤、寄峤）上将也是保定军官学校第九期炮兵科毕业。

至于郝柏村的四舅袁民宝，他作为大学教授，从不介入政治，只埋头于教学。他在1929年的时候工资是那么高，但是在1948年，却一度成为北平的

"贫困典型"："曾在中法大学任教二十余年的法文老教授袁民宝生活十分困难，他一家八口人，月薪只够维持他一人的生活，虽然他在北方铁路管理学院兼课，仍不敷家用，五月间已典当一空无法支撑，他的夫人被迫到安定门外的小市上摆摊卖破烂，就这样，因经常交不起房租，几次被房东催赶搬家。"当时，"袁民宝教授摆地摊"见报之后，成为北平的"热门新闻"。

# 考取黄埔军校

苏北多灾。1929年遭遇旱灾，1931年遭遇水灾。郝柏村记得，当时郝荣村成了一片汪洋，唯有他家处于在全村地势最高的地方，没有被淹。经过一、两个月，洪水才慢慢消退。

祸不单行。1931年9月18日，爆发"9·18事变"，日本军队在沈阳对中国军队发动突袭，进而侵占了中国的东北三省。

1932年，13岁的郝柏村小学毕业，考取盐城中学读初中。他依然过着住校生活。他关注着时局，愤怒于日本的侵略。

1935年，16岁的郝柏村初中毕业，考取了常州中学高中部。因家境不十分宽裕，他便放弃了念高中的打算，从盐城来到南京，报考不需缴纳任何费用的陆军军官学校。

陆军军官学校是中国国民党于1924年创建的，校长蒋介石，因校址设在广州东南的黄埔岛，史称黄埔军校。1927年9月，陆军军官学校本部迁往南京。

经初试、复试，郝柏村被录取为陆军军官学校第12期新生。当时军校分步兵科和炮科，郝柏村分在炮科。对于郝柏村来说，考取陆军军官学校是人生的转折点。从此他成了职业军人。

郝柏村记得，他进入陆军军官学校不久，1936年元旦，在南京中山陵团拜，他第一次见到校长蒋介石。当时，蒋介石虚龄50岁。郝柏村非常崇敬蒋介石。直至今日，他提及蒋介石，总是尊称为"蒋公"。郝柏村的一生，是追随"蒋公"的一生。当然，当时17岁的他，没有想到他后来成为蒋介石的侍卫长，在蒋介石身边朝夕相处达5年之久。

郝柏村是在抗日战争的动荡岁月中进入陆军军官学校，学校也处于动荡之中。1937年"七七事变"之后，抗日战争全面爆发。1937年8月日军攻陷南京，陆军军官学校迁往九江。不久又迁到武昌。郝柏村在长途跋涉、栉风沐雨之中，体验到战争的艰难。

在战争的环境中，陆军军官学校加快了教学步伐，郝柏村所在的第12期学生700多人于1938年1月20日在武昌提前举行毕业典礼。校长蒋介石亲自主持了毕业典礼。

毕业典礼之后，陆军军官学校放假两周，郝柏村得以回到盐城探视父母。自1935年考入陆军军官学校，郝柏村已经3年没有见到父母。还好，当时日军占领了上海、南京，而盐城还没有被日本军队占领。郝柏村从武昌经徐州回到盐城老家。

19岁的郝柏村一身戎装，出现在父母面前，父母非常高兴。那是难得的团聚。为了纪念，全家乘船前往县城，拍摄一帧全家福。郝柏村对笔者说，那时候只有县城才有照相馆。他平生的第一张照片是小学毕业时在县城照相馆拍的。这次拍摄全家福，是他的母亲第一次拍照，也是她留在世上唯一的照片。所以他格外珍视这张全家福，不论到哪里，都带着这帧珍贵的照片。后来郝柏村到了台湾，请人把这张照片绘成大幅油画，挂在家中的客厅里。他还请人依据照片制成父母铜像，安放在书房里，日夜相伴。

郝柏村在老家住了10天。当他告别父母的时候，没有想到一别成永诀。

此后，盐城成了"红区"，成为中共领导的新四军军部所在地。由于国共对峙，郝柏村有家难回。郝柏村的母亲病逝于1940年6月2日。父亲也于1944年6月13日病逝。父母去世之后，郝家由长女郝锦春管家。盐城土地改革时，郝家子女在郝荣村处境困难，都离开了家乡。

直至61年之后——1999年4月郝柏村才再度回到梦牵魂绕的故乡，此时人事全非，父母早已经不在人世。

说到这一伤心处，我看见郝柏村的眼眶里噙着泪花。


# 在抗日战争烽火中


郝柏村从盐城回到武昌，被分配到湖南宁陵炮兵学校，学习由苏联援助的火炮使用技术。郝柏村投身到激烈的抗日战争中去。

说到这里，郝柏村站了起来，走向办公桌，拿来一叠脑部CD扫描图片给我看，告诉我在不久前的体检中忽然发现，他的脑部居然有金属碎片！

郝柏村说，那是广州战役的"纪念品"。

那是1938年9月，日军第21军扑向广州，国民党第4战区部队在那里进行抵抗。郝柏村参加了这一广州战役。在战场上，他左边的战友被打死，而他则脑部受了伤，流了血。好在子弹碎片没有击中要害，所以那碎片在他的脑部"潜伏"了70多年，才在体检中被查出来。

1939年，郝柏村被任命为陆军炮兵第七旅十四团二营五连中尉排长，这是他从陆军军官学校毕业之后的第一个"官衔"。

郝柏村是从排长开始，而连长，而营长，一个一个台阶往上迈，直至"一级上将"，"陆军总司令"，"参谋总长"。

1939年，郝柏村参加了皖南战役。

随着武汉失守、长沙失守、广州失守，1941年12月7日，日本海空军突然袭击珍珠港，美国太平洋舰队遭受重大损失。8日，美、英对日本宣战，11日，德、意对美宣战，太平洋战争爆发。抗日战争进入了最艰难的岁月。

郝柏村随部队从广州步行到湖南，然后又步行到昆明。在太平洋战争爆发的半年内，日军侵占了香港、马来西亚、菲律宾、关岛、新加坡、缅甸、印度尼西亚等地。郝柏村奉命从昆明乘坐飞机到印度，参加中国远征军。1942年，他升任陆军野战重炮第一旅补充团二营六连连长、上尉营附。郝柏村说，当时中国远征军用的是美式装备，他的连里用的是美国的大炮。郝柏村拿出他的影像集，翻到一张照片，年轻的他正站在一门口径达15厘米的大炮前。郝柏村说，这就是他当连长时在印度炮兵阵地上的照片。

1944年初，郝柏村调回国内，在重庆的陆军大学二十期正规班学习，直至1946年夏毕业，从重庆来到南京。

这时，他作为军人，亲历了第二场战争，即国共内战。

南京离盐城不远，郝柏村却难回家乡，一是他的双亲已经相继过世，二是盐城已经成为"红区"。在抗日战争中，中国共产党领导的新四军在皖南事变之后，退居苏北，活跃在盐城。盐城的泰山庙，成了新四军军部所在地。刘少奇、叶挺、陈毅，出入于那里。郝柏村的父亲在抗战期间，生活尚可，因为郝柏村参加抗战，他的父亲算是"抗属"。

1946年，盐城成了解放区，开始实行土地改革。郝柏村家被划为地主，土地被没收，分给农民，他家的房子也被分给农民，他的弟弟、妹妹从家乡逃了出来。作为国民党军官的郝柏村，显然无法踏进这片唱红歌、飘红旗的地方。

# 亲历国共内战

郝柏村能够成为蒋介石1945年至1949年日记的解读者，除了他是这5年国共内战的亲历者，还在于他结识了顾祝同，跟随于顾祝同左右，知道这一时期国民党高层的种种内幕。

顾祝同是蒋介石黄埔嫡系将领，与卫立煌、陈诚、蒋鼎文、刘峙名列"五虎上将"。在抗日战争期间，顾祝同任第三战区司令长官，兼江苏省主席；抗日战争结束之后，顾祝同任徐州绥靖主任；1946年任陆军总司令，与海军总司令陈诚、空军总司令周至柔并列为国民党三军统帅，但是陆军总司令手下的兵最多，权最大。

顾祝同看重郝柏村原因有二：一是同为苏北人，顾祝同是苏北安东（今涟水）人；二是同为黄埔人，顾祝同早年曾任黄埔军校教官，虽然并未教过郝柏村，但对于黄埔军校出身的郝柏村有着信任感。

据郝柏村回忆，顾祝同曾经对他说，"你跟着我就行"。

在国共内战全面展开之后，顾祝同接替刘峙担任郑州绥靖公署主任，指挥中原地区作战。郝柏村跟随顾祝同来到郑州。郝柏村升任国民党陆军炮兵第十二团二营中校营长。

由于徐州绥靖公署主任薛岳在鲁南战役、莱芜战役接连败北，蒋介石调顾祝同坐镇徐州指挥，与中共华东野战军作战。郝柏村也随顾祝同来到徐州。

这时候，由于林彪、罗荣桓率领的中国人民解放军东北野战军在东北发动进攻，郝柏村的部队奉命调往东北，在沈阳作战，他离开了顾祝同。

顾祝同善于打仗，深得蒋介石垂青，于1948年5月接替陈诚出任"国防部参谋总长"。这时，顾祝同把郝柏村从沈阳调到南京待命。郝柏村记得，他调离沈阳几个月之后，辽沈战役（国民党方面称"辽西战役"）开始了，沈阳很快就落入林彪、罗荣桓之手。

顾祝同把郝柏村调到南京之后，先是任命他为陆军196师上校，不久把他调到身边，出任"国防部参谋总长"办公室上校随从参谋。

对于郝柏村来说，调往"国防部参谋总长"办公室工作，是人生重要的一步，即从一个局部性的炮兵营长，到了这样负责全局的重要岗位工作，有机会直接接触国民党军队高层。

在国共内战中，中国人民解放军愈战愈强，国民党部队从优势转为劣势。从1948年9月至1949年1月间，三大战役——辽沈战役、淮海战役与平津战役相继打响。

国民党方面把三大战役称作"三大会战"，即"辽西会战"、"徐蚌会战"与"平津会战"。

作为国民党军队参谋总长的顾祝同，如同消防队队长，根据蒋介石的命令，飞往沈阳、北京、徐州指挥作战。郝柏村也随顾祝同亲历了这触目惊心又翻天覆地的"三大会战"。

"辽西战役"从1948年9月12日至11月2日。林彪、罗荣桓率领的东北野战军在中国东北发起进攻，与"东北剿匪总司令"卫立煌麾下的国民党军队进行了52天的作战，国民党军队伤亡被俘47万2千余人，林彪军占领了沈阳、锦州及长春等地，东北全境为中共所占。

"徐蚌会战"从1948年11月6日至1949年1月10日，刘伯承、陈毅、粟裕、邓小平等率领的华东野战军和中原野战军60万人，以徐州为中心进攻中原。国民党军队黄百韬、黄维、邱清泉、李弥等部共损失55.5万人，而解放军则损失13.4万余人。解放军进至淮河，直接威胁南京。此战役历时65天。

"平津会战"从1948年12月5日至1949年1月31日，林彪、罗荣桓、聂荣臻、刘亚楼率东北野战军和华北野战军共100万，与傅作义统领之50余万国民党军队展开了会战，这次战役国民党军队陈长捷、傅作义等部共损失52万余人。1949年1月21日蒋介石宣布下野，副总统李宗仁代理总统职务，重新开启国共和谈。北平在华北剿匪总司令傅作义决定下，守军放弃抵抗，1月31日解放军和平进占北平。

在"三大会战"中，国民党军队损失了主力近150万人，还有超过100万的部队与政府官员投降中国共产党。中国人民解放军紧接着横渡长江，攻取南京、上海。

郝柏村在参谋总长顾祝同身边，目击了国共之战的激烈，目击了国民党军队由强到弱、由胜到败的过程。

# 在中国大陆最后的日子

由于战乱连年，已经年近而立的郝柏村的婚事一直延宕着，直到1949年，跟随顾祝同来到重庆的郝柏村，才与郭莞华小姐举行了婚礼。

郭莞华常常被误传为郭寄峤将军之女。郝柏村说，郭寄峤是郭莞华的叔叔。

郭寄峤是安徽合肥人，曾任国民党第五战区司令部参谋长。1944年任重庆市卫戍区副司令，是年秋调任汉中警备司令。1947年任甘肃省主席。1949年后前往台湾，任国民党政府"国防部部长"。1950年4月，郭寄峤负责指挥舟山15万国民党军队退往台湾。

卫立煌秘书赵荣声曾经这样忆及郭寄峤在卫立煌身边当参谋长时的情景："……桌上放了四五部电话机，堆着盈尺的电报、公文。郭寄峤每天上午八点上班，除掉中间回家吃两顿饭，一直忙到夜晚十一二点，一手握着电话机听汇报，一手拿着一杆寸楷毛笔批公文，批完了随手扔到地下，旁边就有一个副官恭恭敬敬地蹲下去拾取。下级人员有什么事情来请示，郭寄峤一手握着电话机不放，一手握着毛笔不放，简单明了地向来谒者答复几句，不一定都合理，但和当时许许多多糊里糊涂的国民党军官和参谋人员比较，的确表现得强干，高人一筹。蒋介石在武功军事会议上当众表扬他为'标准参谋长'，使他从此身价十倍，顾祝同、陈诚闻之也另眼相看，叙起保定同学的关系，都试图把他挖到他们的身边当参谋长。卫立煌正因为有这样一个能干的参谋长代他管事，他自己就不至于陷入十分繁重的事务当中去了。"

据郝柏村告诉笔者，郭莞华自幼丧母，是祖母带大的。他跟郭莞华小姐是在抗日战争胜利后认识的。居中介绍的，是郭莞华的堂姐姐。

郭莞华当年在光华大学成都分部学习。光华大学原本是1925年在上海创立的大学，是当时上海的六大大学之一。抗战时期光华大学校区被毁，学校大部迁往成都，设立"光华大学成都分部"。当四叔郭寄峤在甘肃担任省主席兼西北行辕副主任时，她来到兰州。郝柏村当时与她保持通信。后来，她来到重庆。

当郝柏村来到重庆，重庆已经岌岌可危。

1949年10月1日，毛泽东主席已经在北京天安门宣布中华人民共和国成立。10月14日，广州插上五星红旗；17日，厦门落入中国人民解放军之手；20日，中国人民解放军进入新疆迪化。中国大部分地区已经被中国人民解放军占领。蒋介石集结残余部队，集结于四川。蒋介石看重四川，是因为在抗战时期他退居四川，以重庆为陪都保持实力。眼下蒋介石图谋以四川为中心、建都重庆，长期控制西南，以待卷土重来、东山再起；迫不得已时则败退康、滇，逃往国外。1949年9月19日，毛泽东发出进军西南的命令，指出西南重心是四川。刘伯承、邓小平、贺龙大军进军四川，逼近重庆。

郝柏村对笔者笑称，他与郭莞华结婚之后，郭莞华便开始"逃难"，从重庆飞往台北，寄居于四叔郭寄峤家。郝柏村则随顾祝同留驻重庆，坚持站好"最后一班岗"。当时作为参谋总长的顾祝同身边，只留一个随身指挥小组，人员包括参谋次长萧毅肃，后勤次长陈良，第三厅长许朗轩，第四厅副厅长宋达，参谋总长室秘书程大千，参谋郝柏村及译电人员。

中国人民解放军即将对重庆形成合围之势，蒋介石坐镇重庆指挥，命胡宗南以800辆卡车运其第1军到重庆。无奈大势已去。1949年11月28日，毛泽东复电同意中国人民解放军第二野战军提早夺取重庆的计划。这天，中国人民解放军攻下江津，逼近重庆。当时任行政院长的阎锡山由重庆飞逃成都，但蒋介石仍坐镇重庆指挥。29日，中国人民解放军第11、12、47军完全包围重庆。这天，蒋介石的总裁办公室仍在重庆林园，而郝柏村作为参谋总长顾祝同指挥小组成员则在重庆山洞里工作。当天夜里，顾祝同指挥小组接到命令，与总裁办公室同时撤离。郝柏村记得，他在重庆白市驿机场过夜。

30日，中国人民解放军攻取重庆，直到这时蒋介石才从重庆飞往成都，郝柏村也在这时随顾祝同飞往成都。

来到成都之后。12月7日，蒋介石眼看形势越来越不妙，终于在成都发出了这样的电报：

命令政府迁设台北，并在西昌设大本营，统率陆海空军，在大陆作战。此令

蒋中正

"中华民国"三十八年十二月七日

成都也已经危在旦夕。就在蒋介石发布这一命令之后的第三天——12月10日，蒋介石乘坐中美号专机，从成都的凤凰山机场起飞，飞往台北。从此蒋介石永远离开了中国大陆。据中美号专机驾驶员衣复恩回忆说："这是蒋介石从政生涯中最心酸的一刻，他坐在飞机上，一言不发。"

也就在这一天，郝柏村随顾祝同飞离成都，但是没有飞往台北，而是飞往海南岛的海口，因为顾祝同作为参谋总长，仍担负蒋介石在大陆残余部队的指挥任务。

12月27日，中国人民解放军攻下成都。

一个月后，郝柏村从海口飞往台北，从此定居台湾。郝柏村在蒋介石最危难之际，仍紧紧追随，给蒋介石留下良好的印象。

# 出任金门炮兵少将指挥官

到了台湾之后，郝柏村仍在"国防部参谋总长"办公室担任上校随从参谋，直至1955年。

郝柏村说，蒋介石非常重视军官的培养。他到了台湾，先是被送到台北圆山军官团高级班培训，于1951年毕业；然后送往美国学习，1953年毕业于美国陆军炮兵学校高级召训班；接着，在美国陆军指挥参谋大学学习，于1955年毕业。

从美国回到台湾，郝柏村担任陆军第三军炮兵指挥部上校指挥官。

郝柏村在16岁时进入黄埔军校，学的就是炮科。多年以来，郝柏村一直是炮兵指挥官。自从蒋介石从大陆退往台湾，炮兵的重要性格外凸显出来。当时，海峡两岸处于敌对状态，不时有小规模的战事发生。处于第一线、离大陆最近的大、小金门岛，炮兵尤为重要，双方互射炮弹。1957年，郝柏村被任命为金门防卫司令部炮兵指挥部少将指挥官，驻守金门。38岁的郝柏村，成为当时蒋介石军队中最年轻的将军。

郝柏村驻守金门达3年之久。知道我去过大、小金门，郝柏村显得很高兴，问我是否参观过他当时的指挥部？

金门是一个特殊的海岛，距大陆最近点只有1 800米。1949年之前，金门还是一个荒凉的小岛，进入20世纪50年代，十几万国民党军队云集金门。当时，金门部队拥有155口径及105口径的大炮约100门，总共有28个炮兵营。郝柏村统一指挥金门五个师和一个军的炮兵指挥部。然而金门是三面被大陆所包围，大陆的地势，比如厦门的云顶岩、南太武山，都比金门高，距离也很近，整个金门都在中国人民解放军炮兵的射击距离以内。美国军事顾问曾说，金门是守不住的。但是蒋介石坚决反对，宣称一定要守住金门，不惜任何代价守金门。

郝柏村到金门之后，视察了所有炮兵阵地。有着多年炮兵作战经验的郝柏村看到炮兵用砂包堆成的野战掩体，以为不妥，因砂包不坚固，经日晒雨淋很容易破损，而金门打的是持久战，他主张构建钢筋水泥的永久性炮兵掩体。然而当时金门的美军顾问主张炮兵阵地应该机动，不宜用固定的永久性掩体。郝柏村以为，金门是个小岛，机动的空间很小，坚持建永久性钢筋水泥掩体。金门防卫总司令刘玉章将军、"国防部长"俞大维都支持郝柏村的意见。于是在郝柏村的领导下，对金门的炮兵阵地进行根本性的改造。

蒋介石本人是炮兵出身，他早年曾在保定陆军速成学堂学习炮兵战法，又在日本振武学堂的炮兵专科深造，所以蒋介石对炮兵是行家里手。蒋介石在视察金门时，充分肯定了郝柏村对金门炮兵阵地的改造。郝柏村到金门的第一年，把全部精力用在领导全金门的炮兵阵地改造上，一年之中没有过一天假，也没有回台湾一次。

当年金门的生活是艰苦的。郝柏村回忆说，金门遍地黄沙，道路大都是土路。我们外出一趟，回到军营区，一洗脸就洗下一盆黄水；官兵所用白毛巾，也都变成黄色。

1958年6月，郝柏村第一次轮休，回到台湾台南网寮驻地。这时驻扎在小金门的陆军第9师，突然发生恶性事件，一个失去理智的士官，杀死了一位女青年工作队队员。"国防部"追究领导责任，决定要撤换第9师师长黄毓轩少将。当时的金门防卫总司令胡琏力保黄毓轩，但是蒋介石直接批示，由郝柏村接任第9师师长，胡琏从命。

1958年8月2日，蒋介石召见郝柏村。8月4日郝柏村飞回金门，出任陆军第九师师长，守卫在最前沿——离大陆最近的小金门。

8月20日，蒋介石从台湾飞往金门视察，首先来到小金门，郝柏村向他报告了战备情况。当天晚上，金门防卫总司令部举行宴会，欢迎蒋介石，郝柏村也出席宴会。郝柏村记得，蒋介石在宴会上训示，守卫大、小金门，"不成功便成仁"。

就在蒋介石刚刚离开金门后，一场震撼海峡两岸、震惊世界的炮战开始了！

# 在"8·23"炮战的日子里

郝柏村永远记得这一历史性的时刻：1958年8月23日17点30分，暴风雨般的炮弹从对岸倾泻到大、小金门，史称"8·23炮战"。

这天的炮击共分为三个波次，第一波作战暗语"台风"，第二波作战暗语"暴雨"，第三波是一次短促的急袭。仅前两个波次，中国人民解放军就发射了近3万发炮弹，大约600吨钢铁落在金门的预定目标区上面。

在第一波的炮击中，猝不及防的金门防卫总司令部三位副司令赵家骧、吉星文、章杰当即炸死。正在金门视察的"国防部部长"俞大维受伤，金门防卫总司令胡琏则躲过了一劫。

谈起这第一波炮击，郝柏村对笔者说自己"命大"。郝柏村一生三劫：第一次是4岁时免于天花之病；第二次是19岁时在广州战役中被日军子弹碎片击中脑部却安然无恙；第三次就是39岁时突遭"8·23炮战"，他曾说"本人以分秒之差，免于直接命中"。

郝柏村回忆说，"我的指挥所是在山洞里。我从指挥所走向外面的厕所。我刚刚上完厕所，回来，进了指挥所的门，一发炮弹把厕所打掉了，我几乎被打到，却没有受伤。"

"8·23炮战"是对金门炮兵阵地的严峻考验。由于在郝柏村的指挥下，金门炮兵已经建起钢筋水泥的永久性工事，所以在"8·23炮战"中损失不大。郝柏村说："经过了炮战的考验，证明我坚持构筑坚固炮兵阵地政策的正确。"这一点，深受蒋介石的赞许。

郝柏村还回忆说："在前三天，我所在的小金门，没有还击，因为我怕大陆部队登陆，尤其怕他们登陆大担，所以我把我的炮都对着大担，准备支援。过了三天以后，我判断他们不会登陆了，那我就下令还击了。很出乎他们的意料。

郝柏村所驻守的小金门，面积只有大金门岛十分之一，由于离大陆最近，承受了大陆方向发射炮弹总数的一半，受到超过20万发炮弹的袭击。即便如此，郝柏村渐渐也摸出大陆炮击的规律，在最初的44天里日夜不停地平均大概5分钟到10分钟，一定会有一群炮弹来，但是打完之后会间歇几分钟。郝柏村就乘间歇空档，开着吉普车视察炮兵阵地、海滩。

在"8.23"金门炮战中，郝柏村指挥着小金门和大担、二担等岛屿上的军队，一直到战役结束。

郝柏村在金门立下战功。他担任师长的第9师获"大胆部队"的称号，被授予"虎"字"荣誉旗"，这是国民党部队的最高荣誉。

2010年9月21日，郝柏村重返金门，以贵宾身份出席纪念"金门协议"20周年活动。"金门协议"是海峡两岸红十字组织代表韩长林、陈长文等于1990年9月中旬在金门就双方海上遣返事宜举行的工作商谈，是1949年以来海峡两岸分别授权的民间团体签订的第一个书面协议，是海峡两岸和解的先声。当时，正是郝柏村主持台湾"行政院"的时候。

郝柏村在"金门协议"20周年纪念会上不胜感慨，他回顾1949年以来的两岸关系时，坦诚地说，"前30年，我也是战场的打手"。此言一出，在场人士发出一阵笑声。

郝柏村说，后30年两岸实现停火，他也是缔造两岸和平、务实交流的参与者之一。他认为，历史的潮流，已经到了必须终结中国人打中国人的时代，只有终结中国人打中国人，整个中华民族才有光明远大的前途。

# 与蒋介石朝夕相处

1959年3月，郝柏村的第9师奉命调回台湾，先头团——27团已经回到台湾。4月，郝柏村准备率部回台湾，师部在金门料罗湾码头登舰。下午2时起航，航行了1小时，郝柏村忽然见空中有一架C47运输机飞过，觉得奇怪。过了几十分钟，郝柏村接到紧急命令，立即返回金门。郝柏村在黄昏时回到金门料罗湾，登岸之后方知那架C47运输机是载蒋介石手令至金门。蒋介石命令："郝师长必须留金门！"

蒋介石为什么要郝柏村率部返回金门呢？原来，把第9师调回台湾轮休，原本是按惯例进行，但是美国方面认为，第9师回台湾之后，不必再从台湾调一个师到金门，而蒋介石认为金门的防卫力量不能削弱，所以急令郝柏村重返金门。郝柏村称，"这是金门部队轮调从未有过的特例。"

经与美方协商，蒋介石最终同意把金门驻军从5个师减为4个师。这样，1959年4月郝柏村率第9师回到台湾，隶第一军团第3军，师部驻林口下

"四星上将"的人生

161

次湖营区。郝柏村说，"驻金三年期间，全无休假可言，工作忙碌，也很有成就感，是我工作最愉快的三年。"

在金门的三年，郝柏村成就突出，被蒋氏父子所看重。郝柏村不仅与蒋介石有了多次直接接触，而且与蒋经国有了更多的交谈。蒋介石曾对蒋经国说："我最不放心金门，那个岛离大陆太近，离台湾却很远，我10万将士在这个岛上。你要常去金门，越有紧急情况越要去。金门必须确保无虞，那里的事情办不好，你就不要回来。"蒋经国身体力行贯彻父亲的指示，一生总共去了金门123次。作为金门的守将，郝柏村一次次接待蒋经国，与蒋经国结下深厚的情谊。郝柏村曾自言："经国先生长我九岁，我们都是20世纪初叶出生的一代。我和经国先生相处，在来台以后。1958年'8·23'炮战期间，他在炮火声中来到小金门，展开我30年的追随。"

回到台湾之后，郝柏村进入三军联合参谋大学培训。不久，他升任陆军第三军副军长(1962年～1964年)、陆军第三军军长(1965年)，他的军衔也从少将升至中将。

就在郝柏村在军中稳步上升，眼看着他的下一步将升至军团司令的时候，1965年12月士林官邸的一次召见，改变了他的仕途。坐落在阳明山脚、士林区福林路上的士林官邸，众所周知，那是蒋介石的官邸。自从1950年3月蒋介石与宋美龄搬到这里，在此居住长达26年。蒋介石亲自给了郝柏村新的任命："总统府"侍卫长。

郝柏村出任"总统府"侍卫长，打破了自1929年10月1日陆军上校王世和担任首任侍卫长以来的两项纪录：

一是蒋介石的侍卫长向来是浙江人，历任侍卫长中浙江人多达13位，例如1955年担任侍卫长的吴顺明是浙江绍兴人，1960年担任侍卫长的胡炘（即郝柏村的前任）是浙江永嘉人，而郝柏村是第一个非浙江人——江苏人；

二是蒋介石的侍卫长虽然很多人也有军衔，但是很少像郝柏村那样是军长，是带兵的现役军官。

郝柏村明白，这是重要的任命，是蒋介石对他的高度信任和培养。

郝柏村说，他被蒋介石选中担任侍卫长，有两个原因：一是金门三年立下了战功，受到蒋氏父子的看重；二是他在军中的背景单纯，不属于任何一个派系。

侍卫长身处政治核心，除了负责"总统"的安全，领导武官，协调宪兵、警察和部队外，还包括照料"总统"的生活起居。"行政院"和国民党的公文，都要先送到侍卫室。尤其是情报系统的公文，历来都是由侍卫长亲自送到"总统"办公室，绝不假手他人。

郝柏村以如履薄冰的心态，认认真真做好侍卫长工作。郝柏村说，

"伴君如伴虎"，你在他旁边做得好了，这当然好；如果做不好，那马上就要下台了，以后就没有前途。由于我做得很好，所以老"总统"（蒋介石）他蛮欢喜我的。

担任侍卫长，郝柏村不仅与蒋介石朝夕相处，而且与蒋经国的关系也日益密切，而蒋经国当时已经内定为蒋介石的接班人，这在台湾早已朝野皆知。郝柏村说，"在我担任蒋公侍卫长的近两千个日子里，几乎每天和经国先生见面。"

郝柏村说，蒋氏父子关系很好，但是作风并不一样。老"总统"（蒋介石）是非常严肃的人，威严得很。经国先生很随和，是很亲民的人。

郝柏村举例说，经国先生见到人就握手。老"总统"只有接待外宾时才握手。他在老"总统"身边工作那么久，没有跟老"总统"握过手。其中的原因是，他见了国内的人，都是"部下"，他是"元首"，他不伸手，别人也不敢去握手。经国先生他不管，见到谁都主动地把手伸过去。

郝柏村说，老"总统"同经国先生商量问题，如果非常机密的话，他们总是坐车出去，在车上交谈，那是最保密的地方。蒋夫人（宋美龄）有什么重要的事情，也是到车上去谈话。

郝柏村这样论及蒋经国，"他的人格发展，受到两个人的影响最大，第一当然是他的父亲，影响经国先生的内涵至深，外在则受吴稚晖先生的影响。稚老虽与国父孙中山同时参加革命，但个性如闲云野鹤，儒雅平淡又亲和，正是经国先生的写照。"

郝柏村说，经国先生赴苏联求学前，在北平师从稚老。他买了一部人力车，即俗称的黄包车，稚老见到后，派人把辕杆锯断，正好当椅子用。稚老对他说，人有两条腿，做什么用的？这是深具意义的教育，直到经国先生晚年，在公共场合，都拒绝用手杖，也尽量不坐轮椅，也许就种因于此。那时他到蒋公官邸，晨昏定省，常在候见时，与我交谈于武官室，风趣一如稚老。

# 台湾"镇岛大将军"

从1965年至1970年，郝柏村担任蒋介石的侍卫长达5年之久。按照蒋介石的用人习惯，郝柏村总是在工作一阶段之后，要进行学习、提高。他进入三军大学战争学院学习，之后继续一个台阶、一个台阶向上迈进：

陆军第一军团司令(1970年~1973年)，"国防部参谋次长"(1973年~1975年)，"陆军副总司令"(1975年~1977年)，"国防部副参谋总长"兼"国防部执行官"(1977年~1978年)，"陆军总司令"(1978年3月~1981年11月)。

1981年11月22日，郝柏村因切除胆结石而住院。下午3时，"国防部参谋总长"宋长志前去看望郝柏村，告知：由于高魁元辞去"国防部部长"，将由宋长志接任，而宋长志的"国防部参谋总长"一职，将由郝柏村接任。

11月25日，"总统"蒋经国发布人事命令，正式宣布任命郝柏村为"国防部参谋总长"。

12月2日下午，蒋经国召见郝柏村，就他出任"国防部参谋总长"进行谈话。郝柏村当即表示，"无升官愉悦，而为责重惶恐"。

从1981年11月22日至1989年11月22日，郝柏村担任"国防部参谋总长"，长达8年之久。他的军衔也升为一级上将。参谋总长，这是当年顾祝同所担任的职务，顾祝同当年也是一级上将。也就是说，从1950年1月来到台湾，经过31年的历练，郝柏村已经达到当年顾祝同的地位。

国民党政府在1935年把上将区分为特级、一级和二级。特级上将的金版领章上缀5颗三角星，故又称五星上将，只授予蒋介石1人；一级上将的金版领章上缀4颗三角星，又称四星上将。最初的一级上将授予阎锡山、冯玉祥、张学良、何应钦、李宗仁、朱培德、唐生智、陈济棠、陈绍宽。

在蒋介石去世之后，台湾再无特级上将，所以一级上将成了国民党军队的最高军衔。

郝柏村能够这样连连"进步"，是出于两蒋的提携——先是蒋介石看中，后是蒋经国重用。郝柏村曾回忆说，"1979年起，我从陆军总司令到参谋总长任内，每星期至少和他（蒋经国）见面一次。"

大陆的用语与台湾有所不同，大陆称总参谋长，而台湾称"参谋总长"。在台湾，"国防部"部长的职务高于"参谋总长"，但是"国防部"部长有的是由文官（如俞大维）担任，而"参谋总长"则必定是军人。国民党政府是从1946年5月23日开始设立"参谋总长"，首任"参谋总长"为陈诚，一级上将。顾祝同为第二任"参谋总长"。此后历任"参谋总长"均为一级上将。郝柏村为第12任"参谋总长"。

虽然"总统"是"三军统帅"，但是"参谋总长"握有调动、指挥军队的实际权力，亦即兵权。按照岛内军界的规定，"参谋总长"任期2年，可是郝柏村竟然连任4届8年，可谓权重一时。所以当时人称郝柏村是"镇岛大将军"。

有人忌讳郝柏村手握兵权达8年之久，对此郝柏村说道："我们的军令系统是从德国学来的，当时德国各地都由皇子当司令官，可是有关作战之事，皇子未必精通，因此都由参谋长担任发号司令。""我别的事也许不在行，只有军事方面较专业，我参与会议，贡献点意见有何不可，且这些都属于军政范围。"

郝柏村在1986年3月进入国民党中常会，成为中常会中唯一的职业军人。

在担任"参谋总长"的同时，从1982年至1989年，郝柏村还担任"中山科学研究院院长"。这个"中山科学研究院"鲜为人知，很容易跟台湾的"中央研究院"混淆。"中山科学研究院"是1968年在高雄成立的，相当于大陆的国防科委，是专门研制高精尖武器的。大陆的国防科委在当时的研究重点是"两弹一星"，而台湾的"中山科学研究院"在郝柏村领导下研究重点是"两弹"，即原子弹和导弹。

台湾的核武研发始于60年代末，当时祖国大陆成功试爆原子弹和氢弹给台湾造成很大震动。蒋经国1965年接任"国防部长"后，即秘密积极发展核武器。1968年在高雄成立的"中山科学研究院"，便全力以赴制造原子弹。这"秘密研制"不仅是对大陆保密，而且对美国保密，因为美国不允许台湾拥有核武器。

1988年1月，美国中央情报局安插在台湾"中山科学研究院"核能研究所的上校副所长张宪义携带机密资料出逃美国，造成台核武计划在关键时刻流产。美方向台湾出示美国间谍卫星拍到的照片。美国总统里根强烈要求台湾在一周之内取消核计划，销毁核设施。迫于美国的压力，台湾不得不按照美国的要求去做，从此不再研制核武器。

郝柏村还指示"中山科学研究院"研制战术导弹，获得成功。

郝柏村着重抓了台湾自制战斗机的工作。1983年1月5日，郝柏村到台中航发中心，宣布了那里改隶"中山科学研究院"的命令，把台湾研发高性能战斗机的力量统合起来。1984年，郝柏村第一次以台湾"参谋总长"的身份访问美国华盛顿，与国防部长温博格会谈，要求美国对台湾研发高性能战斗机给予技术帮助。1985年郝柏村又就此事再度访问美国，聘请美国通用公司有经验的工程师来到台中清泉岗营区支持工作。台湾自制的战斗机被命名为"经国号"，以纪念已经病逝的蒋经国。1988年12月10日，郝柏村在台中清泉岗主持了"经国号战机"原型机的出厂及命名典礼。

# 台湾"五公"之一的"镇国公"

蒋经国晚年，受糖尿病、视网膜模糊、肾脏发炎和双腿肌肉坏死等诸多疾病的困扰，而关于他的病情在台湾被列为高度机密。郝柏村与蒋经国过从甚密。郝柏村说："这一时期经国先生的身体比一般人想象的差得多。……他平时绝少出门，出门也总是走固定的路线，从大直官邸到重庆南路'总统府'，从'总统府'办公室再回到官邸。平时他大多数时间都躺在床上，坐还可以，走路已举步艰难。能够和他直接接触的人并不多，定期见面的，大概也只有'总统府'的秘书长沈昌焕、'国防部长'汪道渊、'行政院长'俞国华，再就是我了，还有秦孝仪。"当时，作为参谋总长的郝柏村，每星期要到大直七海官邸向蒋经国汇报一次。他端了一张小凳，坐在蒋经国床前，一一汇报军事情况。后来，蒋经国除了跟郝柏村谈军事，其他的问题也找郝柏村交谈。

1988年的1月13日晚上8时半，电视台正在播出琼瑶电视剧，突然屏幕上出现画着黑框的蒋经国遗照，台湾全岛陷入震惊之中。蒋经国是在当天下午1时55分突然大量吐血，并引发休克和呼吸衰竭，于3时50分去世，终年78岁。

蒋经国的去世，意味着两蒋的"强人政治"时代画上了句号。台湾政坛出现大问号：强人走了，谁来当家？

由于蒋经国的一手提拔，"农业专家"李登辉从台北市长而台湾省长而"副总统"。按照台湾"宪法"规定，"副总统"李登辉在蒋经国去世当天宣誓继任"总统"。但是，在蒋经国治丧期间，国民党内流传着台湾"五公共治"：俞国华（"行政院长"）是"安国公"，李焕（国民党中央秘书长）是"辅国公"，谢东闵（国民党副主席）是"保国公"，蒋纬国（"国安会"秘书长）是"定国公"，郝柏村（参谋总长）是"镇国公"，并没有把李登辉放在眼里。

在悼念蒋经国的哀乐声中，台湾政坛的权力斗争暗潮汹涌。

蒋经国去世之后，中国国民党主席一职空缺，成为权力斗争的焦点。李登辉在中国国民党党内的资历甚浅，党龄不过17年，而中国国民党向来"以党领政"，他倘若不能取中国国民党主席一职于囊中，则"总统"宝座不稳。李登辉摆出一副忠于蒋经国"遗志"的姿态，在蒋经国遗像前久久沉思默哀，悲痛至深。李登辉还"虚心"向国民党元老逐一"请益"，其中有前"总统"严家淦以及元老张群、陈立夫、谷正纲等，同时李登辉在暗中集结自己的势力，尤其是注重拉拢国民党的少壮派。

当时李登辉受到"官邸派"的严重挑战。"官邸派"的首领是从美国回来、住在士林官邸的宋美龄，她以蒋介石夫人之尊，本是中国国民党主席的当然人选，何况她得到"五公"一致支持。然毕竟"老夫人"宋美龄年事已高。宋美龄推举蒋家亲信、"行政院长"俞国华出任中国国民党主席，未能成功。宋美龄又推举中国国民党中央秘书长李焕为主席候选人，无奈李焕深知自己不是李登辉的对手，婉拒提名。于是"老夫人"只得使用缓兵之计，称国民党代理主席一案待蒋经国丧事毕再议。

不料，1988年1月18日，以少壮派赵少康为首的39名国民党"立法委员"突然联署公开发表声明，要求推李登辉出任"代理主席"。1月27日的国民党临时中常会上，列席会议的少壮派、国民党中央副秘书长宋楚瑜突然大声抗议暂缓国民党代理主席一案，称"多拖一天，也就是多对不起经国先生一天"，说罢拂袖而去。会议轮值主席的余纪中表示同意宋楚瑜的提议，与会的27名中常委以起立鼓掌的形式表示同意推举李登辉为国民党代理主席。人称宋楚瑜"临门一脚"、在关键时刻帮助了李登辉。

不过，台湾媒体指出，"李登辉刚接任'总统'时，其实是很怕郝柏村的，因为郝柏村掌握军权。""郝柏村当时叫李登辉去向蒋经国谒灵，并去探望蒋夫人，李登辉马上去做，回来还打电话给郝柏村报备。"

1988年7月8日，在国民党"十三大"上，李登辉"转正"，正式当选国民党主席。这样，李登辉集党政首脑为一身，唯缺兵权。手握重兵的"镇国公"郝柏村在台湾政坛的分量凸显出来。

1989年6月，李登辉任命李焕为"行政院长"，逼退了原"行政院长"俞国华。

李登辉当然也很担心"镇国公"郝柏村手中的兵权。1989年11月22日，郝柏村第四任"参谋总长"到期。在此之前，即1989年9月，李登辉约见《自立报》系的社长吴丰山时，便"吹风"说："去年为了IDF（即"经国号"）战机计划，才延长郝柏村的任期一年。今年IDF战机试飞后，郝的总长任期不会再延。"吴丰山回报社后便发布了郝柏村可能不再留任的消息。1989年12月5日，李登辉用国民党中常会的名义，决定郝柏村出任"国防部部长"，"参谋总长"遗缺由空军总司令陈燊龄接任。

台湾政坛波澜不断。李登辉的"总统"任期到1990年5月20日届满，

而要连任"总统"，必须得到国民党提名。1990年2月，在中国国民党临时中全会上围绕下届总统候选人提名又展开尖锐斗争，人称"二月政争"。"官邸派"推出林洋港与陈履安搭档正副总统，希望得到党内正式提名，被李登辉击败。林洋港曾经担任台北市长、台湾省主席、司法院长、国民党副主席。3月，"官邸派"又提名林洋港与蒋纬国搭档正副总统，但再度失败。蒋纬国乃蒋介石次子、蒋经国的弟弟，"官邸派"的中坚。

　　1990年5月20日，李登辉就任第八任"总统"。6月1日，李登辉任命郝柏村为"行政院"院长。

# 出将入相

　　马英九曾经用"出将入相"来形容郝柏村，指的就是郝柏村从一位一级上将成为"行政院长"。"将"是武官，"行政院长"是文官。郝柏村不仅有将才，而且也有文才。

　　林洋港在他的自传中这样写及郝柏村：1967年他担任南投县长时，郝柏村任蒋介石"总统"的侍卫长，有时蒋介石召见他，在等候时，他往往会先到郝柏村的房间里坐坐，看到桌上放的书很多，经济学、政治学、社会学、宗教方面等都有，可见郝柏村有空就博览群书。

　　李登辉以"竭力赞扬"的姿态，把郝柏村推出"阁揆"的位置。李登辉称赞郝柏村"民主素养浓厚"、"具有高度爱国心"，还夸奖郝柏村是"有魄力的人"，"做事干脆利落"，并且还不时竖起大拇指说："郝同志就是好同志。"不过，李登辉在任命郝柏村为"行政院长"之前，还附有条件，即郝柏村必须"提前除役"，亦即放弃一级上将的军衔，以一个"文职官员"身份出任"行政院长"。

　　由于李登辉力挺郝柏村，"立法院"投票时以81%以上的选票顺利通过对郝柏村的任命。

　　在郝柏村当"行政院长"之初，李登辉的"台独"面目还没有十分暴露。李登辉在1990年5月20日的"总统"就职致词中，明确表示坚持"一个中国"原则："台湾与大陆是中国不可分割的领土，所有中国人同为血脉相连的同胞"，"中国的统一与富强是所有中国人共同的期盼"。

台湾媒体指出，"李登辉把郝柏村调去当'行政院长'，是相当厉害的一招。如果郝柏村有要反抗的迹象，就能制造出'外省院长欺负本省总统的故事'"。在当时，李登辉是作为"本省人"的代表出任"总统"，是台湾政权"本土化"的标志，而郝柏村则摆明了是一个从大陆到台湾的"外省人"。

　　郝柏村在出任"行政院长"时，坚持一个中国。在他任内，海峡两岸的关系进入转变期。台湾逐步改变了多年坚持的"不接触、不妥协、不谈判"的"三不政策"。

　　前已述及，在郝柏村出任"行政院长"期间，1990年9月中旬，海峡两岸红十字组织代表韩长林、陈长文等在金门就双方海上遣返事宜举行工作商谈，签订"金门协议"。这是1949年以来海峡两岸分别授权的民间团体签订的第一个书面协议，是海峡两岸和解的先声。

　　接着，1990年11月21日，台湾方面批准成立了与大陆联系与协商的民间性中介机构——海峡交流基金会，出面处理官方"不便与不能出面的两岸事务"。为便于与海基会接触、商谈，大陆方面在1991年12月16日成立海峡两岸关系协会，并授权以坚持一个中国原则作为两会交往和事务性商谈的基础。海峡交流基金会与海峡两岸关系协会的成立，使海峡两岸有了交流的途径和平台。

　　再接着，1992年10月28日至30日，两会在香港举行会谈，如何表述坚持一个中国原则问题。后经两会函电往来，至11月16日，达成各自以口头方式表述海峡两岸均坚持一个中国原则的共识。双方都表明坚持一个中国原则、追求国家统一的态度。对于"一个中国"的政治涵义，海基会表示"认知各有不同"，海协会表示"在事务性商谈中暂不涉及"，做了求同存异、搁置争议的处理。

　　此后，台湾"行政院大陆事务委员会主任委员"苏起（中国国民党籍立法委员）把两会在1992年达成的这一共识，称之为"九二共识"。

　　"九二共识"是海峡两岸关系的基石。

　　作为"本土派"首领的李登辉，后来"台独"面目日益暴露，提出"两国论"，即海峡两岸是两个"国家"，成了"台独之父"。李登辉曾经一而再、再而三强调说，从来没有什么"九二共识"。李登辉说，在历史档案里，找不到"九二共识"四个字。

　　郝柏村则依据事实予以反驳。1992年他是"行政院长"，拥有最具权威性的发言权。郝柏村说，虽然历史档案找不到"九二共识"，但是"九二共识"的事实是存在的，而且现在海峡两岸的和平稳定与台湾的繁

荣就是"九二共识"带来的良好成果。

郝柏村说，台湾与大陆的关系，不管大家歧见有多深，只要没有军事冲突，我们可以从事政治的、经济的、社会文化的各种竞争。只有一个中国的原则才能维护和平竞争。

郝柏村不同意某些人把两岸统一的问题与德国、朝鲜相比，他表示：第一，中国是因为内战而分裂，两德、南北朝鲜是国际因素造成其分离；第二，台湾与大陆的面积比例过于悬殊，和两德、南北朝鲜截然不同。

郝柏村说，比"九二共识"更重要的是两岸停火。国共打了几十年不再打了，凭的是什么？这就是共识。

郝柏村认为，两岸关系是"具国际因素的内政关系"，国民党与共产党、台湾与大陆，"基本上是制度问题、内政问题"。他所谓的"国际因素"，是指国际强权政治对两岸关系的影响，两岸关系"不光是台北与北京，还有与华盛顿的关系"。但是海峡两岸绝不是"国与国的关系"。

郝柏村坚持一个中国，反对"台独"，在他担任"行政院长"时，腹背受敌，上有李登辉，外有民进党，对他进行夹击。

民进党反对郝柏村，曾经组织万人游行，口号是"反对军人干政"、"打倒强人政治"。郝柏村坦然答曰，我不是"军人干政"，而是"军人参政"，何况已经"提前除役"，放弃了一级上将的军衔，不再是职业军人。当时担任"立法委员"的陈水扁，则在"立法院"质询郝柏村时当场掀桌子。民进党还列出郝柏村所谓的"八大罪状"。

终于在1993年1月30日，在阳明山中山楼召开的"国民大会"临时会议闭幕式上，处于民进党代表包围之中的郝柏村，振臂高呼"消灭台独"而辞去"行政院长"之职。

连战接替郝柏村出任"行政院长"。

# 将门出虎子

郝柏村在辞去"行政院长"之后，1993年任中国国民党副主席。当时中国国民党主席为李登辉，副主席还有"副总统"李元簇、"司法院长"林洋港、"行政院长"连战。

1993年2月27日至1996年5月19日，郝柏村还担任"总统府"资政。

1996年，国民党提名李登辉、连战为正、"副总统"候选人，郝柏村与林洋港退出国民党，搭配参选"总统"，获得160万票，在四组参选人中列第三位。

自1996年起，郝柏村担任王阳明文教基金会董事长。

2000年，民进党陈水扁在"总统"竞选中胜出，曾经聘请郝柏村为"总统府资政"，遭到郝柏村拒绝。

2005年2月6日，国民党主动恢复郝柏村党籍，并聘任为"中央评议委员会（中评委）"主席团主席。

步入晚年的郝柏村，家庭幸福美满。自1949年在战争烽火中与郭菀华小姐在重庆结为伉俪之后，1950年长女郝海雯在台湾出生。1952年，长子郝龙斌出生。此后，又先后有了次女郝海玲（1955年生）、次子郝海晏（龙驷，1957年生）、三女郝海琪（1962年生），共二子三女。

郝柏村五个子女，皆事业有成。内中最为人们熟知的是郝柏村的长子郝龙斌，他是现任台北市市长。

媒体这样形容郝龙斌："郝龙斌体型壮硕、面貌清秀、头大如斗、口齿清晰、作风稳健、待人和气，不论从那个角度看，都是郝教授。尤其是他外表憨直、说话不疾不徐的风格，颇受民众喜爱。"郝龙斌那两道浓眉，无疑是郝柏村的"拷贝"。

1953年，郝柏村在美国进修之后返台，买了件胸前绣了老虎的夹克给郝龙斌，意思是"虎父无犬子"。

郝龙斌原本走的是学者之路。他从台湾大学农业化学系毕业之后，在美国马萨诸塞州大学获食品营养学博士。1984年返台后任台湾大学食品研究所副教授、教授。1990年任台湾红十字会顾问。

看到父亲郝柏村受到李登辉的排挤、抨击，郝龙斌投入政坛。1995年10月当选第三届"立法委员"。1998年当选第四届"立法委员"。

受到父亲郝柏村的鼓励，2006年5月，郝龙斌通过国民党党内初选，正式成为台北市长国民党籍候选人。郝龙斌是食品营养系教授，又喜欢下厨做菜，他用红烧狮子头这道菜，请出父亲郝柏村同做广告，推出了富有趣味的竞选口号："一人当选、二人服务，三人吃好（郝）。"2006年12月8日，郝龙斌击败谢长廷、宋楚瑜、李敖等多位候选人，当选台北市市长，任期至2010年。在胜选之夜，郝柏村出现在郝龙斌竞选总部，分享儿子胜选的喜悦。当时，郝龙斌对父亲大声地说："报告总长，我已经把山头攻下来了。"一时间，郝龙斌的这一诙谐之语，被台湾媒体广为报道。

"将门出虎子"。人们这样把郝龙斌与他的前任进行比较：马英九从出任蒋经国英文秘书，到当选台北市市长，花了18年；陈水扁从"台北市议员"、"立法委员"到台北市市长，苦拼了15年；郝龙斌从1995年当选"立法委员"到当选台北市市长，只花了10年。

2010年郝龙斌的任期届满，积极投入连任竞选。这一回，形势更加严峻，民进党派出"大佬"、前"行政院长"苏贞昌角逐台北市市长。郝柏村陪同儿子郝龙斌一起"攻山头"——出席各种竞选场合，为郝龙斌拉票。

2010年11月27日，郝龙斌再度高票当选台北市市长。

台北市市长一职，在台湾政坛具有重要意义。李登辉、陈水扁、马英九都是先当台北市市长进而成为"总统"。郝龙斌连任台北市市长，无疑成了国民党一颗"希望之星"，新生代的领军人物。

郝龙斌说，父亲郝柏村在别人眼里是"军事强人"，有着一副威严模样和招牌浓眉，而在家中，他看到的是温柔、慈祥的父亲。我们家是"严母慈父"，甚至我妈妈还觉得他有点溺爱小孩。我们家五个小孩从小到大，没有一个被他打过、骂过，妈妈要处罚小孩，还要叫他走远点，免得他"干扰"。

只是由于郝柏村是军人，而且工作又很忙，很少回家。郝柏村说，在郝龙斌高中毕业之前，"我几乎很少在家。那时调过金门、嘉义、台南好几个地方，家是不跟着部队走的，太辛苦了。有时候几个月回家一次，最久是一年多没有回家。就算是后来当老'总统'的侍卫长，家就在官邸旁边，一个星期也才回家一次。"

郝龙斌回忆说，我跟父亲最亲密的时光是初中，当时我念北一女初中分部，他不喜欢我念个女校，怕我不够男子气。他驻防在嘉义，让我转学到嘉义中学，跟他住了半年，每天晚上教我英文、写字，每天写一页毛笔字。

郝龙斌在学校里，绝不让老师、同学知道他是郝柏村之子。尽管郝柏村上班时，专车会路过郝龙斌的学校，但郝龙斌从来不搭乘父亲的专车。

按照台湾的规定，郝龙斌成年之后必须服兵役。郝龙斌同样不让所在部队知道他是郝柏村的儿子。经过考核合格之后，他从步兵排长做起。

在郝龙斌当上"立法委员"之后，郝柏村提醒郝龙斌，在质询官员时要注意礼貌，不要颐指气使。有一回郝柏村从电视上看到郝龙斌质询"立法院长"张俊雄的镜头，在郝龙斌回家后，郝柏村说："你请教院长，至少要称呼一声'院长'，你好几次都没称呼就直接问，这是不可以的。"

对于郝龙斌从政，郝柏村对他说的一句话使他永远难忘："什么都许，就是不许搞台独！"

# 文武双全 "日记作家"

　　很少有人知道，郝龙斌最初叫郝海靖。那是因为他出生时，父亲在部队。等父亲回来时，母亲已经给孩子取好名字，"海"是母亲家的辈分排行，"靖"是母亲取的。父亲以为长子应当按照郝家辈分排行"龙"，取名"斌"。斌是文武合一、文武双全之意。

　　郝柏村是军人，却很重视文武双全。郝柏村晚年，接连出版了许多重要著作，在台湾广有影响。

　　郝柏村能够出版那么多著作，得益于他多年养成的记日记的习惯。

　　蒋介石也有着写日记的习惯。我曾经在美国斯坦福大学胡佛研究所档案馆查阅过收藏在那里的蒋介石日记。从1917年至1975年的日记，都完整地保存着，成为极为重要的史料。我看到他的日记是用毛笔端端正正写在专门的日记本上，不论他在戎马军营，还是在各地视察，都一天不漏写下日记，就连当天的气温、气候，都一丝不苟记下。他的日记，除了记录每天的行踪、公务、会客之外，也写下自己的思想，各种见解。

　　蒋介石要求他的儿子蒋经国也养成记日记的习惯。斯坦福大学胡佛研究所同时收藏着蒋经国自1937年至1979年的日记。

　　蒋介石还要求他的下属都养成记日记的习惯。郝柏村说，"谈起蒋公日记，我有亲切的感受。从1965年至1971年，我担任蒋公的侍卫长，在六年近两千个日子里朝夕随侍。每逢新年，我收到和蒋公一样的日记本，因此也养成写日记的习惯。每年岁末，蒋公即亲自把当年的日记用牛皮纸封好，命我交付经国先生。当然，我从未看过内容。"

　　其实，郝柏村在担任蒋介石的侍卫长之前，就已经有记日记的习惯。郝柏村多年的日记，成为丰富的宝库，成为台湾政坛的重要历史档案。

　　在出版社的帮助之下，尤其是在台湾天下文化出版社等的帮助之下，郝柏村的日记开始得到系统整理、出版，或者以郝柏村日记为素材再加上郝柏村的口述，写成专题书籍。所以郝柏村在晚年成了"日记作家"。

　　郝柏村在金门的日记，被整理成《八·二三炮战日记》一书出版。最初由于部分内容在当时尚属敏感话题，只印300册，在内部发行。1995年，郝

柏村出版《不惧》一书，除收入《八·二三炮战日记》全文之外，还收入郝柏村军务、政务、党务方面的文章。

由天下文化出版社王力行女士写成的《无愧：郝柏村的政治之旅》一书，于1994年出版，发行了18万册之多。

1994年，还出版《有愧：郝柏村讲义》一书，收入郝柏村讲稿。

郝柏村8年担任"参谋总长"的日记，先是集中有关蒋经国的内容，于1995年出版了《"郝总长"日记中的经国先生晚年》一书。接着又于2000年出版了《八年"参谋总长"日记》，厚厚上、下两卷。

郝柏村军事方面的著作，整理成《教战记》一书，于1998年由军事迷文化事业公司出版。

另外，《"行政院郝院长"言论集》共3卷，分别在1991、1992、1993年由"行政院新闻局"编辑出版。

郝柏村有300多册相册。2004年从众多的照片中选其精华，出版了《郝柏村影像集》。

郝柏村还完成了他的回忆录。

郝柏村晚年埋头书斋，不断推出新著，可谓著作丰盛。

出任蒋介石的侍卫长期间的郝柏村日记，尚未出版，但是在2011年6月推出重要新著《郝柏村解读蒋公日记1945~1949》，引起读者广泛兴趣。选择1945年至1949年的蒋介石日记进行解读，对于郝柏村而言要有足够的勇气，因为1945年至1949年正是蒋介石由盛而衰、最后被毛泽东逐出大陆退守台湾的5年。用郝柏村的话来说，那就是"从抗战胜利到大陆失败"的5年。郝柏村直面蒋介石这难堪的5年、失败的5年，以中性立场进行解读，厘清史实，总结教训。尤其是已经九旬高龄的他，花费4年多时间写作此书，难能可贵。郝柏村逊称他是"事后有先见之明"，而这"事后"的"先见之明"正是对历史的反思。

郝柏村回顾说，1945年，他作为一个26岁的青年军官，在重庆亲历抗战胜利举国狂欢的岁月。而到了1949年，则为在大陆全面失败的一年，他作为参谋总长顾祝同上将的上校随从参谋，又回到重庆，于当年12月10日，随同总裁蒋公黯然飞离成都，飞离大陆，那时他30岁。这5年的经历对于郝柏村而言是刻骨铭心的。他说，就国民党方面来说，老一代的当事人并未完全说出真相，年轻一代更是无从查起。正因为这样，他以一个亲历者的身份，解读蒋介石这5年的日记。他说，历史的脉络和因果关系必然存在，不会因时间久远而失去传承或改变痕迹。无疑的，蒋公的亲笔日记，是追寻这段期间真相最重要的依据。

郝柏村还指出，"这5年的历史，是决定台海局势的根本，两岸关系的发展，和问题的彻底解决，还是离不开这个根本。脐带可以切断，但血缘不可能中断。"也就是说，明白这5年的历史，就会明白为什么海峡两岸是一个中国，这"血缘不可能中断"。

郝柏村中肯分析蒋介石在国共内战中失败的根本原因："抗战与内战不同，抗战可依民族大义号召动员"；"内战不是抗战的延长，尤其面临中共对广大农村佃农分田翻身的宣传，反共内战的正当性，难获全民理解"。

从郝柏村的解读中，也可以看出，他对毛泽东的战略思想，也相当了解。他说："毛泽东的战略指导思想，正确贯彻执行：不打无把握的仗。伤十指不如断一指。人在地失，有人有地；地在人失，人地皆失。"

郝柏村的解读，也有史实上的错误。郝柏村以为，1945年8月毛泽东赴重庆谈判，是与蒋介石"生平第一次见面"。笔者在《毛泽东与蒋介石》一书中，曾经详细考证毛泽东与蒋介石在1924年共事于广州并多次见面，所以重庆谈判时毛泽东与蒋介石绝非"生平第一次见面"。

## 浓浓故园情 "不忘根本"

我走访江苏盐城的郝柏村故居，在那里看到郝柏村的亲笔题词："不忘根本。"

郝柏村曾经对他的子女说："作为一个中国人，不能忘本，不能忘根，尽管不一定要归根，但要知道自己从哪里来。"

在两岸对峙的岁月，音讯隔绝。郝柏村共有兄弟姐妹七人，哥哥和姐姐幼时出天花夭折。弟弟名叫郝柏森，三个妹妹分别为郝锦春、郝秀春、郝争春。他们在1946年盐城进行土改时远走他乡。郝柏森大学毕业之后，由于哥哥郝柏村是国民党军人，他在贵州遵义只能在火车站当售票员。在"文革"中他为了避免牵连，一度改名"郝仲村"。1979年、1981年，郝柏森曾经两度悄然回盐城，由于对当年的土改仍心有余悸，只食宿在旭东村的亲戚郝长春家，没有在郝荣村公开露面。郝家的房子在土改时分配给了三家农民，父母的坟墓也在土改中遭毁。

盐城有关部门从郝长春那里得知郝柏森的情况，写信给郝柏森，欢迎他回郝荣村看看，也欢迎郝柏村有机会回家乡看看，并询问他有何要求。1986年4月16日，郝柏森回信："唯一使柏村耿耿于怀的是父母的墓葬被挖掉了。" 郝柏森要求在原地恢复父母的墓。郝柏森在信中还说，"如果家乡政府能支持中央的对台政策，修复好先父母的墓葬，我就回到郝荣庄探望阔别41年的乡亲并祭扫祖墓，以偿数十年思念家乡的夙愿。"

修复郝柏村父母的墓，原本并不复杂。但是消息传出之后，郝荣村有人提出，必须先修烈士墓，才能修郝柏村父母的墓。几经周折，终于在1987年4月17日修复了郝柏村父母的墓，墓碑的碑文是郝柏森亲自所拟："显考郝公绪龄 妣袁氏珍宝之墓"。郝长春受郝柏森委托，带领郝氏家族20多人举行安葬入土仪式。

大陆方面日渐重视台属工作。郝柏森先是成为遵义市政协委员、贵州省政协委员，后来成为遵义市政协副主席。笔者见到郝柏森亲手剪贴的两本剪报册。他把《参考消息》以及有关报纸上的郝柏村报道，一一剪贴，多达数百篇，足见在遵义的他对在台湾的兄长的无比关注。其中有不少是手抄件，大约是他在图书馆报刊上看见郝柏村的报道，就全文抄录下来。

郝柏森注意到1988年台湾记者王哲明到盐城郝荣村采访，在台湾发表"郝总长"家乡见闻《本刊记者远赴大陆专访郝家村》，报道附了郝柏村故居的照片。当时的故居已经陈旧不堪，而照片的说明词格外刺目："郝柏村的故园，如今被别人占住了。"郝柏森为此致函北京《人民政协报》，希望修缮郝柏村故居。

笔者在盐城访问了原盐城统战部部长侯寿才老先生，他是修复郝柏村故居最初的经手人。据他说，修缮故居需要的经费较多，因为必须安排三户农民迁出，然后对房子进行大整修。他向盐城市市长反映，经盐城市市长直接批拨经费，终于修复了郝柏村故居。

郝柏森得知之后，高高兴兴回到故乡郝荣村，并在故居中住了一个多星期。

郝柏森把消息告知郝柏村，也告知郝柏村的三个妹妹。这三个妹妹也是大学或中专毕业，多年从事教育工作。

1992年3月，台湾著名电视节目主持人凌峰率《八千里路云和月》摄制组来到盐城郝荣村，专门拍摄了修缮一新的郝柏村故居、父母墓以及郝氏家祠，向台湾观众介绍了郝荣村风光。

1992年7月17日，郝柏森和夫人管振淑率小辈十几人从贵州遵义来到盐城郝荣村，纪念父亲诞辰100周年。

1992年9月23日，郝柏村的长子郝龙斌回到盐城郝荣村探望。当时，郝龙斌纯粹是一位学者，他在台湾大学食品科技研究所担任教授，乘着去北京出席国际原子能总署主办的"国际辐射加工研讨会"，顺道从北京来到南京。郝龙斌通过堂兄的安排，从南京乘坐一辆轿车直奔郝荣村，事先没有跟盐城市政府打过任何招呼。郝龙斌在郝荣村只停留一个半小时，便匆匆离去。有人问及，郝柏村是否可能回家乡看看，郝龙斌回答说，"现在是不可能的事。"因为当时郝柏村正担任台湾"行政院长"，当然不可能回到家乡探望。

随着海峡两岸的气氛日渐宽松，已经从要职上退下来的郝柏村，决定在1999年清明节，从台湾返乡祭祖。

那时候，海峡两岸尚未直航。4月3日，郝柏村偕夫人郭莞华、儿子郝龙斌、郝海晏、孙女郝汉祥、友人周仲南、马正平及随行人员一行18人，从台北经香港转机抵达南京。其中的周仲南先生，也是盐城人，陆军二级上将，1981年任"总统府"侍卫长，1985年6月任台湾"宪兵司令"，1989年11月任台湾"警备总部司令"。笔者在台北访问郝柏村时见过他。马正平则是陆军中将，曾任台湾"国防部军医局"局长。

4月4日上午，郝柏村率领郝家一行人在南京孙中山陵寝前鞠躬献花，花圈上款写着"总理孙先生灵"，下款书"党员郝柏村"。

当天下午，驱车行程300多公里历时5个多小时（那时候还没有盐城高速公路），郝柏村一行回到老家盐城。阔别故乡61载，终于圆了回家梦。包括郝柏村的两位妹妹郝锦春、郝秀春和弟媳管振淑等24位亲属，分别从天津、贵州、北京、成都赶来，与郝柏村相见。弟弟郝柏森因病已经过世，好在生前应郝柏村之邀前往台湾看病，曾与兄长相聚。

4月5日清早，郝柏村一行从盐城市区回到郝荣村老家，受到乡亲们热烈欢迎。

郝柏村来到双亲墓前，率家人行跪拜磕头礼。"爸爸、妈妈，你们的儿女们都回来看你们来了！"郝柏村热泪盈眶。

走在郝荣村的小巷，郝柏村说道："巷子比我以前走的时候窄多了。"儿子郝龙斌便道："那是因为你当年人小个子矮的感觉，现在你长大了觉得它狭小了。"郝龙斌此言一出，引得众人大笑。

郝柏村回到故居，回到母校尚庄小学，回忆自己的童年，仿佛穿行于时光隧道。

郝柏村有很强的家族观念。在郝荣村遇见姓郝的乡亲，便要问："你是第几代的？"听见对方回答说："第20代。"他笑道："你是我的孙辈。"

郝柏村对故乡充满亲情，从1999年4月4日第一次返回故乡，到2011年9月7日从台北乘坐首航航班回故乡，郝柏村先生已是6次回乡参观访问。

在盐城我看到"台湾农民创业园"的巨大招牌，题字者便是郝柏村。盐城的台资企业相当多。正因为这样，不久前开通了盐城与台北的直航航线。

郝柏村还应邀访问北京、上海、西安、保定、扬州、桂林等大陆许多地方，为促进两岸交流贡献力量。

文化名人的身影

# 寻访胡适生命的终点

## 胡适的墓正对中央研究院

这是胡适先生的墓

生于"中华民国"纪前二十一年

卒于"中华民国"五十一年

这个为学术和文化的进步，为思想和言论的自由，为民族的尊荣，为人类的幸福而苦心焦虑，敝精劳神以致身死的人，现在在这里安息了。

我们相信，形骸终要化灭，陵谷也会变异，但现在墓中这位哲人所给予世界的光明，将永远存在。

我细读着斜倚在胡适墓前、用金字刻在黑色大理石上的墓志铭，见到末尾署：中央研究院胡故院长适之先生治丧委员会立石"中华民国"五十一年十月十五日。

这别具一格的墓志铭，是由台湾学者毛子水模仿胡适的白话文口气撰稿，金石名家王壮为之书写。

得知胡适安葬在"中央研究院"旁的胡适公园里，我以为会很方便，因为"中央研究院"就在台北南港，从家门口乘坐内湖捷运就可以到达终点站——南港。然而，到了南港站才得知，还要换乘两部公共汽车才能到达"中央研究院"。在1957年至1962年胡适担任"中央研究院院长"的时候，就一再抱怨僻远的"中央研究院"交通太不方便。如今50来年过去，交通已经大有改善，但是仍感不便。我步入"中央研究院"，看到停车场满满当当的都是摩托车，显然年轻的科技人员来此上班，最便捷的交通工具算是摩托车了。

我从侧门进入"中央研究院"，见到一条马路旁立着"适之路"路牌。胡适原名嗣穈，学名洪骍，字希疆，后改名胡适，字适之，这"适之路"显而易见是以胡适的字适之命名的。据胡适自云，当年他是从达尔文学说"物竞天择，适者生存"中取名适的。

胡适和夫人江冬秀

"中央研究院"里，有许多研究所，大体上是一个研究所一幢楼。中央研究院于1928年在南京成立。1949年有的研究所随蒋介石政府迁往台湾，在台北"复所"。1954年"中央研究院"在台北南港"复院"。蒋介石力邀在美国普林斯顿大学葛思德东方图书馆担任馆长的胡适回台湾，出任"中央研究院院长"。在蒋介石看来，只有胡适这样具有崇高声望的人，才能胜任此职。然而胡适却滞留美国，"院长"只好由朱家骅担任。直到1958年4月胡适从美国归来，才接替朱家骅出任"院长"。就规模而言，台湾的"中央研究院"无法与中国科学院相比，中国科学院有的一个研究所，要比整个"中央研究院"都大。

我一打听，胡适公园就在"中央研究院"正门旁边。在那附近，我看见一座以胡适名字命名的"胡适国民小学"。走过小学的拱形大门，就看见"胡适公园"四个大字。公园里游人寥寥，格外幽静。迎面是一座小山，胡适墓建在山坡上。墓呈长方形，正对着山下的"中央研究院"，仿佛这位院长在驾鹤西去之后，依然日夜关注着眼前的"中央研究院"。

墓碑上刻着"'中央研究院院长'胡适先生暨德配江冬秀夫人墓"。胡适与江冬秀的婚姻是由父母做主定下的。订婚后，胡适到上海读书，留学美国，一去十多年，直到1917年回家结婚，从未见过江冬秀一面。江冬秀是小脚女人，文化粗浅。胡适与江冬秀结婚之后，厮守终身，人称"胡适大名垂宇宙，夫人小脚亦随之"。虽说胡适也曾传出绯闻，毕竟没有发展到导致他跟江冬秀婚姻破裂的地步。胡适当"中央研究院院长"时，曾经不准研究人员在研究院宿舍打麻将，认为研究人员必须专心致志于学问。然而，偏偏江冬秀爱打麻将，虽说她不是研究人员，但是客人来访见到之后，诸多不便。胡适劝夫人不要再在家里打麻将，正好，江冬秀也嫌南港太冷清，她便搬到台北城里住。1962年2月24日，胡适在出席"中央研究院"第五届院士欢迎酒会时，突发心脏病去世，终年71岁。在胡适去世后13年，江冬秀去世，终年85岁，与胡适合葬。

在胡适墓的上方，刻着蒋介石的亲笔题词："智德兼隆"。在胡适追悼会上，蒋介石的挽联更为精彩："新文化中旧道德的楷模，旧伦理中新

胡适墓

思想的代表。"这一挽联可以说生动勾画出了胡适的形象与自身的矛盾。

胡适去世之后,南港士绅李福人捐出面积达两公顷的私地,用作胡适墓地,后来扩大为胡适公园。后来"中央研究院"一些院士去世之后,也安葬于此。

2012年2月29日台湾《中时电子报》发表报道《西泽的面具——台湾早就遗忘了我的朋友胡适之》一文说:"一个被遗忘的名字,胡适墓园长年冷清寂寥不见人影,偶尔有人到墓园一访,其中多数又都是来自大陆的'胡迷',有学者像季羡林,有作家像叶永烈,也有官员像文化部长蔡武……"

## 简朴而富有书卷气的胡适故居

胡适故居就在"中央研究院",路口竖立着"胡适纪念馆"牌子,旁边写着胡适名言:"大胆的假设,小心的求证。"我来到那里,走过绿藤缠绕的长廊,面前就是胡适故居了。门口挂着胡适纪念馆公告,规定胡适故居的开放时间是星期三和星期六，而那天——2010年2月22日是星期一，很遗憾不能入内参观。据说很多远客像我这样因不知胡适故居的开放时间不得不抱憾而归。

好在我常去台湾。2011年10月15日是星期六，我再度访问胡适故居，得以入内细细参观。

胡适纪念馆由故居、陈列室和墓园三部分组成。胡适故居是胡适最后4年的住所，而与故居相邻的陈列室，则是胡适去世之后，由胡适好友、美亚保险公司的斯塔尔先生捐赠建造的。

这里的规定颇为严酷，室内不准拍照，虽说很多类似的纪念馆都允许拍照。

胡适故居不大，日本式平房，总面积为165平方米。与张大千故居相比，可谓天差地别。张大千作为名画家，收入颇丰，而胡适去世时，据说身边仅135美元！

其实胡适故居并非"中央研究院"为他提供的住所，更非他本人出资建造的，乃是蒋介石出钱为他造的。

蒋介石为什么自己掏钱为胡适建造住宅呢？

蒋介石十分看重胡适，1938年至1942年曾经命胡适担任驻美大使。蒋介石还曾经希望胡适出任外交部长而被胡适谢绝。1948年蒋介石"竞选"总统时，无人愿意与之陪衬，蒋介石又希望胡适出面"竞选"，甚至考虑过由胡适当空头总统而蒋介石当掌握实权的行政院院长的"胡蒋体制"……足见蒋介石对胡适这位洋博士的高度信任。

不过，胡适是一个独来独往、我行我素、自视清高、不受羁缚的自由主义者。这位"五四"新文化运动的主将、英国进化论大师赫胥黎与美国实用主义鼻祖杜威的忠实门生，毕生宣扬自由主义，提倡怀疑主义，怎么能受得了蒋介石的独裁、专制的统治，怎么能够接受蒋介石的"一个党、一个主义、一个领袖"呢？胡适曾经多次尖锐批评蒋介石。正因为这样，虽然蒋介石看重胡适，而胡适却与蒋介石貌合神离。

1957年冬，胡适终于答应从美国回到台湾就任"中央研究院院长"。为了安顿胡适的生活，蒋介石关怀备至，拿出自己的《苏俄在中国》一书的版税，为胡适建造此屋（"中央研究院"追加了部分款项），以表示"礼贤下士"的诚意。

1958年2月20日，胡适住宅动工。

1958年4月10日，胡适回到台湾，出任"中央研究院院长"。最初，胡适住在台北市中心牯岭街与福州街交叉口的一幢日式别墅。那里原本是台

台北胡适故居

湾大学校长官邸，傅斯年担任台湾大学校长时就住在那里。

1958年11月5日胡适乔迁南港新居，直至1962年2月24日猝然病故。这幢日式平房是胡适生命列车的终点站。由于胡适这一住房在台湾属于"公配居"，产权并不属于胡适。在胡适去世之后，为纪念胡适，这里被作为胡适故居保留至今。

胡适故居里，参观者只有我和妻两人，接待小姐知道我们来自上海，显得很热情，给予充分介绍。她说，胡适故居里的陈设，一概保持胡适生前的原状，以使能够最真实地再现胡适晚年的生活环境。

走进胡适故居，迎面就是客厅，是胡适生前起居作息的地方，也是胡适接待客人的地方。胡适的客人甚多，尤其是礼拜天，他的朋友、他的学生会不约而同来到这里，在聊天中谈学术，谈见解，人称"胡适做礼拜"。

在正厅之外，有卧室两间，一间是胡适卧室，一间是夫人卧室，另外有书房、客房等。

胡适故居简朴而富有书卷气。四墙布满书架。胡适读书、藏书、写书，一辈子跟书打交道。胡适在北京的藏书甚多，达一百多箱。1948年11月29日，中国人民解放军发动平津战役。眼看北平要陷入重围，胡适1949年1月14日匆忙离开北平前往上海，众多的藏书只好忍痛留在北京大学，他随身只带出20多本他最钟爱的图书，内中有《乾隆甲戌脂砚斋重评石头记》、《杜甫诗》和《水经注》等。离开北平半个来月后——1949年1月31日，中国人民解放军便把红旗插上北平城头。紧接着，上海也不保，胡适在1949年4月6日从上海坐船前往美国……胡适在台北故居中的众多书籍，是他到了美国以及后来回到台湾之后陆续购买的，足见胡适是多么得爱书。

客厅之侧是餐厅。那里的说明字牌上写着："胡适的早餐：一碗稀饭，一片面包，一碟菜，一杯橘子水，一杯咖啡。"

# "热眼旁观"对胡适的"批判"

参观胡适故居之后，我来到陈列室，那里陈列着他的中外文著作、手稿、信札、照片、印玺等。其中我最感兴趣的是胡适的诸多照片，展现了胡适不平常的一生。

在那里，我得知胡适与台湾、上海不寻常的关系：

1891年12月17日胡适生于上海大东门外，所以胡适可以算是"阿拉上海人"。

胡适两岁多——1893年2月，便随母去台湾，先住台南，后迁台东。胡适那么小就去台湾，是因为他的父亲在台湾做官。胡适之父胡传（1841~1895），字铁花，1892年从江苏调任台湾营务处总巡，后来出任台东知州，相当于台东县长。1895年2月，因中日甲午战争爆发，胡适随母离台湾回上海。父亲胡铁花留在台湾抗日，于8月不得不离开台湾，因心力交瘁病逝于厦门。当时胡适母亲才23岁，胡适只4岁。后来为了纪念胡适父亲胡铁花，台东的一条马路被命名为胡铁花路。

胡适有浓厚的"北大情结"：

1918年，27岁的胡适开始在北京大学任教，翌年成为"五四运动"和新文化运动的大将。1932年，41岁的胡适出任北京大学文学院长。1947年，56岁的胡适出任北京大学校长。前已述及，在中国人民解放军兵临城下的时候，胡适于1949年1月14日匆忙离开北平，从此再也没有回到北京大学。但是胡适始终怀念着北京大学。陈列室里收藏了胡适68岁（1959年）的生日录像，他在致辞中追忆了在北京大学度过的岁月，既兴奋又沉重。确实，他的人生辉煌岁月在北京大学度过，而在思念时却又再也无法回到那里。

在胡适的种种照片中，有一张照片引起我的浓厚兴趣：那是1957年冬初，唐德刚先生携带一台笨重的录音机，首次在美国对胡适进行录音采访。

就录音技术而言，1877年美国发明大王爱迪生发明了留声机，是人类历史上最早的机械式录音机。1935年美国马文·卡姆拉斯和德国弗里奥默发明了磁带录音机，是录音技术的一场革命。1964年菲利浦公司试制成功"携带式磁带录音机"，这才使录音机可以用于采访。但是唐德刚居然在1957年就开始使用当时还是非常罕见的录音机。当时的录音机使用的是像电影胶片那样宽的大盘的录音磁带，所以相当笨重。但是唐德刚有着很强的"录音意识"，即便当时的录音机那样笨重，他在第一次采访胡适的时候，就开始用录音机现场录音。对于研究"口述历史"的历史而言，这张照片应当说是早期录音采访的珍贵照片。我试图请管理人员允许我翻拍这一张，无奈管理人员坚持馆内不得摄影的条文而不肯通融。那位小姐说，需要通过网上申请，说明用途，经过胡适纪念馆同意，才能获得这一照片电子版。

我特别注意陈列室中"热眼旁观"展区，副标题是"胡适对'胡适思想批判运动'的回应"。

"胡适思想批判运动"是由毛泽东亲自发动的。1954年10月10日《光明日报》发表李希凡、蓝翎的文章《评〈红楼梦研究〉》。同日，毛泽东在这篇文章上作了五条批注，其中第四条是"这就是胡适哲学的相对主义即实用主义。"紧接着，10月16日，毛泽东在《关于红楼梦研究问题的信》中说："这个反对在古典文学领域毒害青年三十余年的胡适派资产阶级唯心论的斗争，也许可以开展起来了。"这封信在《人民日报》以"编者按"形式发表之后，中国大陆掀起了批判胡适"资产阶级唯心论"的高潮。

中国科学院和中国作家协会联合成立"胡适思想批判委员会"，由郭沫若、茅盾、周扬、邓拓、潘梓年、胡绳、老舍、邵荃麟、尹达9人组成。

"胡适思想批判"分为9个专题进行：

一、胡适的哲学思想批判（主要批判他的实用主义），召集人艾思奇

二、胡适的政治思想批判，召集人侯外庐

三、胡适的历史观点批判，召集人范文澜

四、胡适的《中国哲学史》批判，召集人冯友兰

五、胡适的文学思想批判，召集人黄药眠

六、胡适的《中国文学史》批判，召集人何其芳

七、考据在历史学和古典文学研究工作中的地位和作用，召集人尹达

八、《红楼梦》的人民性和艺术成就及其产生的社会背景，召集

人张天翼

九、关于《红楼梦》研究著作的批判（即对所谓新旧"红学"的评价），召集人聂绀弩

中国大陆有组织、有计划地进行"胡适思想批判运动"，发表了上百万字批判胡适的文章。面对如此声势浩大的"批判"，人在美国的胡适"热眼旁观"，以为"实在没有一篇搔中他的痒处"，"越来越觉得人家批不倒他"。

胡适以为，大多数批判者言不由衷，应该是迫于政治压力而不得不投入"批判"。

# 胡适"哑哑的啼"

最使胡适感到痛心的是他留在中国大陆的次子胡思杜，在这场"胡适思想批判运动"中，也不得不在《中国青年报》上发表了《对我父亲——胡适的批判》，宣称"从阶级分析上我明确了他是反动阶级的忠臣、人民的敌人。"胡思杜指责胡适"出卖人民利益，助肥四大家族"、"始终在蒙蔽人民"、"昧心为美国服务"。又说："（他的）一系列的反人民的罪状和他的有限的反封建的进步作用相比，后者是太卑微不足道的。"还说："在他没有回到人民的怀抱来以前，他总是人民的敌人，也是我自己的敌人。在决心背叛自己阶级的今日，我感到了在父亲问题上有划分敌我的必要。"香港《大公报》、台湾的《"中央"日报》、美国的《纽约时报》都转载了胡思杜的文章。

据传，在胡适回到台湾之后，蒋介石在与胡适见面时，把转载了胡思杜文章的那份香港《大公报》，送给了胡适。蒋介石的本意是以此谴责"中共暴政"造成"骨肉反目"，而在胡适看来却是蒋介石借此事嘲弄自己儿子不肖不孝，便反唇相讥道："我的小儿子天性愚钝，实不成器，不如总统令郎迷途知返！"胡适所说"总统令郎"，不言而喻指蒋经国1927年在苏联发表文章骂蒋介石是"革命的叛徒，帝国主义的帮凶"，"是我的敌人"。胡适之言，使蒋介石十分尴尬。

小儿子胡思杜的"批判"，毕竟是胡适心中的痛，尽管胡适也明白小儿子的文章是在政治高压下无奈之举。胡适把小儿子的文章从香港《大公报》上剪下，粘贴在自己的日记里，留此存照。

不幸的是，尽管胡思杜如此公开表明与"反动父亲胡适""划清界限"，但在1957年仍难逃厄运，被划为"右派分子"，在绝望中自杀。

小儿子胡思杜的"批判"和愤然离世，使胡适久久叹息。

胡适在中国大陆遭受"猛烈批判"，似乎尚在"情理"之中。令人惊讶的是，胡适早在1929年也曾遭到国民党的批判。国民党中央机关报《"中央"日报》等斥责胡适"反党"，要"严惩竖儒胡适"、"查办丧行文人胡适"、"缉办无聊文人胡适"，这些批判文章结成《评胡适反党义近著》一书出版。

1957年，胡适在台湾又遭批判，那里开展了清算胡适"思想毒素"的运动，蒋经国所领导的"国防部总政治部"印发了《向毒素思想总攻击》一书，向胡适发动了总攻击。

作为自由主义者的胡适，遭到来自海峡两岸的"批判"，可谓"两面不讨好"。所幸蒋介石本人对于胡适还是尊重、尊敬的。

值得提到的是，即便是蒋介石那样尊重、尊敬胡适，胡适依旧我行我素，甚至支持台湾的雷震等人组建"反对党"反对蒋介石，卷入了台湾著名的"雷震案"。

雷震在1923年毕业于京都帝国大学政治学系。1932年担任中国国民党南京党代表大会主席团主席。在抗日战争中雷震获得蒋介石提拔，担任国民参政会副秘书长等职。1949年10月雷震前往台湾。11月20日雷震在台北创办《自由中国》半月刊，在美国的胡适挂名担任发行人，而实际负责人为雷震。

《自由中国》最初的宗旨是"拥蒋反共"，当然得到蒋介石的支持。从1956年起，《自由中国》逐渐转为"民主反共"，这"民主"便指向蒋介石的独裁统治，引起蒋介石的反感。

1960年雷震与台港在野人士共同连署反对蒋介石违背宪法三连任总统，使蒋介石大怒。这年9月4日，雷震及其支持者刘子英、马之骕、傅正被捕，并被军事法庭以"包庇匪谍、煽动叛乱"的罪名判处10年徒刑。这便是震撼台湾社会的"雷震案"。

作为《自由中国》的发行人，作为雷震的同情者的胡适，向蒋介石求情，蒋介石置之不理。

胡适无奈。1961年雷震65岁生日，胡适手书南宋诗人杨万里的《桂源铺》，赠给关押在绿岛监狱的雷震：

万山不许一溪奔，
拦得溪声日夜喧。
到得前头山脚尽，
堂堂溪水出前村。

作为自由主义者的胡适，内心对于反独裁的雷震的深切同情表露无遗。

胡适不光是学者，也是诗人。他的《老鸦》一诗，恰如其分地写出他的心境：

我大清早起，
站在人家屋角上哑哑的啼
人家讨嫌我，说我不吉利；——
我不能呢呢喃喃讨人家的欢喜！

天寒风紧，无枝可栖。
我整日里飞去飞回，整日里又寒又饥。——
我不能带着鞘儿，翁翁央央的替人家飞；
不能叫人家系在竹竿头，赚一把黄小米！

这首出自胡适笔下的白话诗《老鸦》，是胡适早年从美国归来时自己心境的写照。他"天寒风紧，无枝可栖"，却"哑哑的啼"，对当时的社会提出种种批评，却被人家"说我不吉利"。倘若把这首小诗放大，延伸到胡适的一生，延伸到国共双方的严厉批判，也是如此。胡适，是一个"不能叫人家系在竹竿头，赚一把黄小米"的人！

胡适祖籍安徽绩溪。不久前与安徽教育出版社领导相聚，得知该社出版了44卷《胡适全集》，这连台湾都未曾以这样的规模出版过。胡适先生倘若九泉之下有知，"哑哑的啼"居然在海峡彼岸的故乡出版，当会含笑以谢。我不由得记起一句格言："用笔写下来的，用斧头砍不掉！"

走出胡适故居时，管理员特地指着门外三棵高大的棕榈树对我说，这是为胡适建造这幢屋子时，蒋介石令人特意栽种的，意思是希望胡适来了之后，也像这三棵大树一样在此深深扎根，不再走了。

面对胡适故居、面对胡适的墓、面对胡适生命的终点，我追寻胡适的人生脚印，感叹连连……

# 于右任和他的"梅庭"

## 望我大陆，大陆不可见兮

> 葬我于高山之上兮，
> 望我大陆，
> 大陆不可见兮，
> 只有痛哭。
>
> 葬我于高山之上兮，
> 望我故乡，
> 故乡不可见兮，
> 永不能忘。
>
> 天苍苍，
> 野茫茫，
> 山之上，
> 国有殇。

这首《于右任遗歌》，在海峡两岸共同传颂，脍炙人口。

台北的北投，有山有水有温泉，于右任的故居就在那里。

于右任，名伯循，字右任，后以字传世。于右任是陕西三原县人，祖籍泾阳。关于"右任"的来历，有两种说法：一种传说原为"诱人"两字，后来取其谐音改为"右任"；另一种传说"右任"原为"右衽"。"衽"即衣襟。中原地区的人以"左衽"为受异族统治的代词，"右衽"乃一反其义。由于"衽"毕竟生僻，后来改为"右任"。在他晚年，按照传统习惯应当尊称之为"于老"、"于公"，而在台湾，人们却尊之为"右老"、"右公"。

于右任有三重身份：

一是政治家。1905年，于右任为筹办《神州日报》，到日本考察，经朋友介绍，在东京秘密拜会孙中山先生。于右任后来回忆说，他走进一间秘密的小房子里，屋里只点了一根蜡烛，孙中山在黝暗的光线下对他讲了许多革命的道理，他当着孙中山的面签下加入同盟会的盟誓。从那以后，于右任一直追随孙中山先生。1924年，中国国民党改组，于右任被推选为第一届中央执行委员。北伐成功之后，于右任历任国府委员、审计院院长。1947年国民党实施"宪法"，于右任出选第一任监察院院长，到台湾之后仍多年担任此职。

二是诗人。《于右任遗歌》便是他的诗作。早年，于右任与诗人柳亚子齐名，同为1909年成立的文化团体南社的栋梁。于右任著有诗集《右任诗存》（1926年出版）、《右任诗存二集》（1947年出版）。1984年大陆出版《于右任诗词集》，由于右任女婿、中国国民党革命委员会副主席屈武作序。

三是书法家。于右任的草书别具一格，人称"一代草圣"。于右任1932年在上海创办标准草书社，以易识、易写、准确、美丽为原则，整理、研究与推广草书，整理成系统的草书代表符号，集字编成《标准草书千字文》（1936年由上海文正楷印书局初版），对于推动草书产生深远的影响。著名书法家胡恒先生这样评价于右任的草书："他的草书于跌宕中见飘逸，在疏散中见规矩。到了晚年尤其圆润苍劲，人见人爱，时人誉为舞鹤游天，有力而无用力之迹，深厚而无失从容之貌，仪态万千，美不胜收。"

我本以为，于右任先生的故居应当很容易找到，因为他的故居就在北投公园内，而北投公园在台北是人所皆知的地方。在一个秋雨霏霏的日子，我驱车前往北投公园。

北投公园建于1911年（日本明治44年），已经有百年历史。那里离新北投不远，到了那里，便闻到空气中飘荡着淡淡的硫磺味，因为那里是地热谷，是温泉的中心。正因为这样，那里温泉旅馆、公共浴室林立。日本人特别喜欢温泉，在日本统治时期这里是全台湾饭店、旅馆密度最高的地区，同时也是娼妓最多的红灯区。台湾光复之后，蒋介石住在与北投相邻的士林，他下大力整顿北投，清除娼妓，终于去除了这里黄

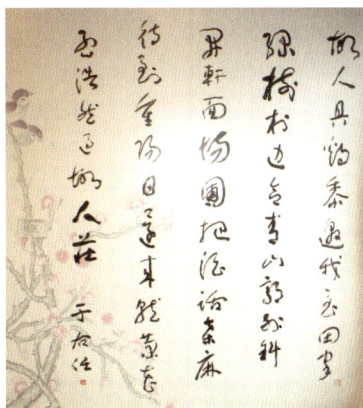

于右任书法

色的毒瘤。

北投公园是一个狭长的公园，位于北投溪的两侧，潺潺溪水穿过公园。由于历史悠久，公园内巨树成林，绿意盎然。司机张先生驾车沿着北投公园寻找，始终不见"于右任故居"或者"于右任纪念馆"之类牌子。我知道于右任故居叫"梅庭"，坐落在中山路6号，可是不仅连"梅庭"的牌子没有看到，连中山路也找不到。

我下车，连问两位年轻的过路人，他们竟然连于右任是谁都不知道。终于遇见一位老年妇女，她一听说寻找于右任故居，马上告诉我，就在北投溪对岸。于是我们沿着北投溪向上游驶去，过桥，到了对岸。那里的沿溪之路，就是中山路。据说，在日本统治时期，这是一条铺着鹅卵石的步行小道，供人边走边欣赏溪景之用，如今成了双车道。照理，沿着中山路找6号，也很容易就可以找到于右任故居。谁知那里的门牌号码不是连贯的，是跳跃式的，而且有的房子门前没有门牌。沿着中山路找了一通，竟然找不到6号。我再一次下车，向一位长者请教。他的一句话，点破了迷津：就在"千禧汤"隔壁。

"千禧汤"，是一处温泉浴池，门口挂着巨大的招牌，很醒目，一下子就找到了。那里写着"门票40元"，也就是说洗一次温泉浴，不到人民币10元，是很大众化的温泉浴池。在"千禧汤"隔壁，看到一座用高高的围墙围起来的院子，倘若关上大门的话，从外面看，根本不知道围墙内的世界。那天敞开着大门，透过大门可以看见里面有一幢两层的日式房子，前后都有很大的院子。在大门两侧的方形门柱上，各嵌着一块青砖，上面刻着"梅庭"两字。哦，那里就是于右任故居，如今的于右任纪念馆。只是方形门柱上的青砖本身就不大，再加上"梅庭"两字与青砖同色，怪不得不容易找到。

## "美髯翁"的"梅庭"

"梅庭"处于绿树的包围之中，院外是树，院内也是树，步入"梅庭"，心旷神怡。"梅庭"的后院临北投溪，溪水奔腾不息，而温泉的轻雾环绕在草木之间，可谓人间仙境。

　　"梅庭"并非于右任自建,而是1930年日本人所建的高级别墅。光复之后,这幢房子由台湾当局分配给"监察院长"于右任。于右任把这幢新居命名为"梅庭",据云那是于右任平生酷爱梅、竹,他亲笔为新居写了"梅庭"两字,从此这里就叫"梅庭"。

　　"梅庭"在2006年被台北市政府列为"历史建筑"。在院门附近,我看到一块"竣工铭牌",下署"台北市长马英九"。据"竣工铭牌"记载,"梅庭"经过台北市政府整修,于2006年8月23日竣工。经过整修之后的"梅庭",作为于右任纪念馆,于2010年1月7日由台北市长郝龙斌主持开幕,从此对民众开放。郝龙斌在开幕式上说,"梅庭"是一栋深具历史、文化、观光与建筑等时代意义的建筑,也是于右任唯一在台留存居所,大门入口柱上"梅庭"二字就是于亲手题字,建筑物极具保存价值。

　　不过,由于"梅庭"铺的是木地板,承重量有限,所以每一次只能同时容纳30人参观。

　　我来到这幢日式建筑,换鞋入内,漫步在深褐色的地板上。我发现,我所在的是上层,而不是底楼。原来,这幢日式建筑是依北投溪的斜坡地形而建,从北投溪看过去是两层的,而从大门口看过去是一层的(中间有一个小阁楼)。整幢建筑的面积为335平方米,而周边庭园面积达800平方米。

　　严格地讲,这幢小楼的上层高爽,是木质日式建筑,而下层嵌在潮湿的溪岸之中,不能不采用西式钢筋混凝土结构,所以小楼可以说是"日西合璧"。小楼的主要生活区在上层,于右任的客厅、书房、卧室都在上层。一

作者在于右任故居大门口

于右任为梅庭亲笔题名

于右任书房

作者在于右任书房

长髯飘逸的于右任

大排日式木造落地窗，典雅而古朴，使小楼内显得很明亮。解说员很热情，她指着屋里一根未加修饰、保持本色的柱子告诉我，这是从日本特地运来的樱桃木，象征这里是真正的日式建筑。在日本本土的日式建筑中，也往往有一根这样的樱桃木柱子。

我很仔细地参观了于右任的书房。书桌上铺着宣纸，放着笔砚。据说当友人来访索字之际，于右任往往在这里当场写字，大笔一挥，赠与友人。

故居里既展出于右任的草书代表作，也展出于右任不同历史时期的照片。从于右任晚年的照片上，我看见他银白色的长髯垂胸，一派长者风度，故人称"髯翁"、"美髯翁"。其实，于右任30多岁的照片上，就能看见他黑髯飘逸，足见他对长髯之爱。

关于于右任爱护自己的长髯，有过这

样的趣闻：

　　　　于右任为了保护胡子，每晚临睡前，必定把胡子梳理齐顺，再用一只布套装好，挂在胸前，以免睡觉得翻身，把胡子压坏了。某日与朋友聚会聊天，朋友问于右任："您晚上睡觉时，胡子是放在被子里还是被子外面？"于右任从来不曾留意过这问题，猛然被这么一问，一时为之语塞。翌日，于右任碰到那位朋友，抱怨昨天晚上没睡好。原来，朋友的提问，让他终夜辗转反侧，不知究竟该把胡子放被子外面，还是放被子里面，翻来覆去好久都不能入睡。等他一觉醒来，也忘了睡着之前胡子最后是放被子外面或是被子里面了。

　　解说员带领我来到客厅之侧的一间小屋，那里如今铺着地板，成了一间小书房。解说员说，原本这里是一个私家温泉浴池，当初日本人建此屋，就是因为这里有温泉。日本人撤离台湾之后，考虑到温泉的硫磺气会锈蚀屋内金属物品以及电器，遂封闭了温泉，改铺了地板。

　　于右任故居的下层为钢筋混凝土结构的防空避难室，可以直通后院，不远处就是大型防空壕。这是日本人建造时的原物。如今防空避难室已经改成于右任纪念馆的办公室。

## "葬我于高山之上"

　　于右任出身于陕西的贫寒之家，后来当了国民党的大官之后，仍然保持俭朴本色。他长期担任"监察院长"，也正是因为他的清廉有口皆碑。

　　从1964年7月起，于右任脚腿浮肿，而且感冒喉头发炎，语言困难。8月12日，蒋经国前来探视，当即决定送于右任入院治疗。蒋介石、宋美龄夫妇两度前往医院探视，宋美龄还亲选食品赠于右任。然而于右任病情日重，肝肾功能减退，并发肺炎。

　　1964年11月10日，于右任先生在台北病故，终年86岁。噩耗传出，在海峡两岸引起广泛关注和悼念。

　　在于右任弥留之际，他的长子于望德，会同于右任僚属李嗣璁、刘

延涛、王文光、陈肇英、李崇实、程沧波等，一起打开于右任的自用保险柜，以求查找于右任遗嘱。不料，保险柜并无遗嘱，只有日记以及一张借据，那是于右任的第三个儿子出国留学时，因旅费不足，于右任向副官借了三万元台币（当时于右任担任"监察院长"月薪五千元台币）。此外，并无一点金银财宝。在场人士目睹此状，无不动容！

于右任平日有余钱，总是接济困难朋友。他曾经多次向陕西三原乡亲父老捐款。于右任在三原的秘书张文生曾经把贴满五大本的捐款收据呈送于右任过目，于右任翻着厚厚的账簿说："这些账簿都烧了吧，不要叫我的子孙看见之后将来前去讨债，他们应该自食其力。"

他的长子细细阅读父亲的日记，发现父亲晚年体力日衰，在1962年初就预料自己余日不多，在日记中写下类似遗嘱的话。

1962年1月12日，于右任在日记中写道："我百年后，愿葬于玉山或阿里山树木多的高处，可以时时望大陆。"在这段话的下方，于右任署名"右"字，而且还加注一句话："山要最高者，树要大者"。接下去，于右任又写道："远远是何乡，是我之故乡，我之故乡是中国大陆，不得大陆不能回乡。"

十天之后，于右任又在日记中写道："葬我在台北近处高山之上亦可，但是山要最高者。"两天后，于右任在日记本上写下一首歌，旁注："天明作此歌"。这首歌，就是本文开头写及的《于右任遗歌》。

值得提到的是，《于右任遗歌》的最后一句是"山之上，国有殇"。可是当时台湾"中央社"在发表有关于右任遗言的电讯中，误为"山之上，有国殇"，以致许多引用者均误为"山之上，有国殇"。

按照于右任的遗言，于右任墓地选在淡水镇光明里海拔800多米的"八拉卡"。"八拉卡"之名，起源于附近村民前往那里须登山160余步，闽南语"百六脚"读为"八拉卡"，因而得名。据云，"此地面临台湾海峡，中原河山遥遥在望。背有群峰，后依倚大屯，左为支脉，右为支峰，奇突而出。青龙抬头，白虎伏首，山环水抱，可称福地。"于右任终于如愿"葬我于高山之上兮"，"可以时时望大陆"。

为了实现于右任"可以时时望大陆"的遗愿，于右任的亲友不仅在"高山之上"为他筑墓，台湾的诸多民间团体还集资在台湾最高峰玉山之巅，为他建造铜像，而铜像面向大陆。玉山最高峰海拔3 997米，雕塑家陈一凡先生把右任铜像连同底座设计为3米，使玉山最高峰增至4 000米。把沉重的铜像连同基石运至玉山之巅，异常艰难，幸好得到高山族同胞鼎力相助，终于如愿。1967年8月7日，于右任铜像举行了落成典礼。从此于右任铜像成为玉山的标志性地标，成为游玉山必至的纪念地。

然而，1995年11月初，于右任铜像却遭人破坏，铜像头部被锯下扔到顶峰下方50米处的坑洼地里。警方迅速破案。作案者称，于右任铜像在玉山之巅望大陆，是一种"政治图腾"，所以要予破坏。

玉山山顶的于右任铜像虽然从此消失，但是《于右任遗歌》却在海峡两岸更加广泛流传。

2003年3月18日，新当选的国务院总理温家宝在人民大会堂举行记者招待会。

台湾中天电视台记者提问说："新一届政府成立以后，在两岸关系上有哪些问题要有所推动？您个人的期待又是什么？"

温家宝总理十分激动地引用了《于右任遗歌》作答：

"实现祖国的完全统一是包括台湾同胞在内的整个中国人民的共同愿望。说起台湾我就很动情，不由的使我想起了一位辛亥革命的老人、国民党的一位元老于右任在他临终前写过的一首哀歌。'葬我于高山之上兮，望我大陆。大陆不可见兮，只有痛哭。 葬我于高山之上兮，望我故乡。故乡不可见兮，永不能忘。 天苍苍，野茫茫；山之上，国有殇。' 这是多么震撼中华民族的歌词。"

# 青田街成了台北名人街

在台北北投于右任故居参观的时候，我问解说员："北投离台北市中心那么远，于右任先生去监察院上班，怎么办？"

解说员告诉我，其实北投的于右任故居，是于右任避暑以及度假之所，他平时并不住在这里。他住在城里的青田街。"

我又问："他的青田街故居还在吗？"

她答道："拆掉了，所以北投这幢房子成为于右任先生在台湾唯一尚存的故居，于右任纪念馆也就别无选择设在这里。"

虽说明明知道青田街的于右任故居已经拆掉，但我还是决定要到那里细细踏访，原因有二：一是早就听说青田街又名"名人巷"，那一带环境优雅，曾经是台湾名人聚居之处；二是梁实秋故居以及梁实秋生前工作多

台北青田街日式老房子

年的台湾师范大学就在那里附近。

考虑到这一回要"细细踏访"整个街区，我和妻决定乘捷运前往。我从新店线的古亭站下车，再转乘公共汽车，坐两站路就到达青田街了。到了那里，如同进入另一个世界。那里巷道幽静，绿树成荫，人称"绿色隧道"，又称"绿宝石"，确实名不虚传。只是在老屋之前、大树底下，停着一辆辆锃亮的豪华轿车，为这古巷、静巷、小巷增添了现代气息。

这一回我吸取在北投公园问路的经验教训，尽管身边不时走过台湾师范大学的学生，我却尽量向白发苍苍的长者垂询。一打听，方知青田街并不是我所想象的一条街道而已，却是一大片社区，其中以青田街为主干，两边密布一条又一条小巷，呈"非"字形，诸如"青田街2巷"、"青田街8巷"等等，每一条小巷两侧，都是大榕树，老房子。所以这个"非"字形的青田街，好大好大。

我向一位老师模样的戴眼镜的中年妇女请教，她指着一幢高楼对我说："那是国立编译馆大楼。于右任的官邸，原先就在那里。"一位当地老人在青田街住了几十年，如同"老土地"，他很热情地给我指点："于右任的住所，原本是青田街9号，就在青田街街口，是一幢日式建筑。后来被拆除，在那里建造了彰化银行大楼。"这位长者连于右任故居的门牌号都了若指掌，在我看来他的说法比较可靠。

青田街成了台北的"名人街"，缘于日本统治台湾时期。当时这里属于台北城外东南区，日本为了推行"皇民化教育"，在这一带建立了"台湾总督府高等学校"（台湾师范大学的前身）和"台北帝国大学"（台湾大学的前身），并从日本聘请了一批著名教授、学者前来台北。为了就近到"台湾总督府高等学校"和"台北帝国大学"上班，从1914年开始，日本人在青田街一带建立了一大批日式别墅，以供那些著名教授、学者居住。于是青田街一带聚集了一批来自日本的名流。在当时，这一大片地区叫"富田町"、"古亭町"、"龙安坡"。在第二次世界大战之后，这里用浙江南部的一些县市的名字命名。青田就是浙江南部的一个县。此外，这里还有温州街、金华街、泰顺街、丽水街、云和街、永康街、龙泉街，都是用浙江南部的县市命名的街道，也都散落着一幢幢日式房屋，只是青田街一带最为集中。

随着日本战败，这些日式房屋也就人去楼空。紧接着，则是蒋介石在大陆战败，国民党的高官、学者纷纷随蒋介石败退到台湾，也就成为这些日式房屋的新主人。于右任、梁实秋就是在这个时候，取而代之成为入住"名人街"的新的名人。青田街翻开了历史新的一页。

台北城不断发展，不断扩大，原本位于城外东南区的青田街，不仅成了台北的市中心地段，而且成了"钻石地段"，房地产商看中这里。这里的日式房屋大都是平房或者两层楼房，而且拥有前院、后院，占地面积大，房地产商纷纷拆除日式房屋建高楼。一棵棵参天大树被砍掉，一幢幢富有历史价值的日式房屋被抹去，青田街一带冒出一座又一座高大的新楼。于右任的故居也就在这一砍树拆屋的浪潮中消失。

终于，这一带的居民发出"护树护古屋"的吼声，发动了"古迹保存运动"。

2003年，青田街一名屋主砍伐老树，遭到青田街邻里投诉，以马英九为市长的台北市政府依照《台北市树木保护自治条例》开出了第一张罚单。从那以后，青田街居民发起"爱青田救老树"与"再造青田历史街区"活动，"护树护古屋"成为青田街居民的共识。

青田街的里长强调，绝对不能让青田街的大树成为"电锯下的亡魂"。他一听说有树木要被砍，会在第一时间赶到现场，带领居民抗议、陈情，前后救了二十多棵大树。青田街一带树木葱郁，成为都市里的绿洲，引来许多鸟儿来此筑巢。

台北市政府在2005年3月发出公告，青田街及其周边之日式宿舍群，禁拆两年。经过调查，日式木造的老旧别墅在当时已经所剩不多，仅33幢而已。台北市政府经过仔细勘察，在2006年11月公告其中3处日式木造老屋为古迹、6处为日式木造老屋历史建筑。也就是说，这9处日式木造老屋列入市政府的保护范围，不得拆除。这么一来，虽然其余24幢日式木造老屋没

有列入保护范围，但是房地产商未敢像往日那样鲸吞了。

那位当地老人告诉我："当下，青田街的7巷、8巷和6巷的日式木造老屋最多。"按照他的指点，我徜徉在青田街的7巷、8巷、6巷，看到一幢幢饱经历史沧桑的日式木造老屋，掩映在一棵棵亭亭如盖的巨树之下。

不过，这些日式木造老屋都有高高的围墙，宽大的院子，大门紧闭，站在围墙之外难以看得真切。我走到青田街7巷6号时，偶然发现大门敞开着，里面有工人在施工，似乎在整修房屋。当我询问可否入内参观，施工者当即说："欢迎！"知道我来自上海，显得格外热情，充当临时"导游"，带领我细细参观。我发现，屋顶所铺的青瓦之上，长了一层厚厚的绿苔。我知道，苔藓是一种"指示植物"，凡是绿苔茂盛的地方，表明那里的环境没有污染。这层厚厚的绿苔，正是青田街一带良好生态环境的标志。我问："你们整修的时候，会不会铲除这层绿苔？"施工者告诉我，只要青瓦屋顶不漏水，他们就不会去动屋顶，当然也就不会去动绿苔。

这幢日式建筑，木窗、木柱、木地板，古色古香。不过，镶着白框的窗户却是西式的。阳光透过玻璃窗，洒在地板上，看得出深褐色的地板纯属本色，没有涂油漆。施工者指着地板说，你看这地板离地面有半米多高，是架空的，这是考虑到台北气候潮湿多雨，架空之后可以防止地板腐烂。正因为这样，这些木窗、木柱、木地板至今仍是完好无损。

我问起施工者，这里原先的屋主是谁？

他告诉我，乃是当年台北帝国大学的日本微生物学教授足立仁。

足立仁教授在台湾颇具名气。在二十世纪二十年代，台湾的甘蔗含糖量很低，糖业公司濒临破产，于是聘请专家足立仁来台寻求解决的办法。足立仁经过研究，发现这是由于大量使用"硫安"造成的。所谓"硫安"，即含氮化肥硫酸铵，日本称"硫安"，台湾亦称为"硫安"。当时台湾蔗农大量使用含氮化肥硫酸铵，甘蔗长得又高又大，但是含糖量很低。足立仁找到了症结所在，建议台湾蔗农多用有机肥料，少用"硫安"。果真奏效，甘蔗的含糖量迅速提高。从此甘蔗成为台湾主要的农作物，台湾制糖业迅猛发展，以至博得"糖业帝国"之誉。

青田街7巷6号的日式住宅，由足立仁教授亲手设计，在日式中引入西方建筑元素，成为"日西结合"的建筑，或者可以说是改良型的日式建筑。

足立仁亲自设计了庭园景致，还在庭园设计了家庭游泳池。足立仁的女儿本来畏水，自从家中有了游泳池，爱上了游泳，成为学校游泳队队员。

足立仁设计这座日式住宅，被台北市政府列为"市定古迹"。施工者告诉我，正因为这座房子是"市定古迹"，所以他们前来修缮。

据说，在青田街二十多位志工的努力下，已经完成33幢日式老屋屋主的口述历史记录，为考证这些老屋的历史留下珍贵的史料。

在青田街、温州街、丽水街、泰顺街这一带的日式住宅中，住过许多像足立仁那样的日本名教授、学者。第二次世界大战结束之后，国民党官员以及许多著名学者成了这里的新主人。除了于右任、梁实秋，在这一带住过的有：

蒋经国的儿女亲家、"国防部长"俞大维（潮州街）；

前"行政院长"孙运璇（济南路二段）；

曾任台湾造船公司总经理、"经济部长"、"财政部长"、"总统府资政"，有着"台湾科技之父"美誉的李国鼎（泰安街二巷）；

曾任"教育部部长"、"外交部部长"、"总统府资政"的蒋彦士（仁爱路四段卅五巷）；

曾任"海军总司令"、"国防部副部长"、"总统府资政"的马纪壮（泰安街一巷）；

著名作家、书法家、摄影家台静农（温州街十八巷）；

原"教育部长"、台湾清华大学校长、台湾大学校长阎振兴，台湾大学工学院院长钟皎光，地质专家林朝棨，考古学家陈奇禄，台湾大学医院院长杨思标，台湾大学理学院院长、中央研究院副院长罗铜壁等教育界的硕彦鸿儒，则集中居住在青田街。

小巷深深，日式老屋，参天大树，林间飞鸟，踽踽行者，组成了一幅台北历史画卷。我踽踽于小巷老街，仿佛跨越时空，来到往日的台北，听见学者的高谈阔论和学子的琅琅书声……

# 传奇张大千

## 对于张大千名号的"考证"

早就听说台北有张大千先生纪念馆，并设在张大千先生的故居"摩耶精舍"里，我很想借此能够近距离了解张大千的晚年生活。

张大千是中国著名画家，与齐白石齐名，被誉为"南张北齐"。徐悲鸿更称誉他为"五百年来第一人"。

说来也巧，我曾经一次次"遭遇"张大千。

我在参观敦煌石窟的时候，就听说张大千从1941年起，花费两年七个月的时间，在敦煌临摹莫高窟壁画276幅。

20多年前，我在采访梁实秋夫人韩菁清时，她曾送我数百幅照片，其中有一帧她在香港饭局的照片，在她的右面有一留着黑色长须之人，她说那就是张大千。

此后，我在采访钢琴家傅聪时，他谈及访问台湾时曾经到"摩耶精舍"拜访张大千。我看见两人在"摩耶精舍"的合影，背后的石碑上刻着"梅丘"两字，那时张大千眉须皆白，手执齐肩拐杖，一派长者风度。

2007年我在访问澳大利亚时，定居悉尼的作家王亚法先生著有《张大千演义》一书，他跟我说起了张大千种种轶事，说起台北的"摩耶精舍"……

有过那么多次"遭遇"张大千，所以我对张大千及其"摩耶精舍"可谓心仪已久。

台湾人称张大千是台湾画坛泰斗级的人物。其实，张大千出生于四川内江，50岁之前生活在大陆。1949年底，50岁的张大千离开中国大陆，云游欧洲、北美、南美、日本、朝鲜、东南亚

画家张大千

列国，先后客居香港、印度、阿根廷、美国、巴西。张大千晚年定居台北，直至离世。

关于张大千的介绍，通常是这么写的：

> 张大千（1899～1983年），四川内江人，祖籍广东省番禺。1899年(清光绪二十五年己亥)5月10日（农历四月初一），出生在四川省内江县城郊安良里象鼻嘴堰塘湾的一个书香门第的家庭。

这一段话，明明白白。然而下面的一段文字，字字有来历，大有"考证"的余地：

> 张大千原名张正权，又名爰，字季爰，号大千，别号大千居士，斋名大风堂。

"原名张正权"——张大千有兄弟十人，另有一姐。他行八，名正权。所以张正权是他的真名、本名。由于他行八，常被称之为"张八爷"。

"又名爰，字季爰"——其实"又名爰"之"名"，是指画家的艺名。这"爰"字是一个很生僻的字，据称是古代的一种重量单位或货币单位。1919年，20岁的他在上海拜著名书法家曾熙、李瑞清为师。曾熙为其取艺名爰，字季爰。曾熙用爰作为他的艺名，是因为听说在他降生之前，母亲夜里梦一老翁送一小猿入宅，仿佛意味着他是猿的转世。猿，同猨。他的艺名"爰"以及字"季爰"，都来自这一"典故"。

"号大千"——这个"号"不是一般意义上的号，而是佛教的法号。后来他以法号大千闻名于世，其原名张正权反而鲜为人知。

张大千怎么会有佛教的法号呢？那是1918年，19岁的他正在日本留学，忽闻未婚妻谢舜华病故，陷入无限悲伤之中。谢舜华是他的表姐，同龄，青梅竹马，感情甚笃。他特从日本回上海，欲赴四川内江吊祭。然正值兵乱，交通阻塞，他不得不重返日本，继续学业。翌年夏，在日本完成学业，返沪。秋，拜上海名书法家曾熙、李瑞清为师。这时由父母做主给他在老家定了第二门亲事，女方姓倪。就在定亲不久，倪姑娘得了怪病，连生活都无法自理，这门亲事也就告吹。念及未婚妻谢舜华突然去世，而倪姑娘的命运又如此乖戾，他心情极其郁闷，便到上海松江禅定寺出家为僧。住持逸琳法师为他取法号"大千"，从此称张大千。据称，法号"大

千"出自佛家经典《长阿含经》之"三千大千世界"，意为世界无量无边，要胸列万物，观广探微，物我相融。

他在三个月后还俗，即所谓"百日为僧"。此后称"大千居士"。

"斋名大风堂"——20世纪20年代，张大千与其二哥张善孖在上海西门路西成里大风堂开堂收徒，传道授艺。从此他们的弟子，皆被称为"大风堂门人"。张大千把自己的书斋、画室，亦称为"大风堂"。

至于他的台北的私邸"摩耶精舍"，也与他的法号"大千"有关："摩耶"之名出于佛典，谓释迦牟尼母亲摩耶的腹中有"三千大千世界"。"精舍"意为建构精美的居所，《世说新语·栖逸》说："去郭数十里立精舍，旁连岭，带山川，芳林列于轩庭，清流激于堂宇。"


# "两人团"参观"摩耶精舍"


张大千晚年故居"摩耶精舍"，坐落在台北故宫博物院附近的至善路。

张大千在1983年以84岁高龄故世之后，亲属捐出"摩耶精舍"，作为张大千先生纪念馆。这个纪念馆归台北"故宫博物院"管理，参观者必须提前7天办理网上申请手续。2010年，我在台北春节前甚忙，而春节期间张大千先生纪念馆休息，待春节9天长假结束，我向台北故宫博物院办理网上申请手续，填写之后怎么也无法发至"故宫博物院"，估计网站管理人员仍在休假之中。我只得打电话向"故宫博物院"申请，周转了好几个人，总算有人给予回答，说是参观人数必须5人起，20人以内。于是我申请了5人参观。

但那天因大雾影响，我回台北时已到预定参观日期的下午3时。并且，我已经凑不成5人团，因为长子一天前出差美国了，孙女那天下午要上课，长媳那天公司里也有事，她驾车把我和妻送到台北"故宫博物院"附近的张大千先生纪念馆，就匆忙去办事了。这样原本一家5人团，变成我和妻的"2人团"。我想，也许还有别人登记参观，只要凑成5个人甚至超过5个人就行了。

张大千先生纪念馆坐落在外双溪。那一带，傍着青山，溪水奔腾，如同仙境。所谓双溪，顾名思义是由两条溪水汇集而成。其中的内双溪在双

张大千真会挑地方，他的家旁边就是外双溪

溪公园之内，穿过双溪公园就是外双溪了。外双溪一带，乃是豪华别墅地区，诸多富贾达官在此隐居。入口处设有门卫，经我说明是已经登记的张大千先生纪念馆参观者，这才放行。

　　走过几幢红瓦白墙的别墅，便是一幢黑瓦、蔚蓝色大门的别墅。大门之上，挂着张大千先生所书"摩耶精舍"。大门之侧，挂着严家淦题写的张大千先生纪念馆招牌。严家淦是在蒋介石去世之后继任"总统"的人，他为张大千先生纪念馆题写馆名，足见台湾当局对张大千的看重。

　　我正在张望其他的参观者在哪里，一位黑衣、红裙的小姐朝我走来，她自我介绍说，是今天带领参观的志工，名叫江愫珍。她告诉我，今日的参观者别无他人。我实在不好意思，只有我和妻这"两人团"前来参观。她知道我和妻来自上海，很高兴接待我们这两位远客。江小姐的老师是张大千先生

严家淦先生题写的张大千先生纪念馆

的弟子，所以她很热心为张大千先生纪念馆导览，自始至终都极为认真，并不因为参观者只两人而稍有懈怠。我参观金门金城总兵署时，也是由志工讲解、导游，同样一丝不苟。对于台湾志工这种奉献精神，我深为感佩。

江小姐带领我们走进张大千先生的"摩耶精舍"，这是一幢前有精致的花园、水池，中间是两层楼房的"洋"四合院，后有规模颇大的后花园。

前院的水池里，养着或红或白、悠然自得的金鱼。池边是一棵高大的"迎客松"。那两层主楼上，醒目地嵌着蒋经国题写的"亮节高风"四个金色大字。

走进四合院，底楼是客厅、画室、小会客室与餐厅。二楼则是卧室、裱画室和小画室。江小姐说，这里保持张大千生前的布置原状。

在我走访的台湾诸多名人故居之中，除了蒋介石的官邸之外，无人能与张大千的"摩耶精舍"比美。

从严家淦、何应钦、白崇禧，到于右任、梁实秋，他们住的都是日本人遗留下来的别墅，都是"公家"分配给他们的。就连蒋介石的官邸，也是"公家"的财产。

张大千则不同，他那规模宏大的私邸以及花园，都是他自己掏出真金白银建造的。

从张大千自建"摩耶精舍"也可以看出，他是货真价实的国画大师。倘若不是大师级的画家，也就没能力自费建造偌大的花园式私邸。


## 美轮美奂"八德园"


其实，就张大千而言，"摩耶精舍"并非他最大、最得意的私邸。

我在"摩耶精舍"参观时，看见墙上挂着一帧张大千在巴西的私邸"八德园"前的照片。江小姐告诉我，"八德园"的规模要比"摩耶精舍"大得多。

江小姐说，作为画家，张大千对于自己的居所总是要求充满艺术气氛，虽然他几经迁徙，但是每到一地，都要按照自己的构想建造居所，他把居所也当成一件园林艺术品进行雕琢。不论是他在四川建造的"梅

画室中的张大千蜡像

邸"，巴西的"八德园"，还是美国的"环荜庵"，各具特色，美轮美奂。其中以巴西的"八德园"规模最大。

张大千怎么会到巴西去建造自己的私邸？

对于张大千来说，1949年是人生的分水岭。1949年之前，他生活在中国大陆，而1949年之后则开始了他的海外漂泊生活。

张大千于1949年10月在台北办完画展之后，并不定居台北，而是飞往香港。最初他以香港为立足点，开始云游四方。1950年前往印度，在那里举办画展，并住了一段时间。从印度回香港之后，在1951年"漂"往台湾、日本。返回香港，于1952年3月远游南美洲阿根廷。当他在5月回到香港之后，便决定把立足点移往美洲。1953年他在游览美国之后来到巴西，爱上了巴西，竟然定居那里达17年之久。

据称，张大千看中了西北圣保罗州东北慕义镇郊外一片长着柿子林的土地，是因为"眼前景色颇似故乡成都平原"。他花费8万巴币（当时约折合20万美元）买下了这片总面积14.52万平方米的园林，花费3年时间，建造了一座精美的东方园林——"八德园"。江小姐说，她的老师，就是那时候在巴西师从张大千的。

我问起"八德园"这名字，是不是跟台北八德路一样，源于"忠孝仁爱信义和平"这"八德"？她摇头说，张大千的"八德园"，是以那里的柿子林命名的。唐朝段成式《酉阳杂俎》中说柿有七德：一长寿，二多阴，三无鸟巢，四无虫，五霜叶可玩，六可娱嘉宾，七落叶肥大可供临书。再加上张大千所说的柿叶煎水可治胃病，所以柿子共有八德，所以叫

"八德园"。

八德园的核心，是一幢中国式两层建筑，曰"大风堂"，是张大千的居室、画室所在地。在大风堂四周，爱石的张大千在园林中布满形态各异的巨大的奇石。这些奇石是张大千在南美洲旅行时看到之后，装上大卡车"拣"回来的。

八德园到处是水松、黑松，遍地是牡丹、芍药，还安放了千姿百态的上千盆盆景。

张大千还大手笔雇人开挖了一个面积为10亩的人工湖，湖四周建造了五座亭子，取名"五亭湖"。在五亭湖中央，还有湖心岛。

八德园里还筑一铁笼，内养一只长臂猿。张大千最爱在笼前赏猿，因为他自认是猿的化身。

友人称八德园是张大千所作"立体的画"，是在地上"画"出山水、树木、草虫及人物。张大千在异国巴西，造出了一片中国江南园林。他长髯飘逸，长衫舒卷，漫步在八德园之中，寻觅着绘画的灵感。

张大千在八德园中创作了大量作品，其中最为著名的有1968年为国民党元老张群八十华诞所绘1.5米宽、4.6米长的大手卷《长江万里图》和1969年所画《黄山图》。不论是万里长江，还是秀美黄山，人在巴西，心在大陆河山。

在巴西八德园居住期间，张大千还多次前往欧洲、美国、新加坡、日本、中国台湾，举办画展，拜访画友。

很可惜，由于巴西政府要在那里建水库，而八德园正处于水库范围，张大千不得不放弃了八德园。然而那个建水库的计划只在纸上谈论了几十年，至今仍未实现，而八德园由于张大千的离去无人管理，杂草丛生，荒废了。

1969年张大千忍痛离开巴西八德园，迁往美国。张大千先是在美国加利福尼亚州旧金山的"17英里"处（在卡迈尔Carmel与蒙特利Monterey之间），买了现成的别墅。笔者曾经两度去过"17英里"，那里是太平洋东岸，白浪滔天，风景优美，是美国的富豪别墅区。在张大千看来，在那里买一幢现成的别墅，当然无法跟巴西的八德园相比。张大千称之为"可以居"——仅仅是"可以"居而已。据称，"可以居"出典于中国画论里的"画可以观、可以游、可以居"。

"可以居"只是过渡。1971年张大千迁入在洛杉矶卡密尔自建的"环荜庵"，格局不如八德园之大，而精致则过之。

"环荜庵"之名，源于《左传》："荜路蓝缕，以启山林。"其意是

驾着牛车穿着破旧的衣服去开辟山林，表示艺术之路，何等艰辛。

张大千在"环荜庵"种了许多梅花。

据1971年11月曾经专程赴卡密尔访问张大千的周士心先生记述：

> 先生新造的画室早已完成，各方好友所赠梅花有九十七枝，每枝均系有友人的名字，如某甲梅、某乙梅之类。后来要凑满百枝，但有人劝说不要太满，中国哲学有盈虚的道理，倒不如再加两枝合成九十九枝，取其长久之意……听说大千先生晨昏三余，对着那些梅花，就好像对着时常往来的老朋友。

张大千居美国7年，在这7年间他携四夫人多次访问台湾，最终决定举家迁往台北。

# 张学良·毕加索

> 海角天涯鬓已霜，
> 挥毫蘸泪写沧桑。
> 五洲行遍犹寻胜，
> 万里归迟总恋乡。

这是张大千写下的诗句。他那时候回不了故乡四川，只得在1972年到台湾定居。

江小姐说，"摩耶精舍"是张大千先生亲自选址、亲自设计的。张大千当时走遍台北，看中有山有水的外双溪，而且选中外双溪分流之处，买下这里578平方米的地皮。"摩耶精舍"自1976年始建，1978年完工，又成为一幅"立体的画"。

我很有兴味地参观张大千的画室。画室足有半个篮球场那么大，而画桌有两张乒乓球桌那么大。长髯垂胸的张大千（蜡像）正在执笔作画，他的身旁蹲着一只猿猴（标本）。张大千自诩黑猿转世，所以在"摩耶精舍"的后院养了几只猿猴，常以饲猿、戏猿为乐。江小姐说，猿猴蹲在张

大千身边看他作画。这有几分艺术夸张，猿猴性野，难以管教，平常关在铁笼里，不可能如此乖巧安静坐在画案之侧。

在后院，还养着青鸾、猿猴、仙鹤、画眉。张大千揣摩于胸，下笔于纸，故栩栩如生。

本来，室内是不允许摄影的。蒙江小姐照顾，我得以在画室与"张大千"合影。

张大千有大、小两个会客室，大会客室供张大千会客，小会客室则是夫人会客之所。

在大会客室，我看到张大千与张学良将军的合影。这"两张"，虽然一个是文人，一个是武将，却有着深厚的友谊。

1961年、1964年，张大千两度从巴西来到台北的时候，他向国民党当局申请探望软禁之中的张学良将军，都获得批准，与张学良相见甚欢。

在张大千定居台北之后，张大千更是与张学良过从甚密。当时，张学良、张大千、张群、王新衡这四人每月相聚一次，轮流坐庄，人称"三张一王，转转会"。其中张群乃国民党元老，而王新衡则是"立法委员"、亚洲水泥公司董事长。

张大千为何跟张学良将军有如此深厚友谊？

内中的故事颇为有趣：

1930年，张学良任国民政府陆海空副总司令，行营设在北平顺承王府。不远处，便是琉璃厂，那里书画云集，张学良喜爱收藏书画，常去琉璃厂走动。有一回，他花重金购买了几幅明末清初名家石涛的山水画。买了之后，有鉴赏家看出，那几幅石涛的山水画乃是赝品，出自青年画家张大千之手。

张大千也很快就得知，那几幅仿石涛之画，被张少帅买走，心惊胆战，生怕被这位陆海空副总司令识破，弄得不好要脑袋搬家。

就在张大千紧张之时，收到一份印刷精美的宴会请柬，下面的落款是"国民政府陆海空副总司令张学良"。张大千寻思，即便逃亡也逃不出张少帅的掌心，便硬着头皮去了。

那是一次大型名流之宴，张学良见到张大千非常客气，还向来宾介绍说，这是功力非凡的"石涛传人"张大千先生！

张学良的豁达，令张大千深为感动。从此"两张"结谊，时有来往。

张大千的祖上曾经是四川内江知县，诗书传家。到了张大千父亲张忠发这一代，虽然没有做官，但仍是书香门第。张大千6岁时，跟着姐姐、哥哥读书识字。9岁时随姐从母习画。18岁时张大千随二哥张善孖赴日本留学，学习染织，兼习绘画。

回到上海之后，张大千钻研石涛画技，旁及八大山人、渐江、石溪、唐寅、徐渭、陈淳等人。他特别推崇石涛，摹仿石涛之作可达到乱真的程度。

此后张大千三赴敦煌，临摹壁画两年零7个月，完成200余幅作品，出版有《张大千临摹敦煌壁画展览特集》、《敦煌临摹白描画》。

评论家曾经分析张大千的艺术道路，经历"师古"、"师自然"、"师心"的三阶段：40岁前"以古人为师"，40岁至60岁之间以自然为师，60岁后以心为师。

张大千正是在40岁之前，以石涛、敦煌壁画为师，在临摹中打下深厚的基础。

在40岁至60岁之间，张大千走遍神州万里河山，漫游世界各国，以自然为师，创作大量山水画。

到了60岁之后，张大千达到了"随心所欲"的地步，进入了绘画创作的最高境界，创造了泼彩、泼彩墨艺术，成为中国的国画大师。

张大千在绘画上能够建立丰功，"功夫在画外"。张大千勤于读书，经、史、子、集无所不包，并不只限于画谱、画论一类的书。张大千博览群书，方能进入"随心所欲"的境地。

他曾经嘱咐弟子：

"作画如欲脱俗气、洗浮气、除匠气，第一是读书，第二是多读书，第三是须有系统、有选择地读书。"

张大千还说："有些画家舍本逐末，只是追求技巧，不知道多读书才是根本的变化气质之道。"

张大千此言，可谓至理名言。

在大会客室，我还见到墙上挂着一张历史性的照片，即张大千与毕加索的合影。这张照片是张大千1956年访问法国时，在尼斯港的"加尼福里尼"别墅拜访著名画家毕加索时拍摄的。当时法国报纸把张大千与毕加索的会晤称为"世界艺术界的峰会"、"中西艺术史上值得纪念的事件"。

毕加索高度评价了中国艺术，称赞张大千是一位真正的艺术家，并说："这么多年来，我常常感到莫名其妙，为什么有这么多中国人乃至东方人来巴黎学艺术！这不是舍本逐末吗？"

值得提到的是，由于张大千有极高的艺术修养，因此他的鉴赏力也极高。他能从诸多藏画之中，识别精品名作。张大千收藏了大量名画，诸如《韩熙载夜宴图》，是五代十国时南唐画家顾闳中的名作，以连环长卷的方式描摹了南唐巨宦韩熙载家开宴行乐的场景。2006年电影导演冯小刚

便依据《韩熙载夜宴图》拍摄了电影《夜宴》。由于张大千"识货"，往往能够低价买进，高价卖出。有人指出，张大千能够在巴西建造"八德园"、在台北建造"摩耶精舍"，他那么多的真金白银，主要不是靠出售自己作品获得，而是从倒卖名画获得。画家通常是在去世之后，作品才"身价百倍"，张大千也是如此。他健在时，他的画作固然已经在画界占领"制高点"，但是他的作品在他去世之后才连连看涨。2011年张大千1,371件作品被拍卖，总额超过5亿美元(合人民币30多亿元)，超过毕加索，成为全球第一。

## 美食家·四个夫人

"摩耶精舍"四合院南侧，是张宅餐厅，安放着一张大圆桌，四周12把椅子。

张大千不仅好客，而且是美食家。张宅常常高朋满座，兴之所至，张大千还会下厨"露一手"。

餐厅的墙上，贴着张大千在1981年宴请张群时的菜单：干贝鸭掌、干烧鳇翅、葱烧乌参、粉蒸牛肉、绍酒焗笋……

我在张家后院还看见泡菜坛、烤炉，足见张大千对于美食的喜爱。

如今"大千鸡"、"大千鱼"，已经成为川菜中的名品。

张大千雇有厨师，然其本人亦能掌勺，夫人徐雯波更是烹饪能手。我由此向江小姐问起张大千的婚姻，得知徐雯波是张大千的"四夫人"。

前已述及，张大千最初的未婚妻是谢舜华。由于谢舜华突然去世，19岁的张大千悲痛之极，以至翌年在上海出家，当了"百日僧"。

据传，张大千之所以还俗，是被二哥张善孖强行从寺院里拖走。因为张善孖奉父母之命，要带他回老家完婚——他的父母为他物色了新的对象，即他母亲曾友贞的侄女曾正蓉。

就这样，1920年春，21岁的张大千返川与名门闺秀曾正蓉小姐结为伉俪。毕竟这是父母之命，张大千与曾正蓉婚后感情一般，并无太多共同语言。曾正蓉晚年曾称自己是"感情上被遗弃的人"。

曾正蓉与张大千婚后两年无"动静"，张大千的父母着急了，在1922年又为张大千纳妾，娶了二太太黄凝素。黄凝素也是四川内江人，比张大千小8岁，嫁给张大千时才15岁。据张氏家谱载：黄凝素"善伺公（引者注：指张大千）意，甚得公欢，虽不善理家庭，而侍公书画，俾公点墨不遗。"黄凝素与张大千婚后，先后生了11个子女。

就在黄凝素嫁入张家8年之后，原本以为不会生育的元配夫人曾正蓉在1930年居然也怀孕了，生下一个女儿。

曾正蓉胖而黄凝素瘦，家人分别称之为"胖妈妈"和"瘦妈妈"。

这样，张大千有了两位夫人、12个子女。不过张大千这两次婚姻都是由父母做主。

1935年夏季，36岁的张大千在北京中山公园水榭举办个人画展，邂逅北平城南观音阁唱大鼓的艺人杨婉君，她才貌双全，年方十八。张大千陷入热恋。当时张大千已经在画坛上颇有名气，风流倜傥，但是杨家得知张大千已有妻室，颇为犹豫。

当时，元配夫人曾正蓉在四川老家，二夫人黄凝素陪同在侧。出人意料的是，黄凝素得知此事，不但不反对，还出面力挺。黄凝素对杨婉君说："好妹妹，你这一来，就算帮了我的忙了。我孩子多，脱不开身，大千到哪儿去也不能陪着。你若来，我可专心专意看孩子，大千去哪儿也有个伴儿。"

这么一来，杨家同意了这桩婚事。1935年10月，杨婉君与张大千在北平结婚。

此后果真杨婉君成了张大千的"伴儿"，陪伴在他的身边。

"美食家"张大千常在家中餐厅设宴款待友人

1937年7月7日，日军发动卢沟桥事变，占领了北平。8月，张大千被日本宪兵司令部扣押，原因是日军一位大佐把他当成国民党监察院长于右任，张大千与于右任都留有长髯。张大千连忙解释说，于右任只会写字，不会画画。张大千说罢，就画了一只横行的螃蟹。日本大佐虽然明白此人并非于右任，但是具有绘画天才，值得留下使用。北平的《兴中报》宣称，"画家张大千已被枪毙"。

杨婉君千方百计打听张大千行踪，得知丈夫被扣，竟叫了一辆医院的救护车驶往张大千扣押处。她对日本大佐称，张大千患了"传染性肝炎"，马上要住院治疗。日本大佐一听，赶紧放人。于是张大千坐上救护车扬长而去。杨婉君聪明过人，由此可见一斑。

此后，张大千拒绝了担任日华艺术画院院长及日伪北平艺术专科学校校长的职位，表现出坦荡的民族气节。

杨婉君陪伴张大千度过了抗日战争艰难动荡的岁月。特别是1941年，张大千在敦煌那极其艰苦日子里，杨婉君也是细心照料，陪伴在侧，确实不易。

长期的辛劳，使杨婉君患上了乳腺癌。

张大千从敦煌回到成都。一天，张大千的女儿张心瑞带来一位名叫徐鸿宾的同学，说是要来学画。徐鸿宾楚楚动人，亭亭玉立，张大千为之眼睛一亮，予以热情接待。从此这位成都姑娘常到张家学画。在密切的交往中，张大千与徐鸿宾发生了恋情。

张大千大徐鸿宾整整30岁。消息传到张大千二夫人黄凝素的耳朵里。黄凝素一反过去支持张大千迎娶杨婉君的态度，坚决反对迎娶徐鸿宾。黄凝素因此提出与张大千离婚。黄凝素还动员杨婉君与张大千离婚，遭到杨婉君的拒绝。

抗战胜利之后，张大千与黄凝素离婚，并送杨婉君回北平娘家养病。

1947年张大千与徐鸿宾在上海结婚。徐鸿宾这名字颇为男性化，张大千为之改名徐雯波——她也就是张大千的四夫人。

徐雯波成了张大千后半生的支柱。她陪伴张大千从大陆到台湾，再从台湾到香港、印度大吉岭、巴西"八德园"、美国"环荜庵"，直到最后定居台湾"摩耶精舍"。

人们这样评价张大千的四位夫人：

元配夫人曾正蓉为他在老家操持家务，孝顺父母；

二夫人黄凝素生了11个子女；

三夫人杨婉君陪伴他度过抗战时期的艰苦岁月；

四夫人徐雯波陪伴他度过漂泊的后半生。

# 安葬于"摩耶精舍"后院

　　"摩耶精舍"画室里的挂钟时针永远停在8：15。王小姐告诉我，这象征张大千在1983年4月2日8：15因心脏病去世，终年84岁。

　　在国共大决战的时刻——1948年12月，张大千画展在香港举行，张大千携新夫人徐雯波飞抵香港，住了下来。

　　1949年2月23日，正在香港九龙亚皆老街临时寓所里的张大千，接待了一位不平常的访客，那就是国民党左派元老廖仲恺夫人何香凝。何香凝本人也擅长书画，所以与张大千过去有所交往。何香凝告知，她即将赴北平出席新政治协商会议，将拜见毛泽东，想带一件见面礼。她思忖再三，以带一幅张大千的画最合适。张大千欣然允诺。

　　三天之后，张大千交给何香凝一幅《荷花图》，上题"润之先生雅正"。毛泽东见到这幅画，非常喜欢，挂在自己的办公室里。

　　从这一历史细节可以看出，张大千对于中共、对于毛泽东，是持相当友好的态度。然而张大千在1949年选择离开大陆，其原因在于他是一个自由散漫惯了的人，爱钱而又爱花钱，他的拥有四位夫人的家庭也显然与共产党体制格格不入，他更不愿接受"思想改造"。何况他在国民党高层有诸多好友，如于右任、张群，所以他的"思想天平"倾向于国民党那一边是很自然的。正因为这样，在1949年这历史大转折的时刻，张大千选择了离开大陆，虽说其原因并不是"反共"。

　　也正巧， 1949年10月中旬，张大千应邀到台北举行画展。这是张大千第一次来到台湾。向来喜欢游览名山大川的张大千，除了走访台北，还去了台湾各地。当时，中国人民解放军已经横渡长江，蒋介石兵败如山倒，龟缩于中国西南。大批国民党高官带着太太、子女和黄金逃往台湾。只有像张大千这样的"闲人"，还有"闲情"在台湾游山玩水。当张大千回到台北，见到那个已经从大陆来到台湾、同样留着长胡子的国民党中央"监察院长"于右任。于右任虽是国民党高官，却酷爱书法，所以跟张大千有着深谊——1937年8月张大千在北平就是因为也留着长须，被日本宪兵司令部误为于右任而扣押起来。此时于右任告诉张大千，就连大西南也保不住，成都岌岌可危，即将落入共军之手。

张大千得知这一消息，顿时着急起来。1947年他与四夫人徐雯波在上海举行婚礼之后，回到成都，在成都金牛坝建造了新居。张大千把自己的重要作品以及收藏的古代名画，存放在金牛坝新居。他除了因1948年12月要在香港举行画展，带出部分作品到香港之外（这些作品后来又转到台北展览），大部分作品，尤其是他收藏的价值连城的古代名画，都留在成都，其中包括那幅国宝级的《韩熙载夜宴图》——这幅名画原是清朝皇宫所藏，"末代皇帝"溥仪遭废之后，手头拮据，在天津变卖名画，致使《韩熙载夜宴图》等名画流落民间。1945年张大千以黄金500两买下此画。

张大千急于要从台北回到成都。当时，上海、南京、武汉都已经红旗飘飘，交通阻断，除了国民党军用飞机往返于台北与成都之间，别无其他交通工具。张大千求助于于右任。于右任电告蒋介石。尽管当时蒋介石正在四川前线指挥作战，在军务繁忙的时刻，接了于右任的电报，马上致电台湾省主席陈诚给予张大千帮助。

关于张大千如何在战火纷飞的时刻，居然能够从台北飞到成都，又从成都返回台北，传闻甚多。2005年，四川《时代周报》记者、笔者的文友刘小童在台北访问了当年执行这一绝密飞行任务的飞行员黄庭简先生，这才揭开真实的一幕。笔者在写作本文时，与刘小童先生核对了若干细节……

据黄庭简回忆，当时他的二十大队二中队的飞行员，驻守在台湾新竹机场。他接到命令，驾驶一架C-46飞机往返新竹、成都。笔者在东北林场深入生活时曾经多次乘坐C-46飞机，那是美制双螺旋桨运输机。在20世纪

张大千故居后花园的回廊

作者在张大千墓前

40年代算是很先进的运输机。1949年12月8日（注：黄庭简回忆说是10日，有误）上午，黄庭简驾驶一架C-46飞机从新竹起飞。张大千搭乘了这架军用飞机。

黄庭简回忆说，此时福建、广东、湖南、湖北等均已易手，地域虽然辽阔，但却无任何立足之处，曾经熟悉的机场统统不再能起降。唯一欣慰的是，对手尚无空军，但航路上是否已布置高射炮，随时将炮弹射向自己则不得而知。再有，此次飞行，关山迢递，无气象预报、无导航，唯一能企求的是，飞机别有任何机械故障，否则后果不堪设想。还好，C-46表现还算正常，除在湖北上空几次出现"放炮"（遇低温冷气，发动机结冰）外，一路平安抵达成都，抵达凤凰山机场。

落地后，张大千找辆三轮车离开，而此时成都市区已经出现乱象，黄庭简带领机组成员不敢离开飞机，夜深了就在机舱内睡觉。

翌日，张大千带着一辆装载物品和家眷的卡车回来了。由于C-46已经满载，张大千只能带家眷两人上飞机，而他的藏画已经无法全部装运了。

正巧凤凰山机场上停着蒋介石专机中美号，黄庭简询问专机飞行员衣复恩是否有好办法。衣复恩向蒋介石汇报，蒋介石指示，可以把装不下的字画古玩，都装到专机和另外一架飞机上……

就这样张大千终于松了一口气。不过由于张大千只能带家眷两人，其中一人当然是四夫人徐雯波。这时，徐雯波已为张大千育有一女一儿，她却很大度，宁把自己的孩子留在成都，带走张大千与二夫人黄凝素所生的三岁女儿张心沛。

黄庭简回忆说，回新竹飞的航线是经过海南岛（当时海南岛还在国民党军队手中），再贴着南海海岸线，从香港外面绕过去，越过台湾海峡，在新竹机场落地。

就在张大千离开成都的次日——12月10日，蒋介石乘坐中美号专机，从成都的凤凰山机场起飞，飞往台北，从此蒋介石永别大陆。

12月27日，中国人民解放军攻下成都。

张大千来到台湾的那些日子，正是台湾兵荒马乱的时候。他待不下去，带着四夫人徐雯波从台北飞往香港，然后到印度举行画展。

张大千在阿根廷、巴西、美国漂泊了一圈，最后还是回到台北。

张大千当年从成都匆匆运出的，只是一部分画作和藏画。1955年，张大千夫人曾正蓉、杨婉君向四川博物馆捐赠敦煌壁画摹画稿等260幅及张大千书画印章80方。周恩来总理获悉后，指示文化部颁发4万元人民币奖金，并过问奖金的分配，要留2万元人民币给张大千先生回来后用。

张大千虽然在外漂泊，仍在经济上接济曾正蓉、杨婉君。

1961年初，元配夫人曾正蓉病故。

张大千步入八旬，身体大不如前，自知余日不多，决定立下遗嘱以便处理后事。1979年4月12日，在他81岁寿辰前夕，张大千请来老朋友张群、王新衡、李祖莱、唐英杰以及律师蔡六乘，夫人徐雯波也在场，平静地口述了遗嘱内容，由代笔人唐英杰记录。

这份遗嘱直到张大千去世后才由台湾报纸刊登公布。

遗嘱写道：

"立遗嘱人张爰(字大千)缘余年届八十，深念渥承天麻，得毕生浸润于书画，勉有成就，感祷不已。惜余不治生产，积蓄甚微，光阴荏苒，宣立遗嘱以示后人……"

在遗嘱中，张大千把自己的遗产分为三部分：一、自作书画；二、收藏古人书画文物；三、"摩耶精舍"房屋和宅基地。张大千毕生没有巨额积蓄，大部分卖画收入用来收藏古文物、字画。张大千决定把所收藏的古字画文物捐给台北故宫博物院，房屋、宅基地捐给有关文化艺术机构。老人只把自己所作的书画分作16份，由妻子徐雯波，儿子心智、心一、心玉、心珏、心澄、心夷、心健(已于1971年自杀，但张大千一直不知道)、心印，女儿心瑞、心庆、心裕、心渊、心沛、心声，以及1949年留在大陆的第三位夫人杨婉君分别继承(张大千共有子女16人，6人留在大陆。其中元配夫人曾正蓉生一女，二夫人黄凝素生子女十一人，三夫人杨婉君未生育，四夫人徐雯波生二子二女。子心亮、女心碧早夭)。

在张大千遗嘱公布之后，北京市政协派人通知了仍然健在的张大千三夫人杨婉君。杨婉君万分感叹："在大千的遗嘱里有我杨宛君三个字，我这35年就算没有白白等他，他还在想着我！"

此后，杨婉君因患肺癌不治去世。

张大千写遗嘱时，元配夫人曾正蓉已经故世，二夫人黄凝素已经离婚，所以没有分配自己的书画给她们，但是她们的子女都有份。

我漫步在"摩耶精舍"后院，那里依山临溪，梅树满园，张大千称之为"梅丘"。张大千喜爱梅花的高洁。张大千离世之后，便安葬于此。张群为之题字："大千先生灵厝"。

参观张大千故居，我仿佛走近张大千，知大师之另类性格，识大师之人生道路。

# 国学大师钱穆的"素书楼风波"

## "开窗北山下"的素书楼

我在北京大学读了六年书，天天生活在未名湖畔，竟然不知未名湖这一名字是谁取的。直至这次在台北参观了国学大师钱穆的故居"素书楼"，方知未名湖这一名字是钱穆先生取的。真对自己的无知感到汗颜——不过，这也难怪，在那个年代，钱穆的名字在大陆是禁忌的符号。

我也熟知大陆的"三钱"，即钱学森、钱伟长、钱三强。我却不知钱伟长这名字也是钱穆取的。钱伟长是钱穆长兄钱挚之长子，钱穆的亲侄。同样道理，在那个年代，钱穆在大陆曾经遭到"批判"，被称为"反动文人"，是"免提"的名字。

钱穆原名钱思镛。1912年，17岁的钱思镛由其长兄钱挚为之改名钱穆，字宾四。钱穆的名"穆"与字"宾四"，语出《尚书•舜典》："宾于四门，四门穆穆。"

钱穆给钱挚长子取名"伟长"，则是因"建安七子"中的徐干，字伟长，擅长诗赋。钱穆给侄子取名"伟长"，希望他长大后能成为像徐干那样的学问家。

钱穆毕生研究国学，无党无派，并不涉及政治，只是由于他受到蒋介石的礼遇而定居台湾，在海峡两岸尖锐对峙的岁月，便把他贴上"国民党学者"标签，使得钱穆纯学术的国学研究著作在大陆无法出版。

直到海峡两岸一片祥和气氛的今日，洋洋1,700万字的《钱穆先生全集》，在2011年由九州出版社出版。钱穆的代表作之一《国史大纲》，在此前出版，成为大陆畅销的学术著作。

其实钱穆故居"素书楼"离我的长子

钱穆（1953年在台北桂林街）

家很近。每一回驱车穿过自强隧道进入外双溪，就见到东吴大学的醒目的校门。钱穆故居"素书楼"就在东吴大学校园之内。

东吴大学原是中国20世纪初第一所民办大学，校名"东吴"就意味着学校所在地是苏州。1952年改为江苏师范学院。1982年改为苏州大学。

蒋介石败退台湾之后，经东吴大学在台校友倡议，1951年在台北汉口街兴办了东吴大学，1961年迁至外双溪。

外双溪的上游为内双溪，发源于阳明山山脉擎天岗附近，先向南流后转向西，与菁礜溪（碧溪）会合之后，成为外双溪。外双溪一带属于台北士林区，有山又有水，风景优美。从1950年起，蒋介石就住在这里的士林官邸。始建于1962年的台北故宫博物院，也建在这里。就连张大千建造私宅，同样选中这里。

车至东吴大学大门口，门卫告知沿着学校的主干道一直往里，路的右侧的小山坡上，便是钱穆故居"素书楼"。穿过大片校区之后，果真看到一个小山坡，在茂密的绿树丛中，隐约可以看见一幢红砖外墙的小楼，想必是"素书楼"。驱车上山坡，便见到两扇红色大门，门上有一黑色木牌，上书"素书楼"三字。右侧的水泥门柱上，挂着"钱穆故居"牌子。据说当年钱穆先生住此，便指定大门要漆成红色，即所谓"朱门"之意。门内、门外，一棵棵榕树如巨伞撑开，长长的榕须随风飘荡。

钱穆故居坐落在台北东吴大学内

钱穆故居

　　进门之后，还要继续上山。面前有两条路，左侧为步行道，沿石阶而上；右侧为车行道，钱穆先生晚年体衰，无力登山，外出时由夫人胡美琦驾一辆小金龟似的轿车，回家时可由车行道直抵小楼。

　　我拾级而上，曲径通幽，走过之字形石阶，约莫向上20多米，便是一幢红灰两色相间的两层楼房。远看只是一座小楼，近看则是座大于通常的两层别墅。钱穆先生把自己的居所命名为"素书楼"，其缘由是他在无锡七房桥五世同堂的故居第二大厅叫"素书堂"。他17岁时得伤寒，误用了药，几乎不救，母亲花费7个星期日夜精心照料，终于使他脱离险境。为了感恩母亲，以"素书楼"表达怀念之情。

　　"素书楼"的底楼左侧为客厅。客厅颇大，如同课堂，可容四、五十人。从1968年"素书楼"落成起，至1986年止，钱穆在家授课，客厅即讲堂。1986年6月9日下午，91岁的

钱穆故居前的树

钱穆故居底楼客厅

钱穆的书房

钱穆故居底楼客厅

钱穆故居底楼客厅

钱穆在素书楼讲最后一课，临别赠言："你是中国人，不要忘记了中国！"从此钱穆告别讲坛。

钱穆崇敬南宋思想家朱熹。在客厅里，我看见摆设着朱熹像，以及朱熹所书"立修齐志、读圣贤书、静神养气"等字轴。钱穆故后，客厅安放钱穆铜像，以表纪念。客厅里还陈列着钱穆上最后一课时的照片。

客厅对面如今是一多媒体放映室，原先是钱穆夫人胡美琦的画室。钱穆一生有过三次婚姻。1928年夏秋之际，他的原配夫人及新生婴儿相继去世，给了钱穆沉重的打击。此后钱穆与张一贯结婚。张一贯是小学校长，与钱穆育有四子两女。

1949年钱穆只身赴广州然后去香港。1952年钱穆到台湾淡江文理学院刚落成的礼堂演讲，忽被屋顶掉下的大水泥块击晕，送到医院急救，后来送至台中养病，受到在台中师范学院图书馆工作的胡美琦照料。胡美琦曾经就读厦门大学和香港新亚书院，而新亚书院正是钱穆创办的。后来胡美琦从台湾大学毕业，来香港工作。1956年，钱穆与胡美琦在香港结婚。

从"素书楼"底楼到二楼的楼梯两侧，悬挂着钱穆先生多幅照片，仿佛从钱穆一生中截取一个个有代表性的瞬间。其中最为引起我注意的是1981年钱穆与侄子钱伟长在香港的合影。

二楼左侧是钱穆书房。书房四壁皆是从地板至天花板的"顶天立地"的书架。靠窗是钱穆先生的书桌。钱穆诸多著作都是在这里写出来的。钱穆生活很有规律，早餐之后便在书房写作，直至中午。午休之后又继续写作。

我在钱穆的书柜里，看见《钱宾四先生全集》共54卷，1 700万字。这是钱穆故世之后，由钱穆夫人胡美琦以及几位钱穆门人整理、编辑的，共分三编，即甲编——学术思想，乙编——史学，丙编——文化人生及其他杂著。《钱宾四先生全集》于1998年由台北联经出版事业公司出版。

二楼的另一个房间是卧室。钱穆夫妇的卧室陈设很简单，两张床铺和一个五斗柜而已。

卧室之外是很大的阳台。透过阳台的玻璃窗，可以看见故宫博物院绿色的屋顶。钱穆和夫人常常坐在阳台上欣赏美景。钱穆在82岁时，曾经写下一首五绝，描述自己的"素书楼"：

> 开窗北山下
> 日出竹光朗
> 楼中人兀然
> 鸟雀时来往

# "北胡南钱"之誉鹊起

钱穆把自己的一生，献给了国学研究。他的可贵之处，在于惊人的刻苦与勤奋。钱穆虽然出身钱氏书香门第，乃吴越武肃王钱镠第三十四世孙。钱穆与钱钟书同宗不同支，钱穆称钱基博（钱钟书父亲）为叔，而钱钟书则又称钱穆为叔。

父钱承沛是晚清秀才，体弱多病。钱穆7岁入私塾，12岁时，家庭的顶梁柱、41岁的父亲离世，孤儿寡母不胜困苦。所幸母亲节衣缩食，坚持让钱穆上学。钱穆在常州中学上学时参加学潮，当时该校学潮的领导者之中还有后来成为五四运动干将的刘半农以及后来成为中共领导人的瞿秋白。1911年，16岁的钱穆尚未高中毕业，因家贫不得不辍学去乡间担任三兼小学国文教师，1913年任教于无锡县第四高等小学（梅村），1919年任一所初级小学校长，1922年任无锡县立第一高等小学教师。在做了11年小学教师之后，应聘到福建厦门集美学校担任教师，即开始在中学任教。

1927年成为苏州中学国文教师。前前后后钱穆担任小学、中学教师达19年之久。所以这位国学大师的最高学历，是高中肄业。钱穆在教学之余，写作文史论文投稿，在上海《申报》发表，引起学术界注意。但是后来他的投稿屡次不见刊发，钱穆一打听，方知原委：他在致报社的信中，提及自己是乡村小学教师——在当时的编辑看来，乡村的中小学教师能有什么学问，于是不用钱穆的文章。

然而钱穆"虽居穷乡，未尝敢一日废学"。经过十几年的日夜苦读苦学，他发现鼎鼎大名的康有为的《新学伪经考》竟然"其不可通者二十有八端"！1929年，胡适、顾颉刚来苏州中学演讲，作为苏州中学国文教师的34岁的钱穆得以与他们相识。也就在这一年，他写出《刘向歆父子年谱》，指出康有为所力主的刘向歆伪造诸经之说不成立。这篇论文于1930年发表于《燕京学报》第七期上。顿时，钱穆引起了北平学术界的广泛注意。胡适在1930年10月28日的日记中便写道："昨今两日读钱穆（宾四）先生的《刘向歆父子年谱》（《燕京学报》七月）及顾颉刚的《五德终始说下的政治和历史》（《清华学报》六·一）。钱谱为一大著作，见解与体例都好。他不信《新学伪经考》，立二十八事不可通以驳之。顾说一部分作于曾见钱谱之后，而墨守康有为、崔适之说，殊不可晓。"

当时任燕京大学国学研究所研究员兼历史系教授的顾颉刚，致函钱穆："君似不宜长在中学中教国文，宜去大学中教历史。"受顾颉刚推荐，钱穆这位江苏乡间教师在1930年一举成为燕京大学国文讲师。

当时燕京大学校长为美国的"中国通"司徒雷登，他设宴招待新来的教师，钱穆应邀出席。司徒雷登询问新来的教师对燕京大学的印象，钱穆直言道："初闻燕大乃中国教会大学中之最中国化者，心窃慕之。及来，乃感大不然。入校门即见'M'楼、'S'楼，未悉何义？此谓中国化者又何在？此宜与以中国名称始是。"司徒雷登很重视钱穆的意见，专门召集校务会议加以讨论，改"M"楼为"穆"楼，"S"楼为"适"楼，"贝公"楼为"办公"楼。当时燕京大学的校园，即今日北京大学校园。园中有一湖未名，众人提出各种各样的名字都觉得不合适，钱穆建议就叫"未名湖"，得到一致赞同。

钱穆来到北平的次年，即1931年，顾颉刚又推荐钱穆到北京大学任教。1931年3月18日顾颉刚致函北京大学文学院院长胡适："……我想他（引者注：指钱穆）如到北大，则我即可不来，因我所能教之功课他无不能教也，且他为学比我笃实，我们虽方向有些不同，但我尊重他，希望他常对我补偏救弊。故北大如请他，则较请我为好，以我有流弊，而他无流弊也。他所作《诸子系年》已完稿，洋洋三十万言，实近年一大著作，过数日当请他奉览。"胡适亦看重钱穆。就这样，钱穆在北京大学历史系任教。

顾颉刚致胡适函中提及的钱穆新著《诸子系年》，即《先秦诸子系年》，出版之后受到学术界推崇。陈寅恪称其"极精湛，心得极多，至可佩服"。顾颉刚则称"作得非常精炼，民国以来战国史之第一部著作也"。胡适对学生说："有关先秦诸子事，可向宾四先生请教，不必再问我。"从此钱穆进入国学研究精英之列，除在北京大学授课之外，还兼课于清华大学、燕京大学、北京师范大学。钱穆的讲课如同演讲，生动而富有创见。讲得高兴时，往往庄谐并作，精彩百出，时有妙语，逗得同学们哄堂大笑。据称，钱穆"每一堂近三百人，坐立皆满，盛况空前"。

一时间，"北胡（适）南钱（穆）"之誉鹊起。钱穆与胡适有了深厚的友谊，但是在学术上则展开争鸣。胡适主张老子在孔子前，因孔子曾问学于老子；而钱穆、顾颉刚则主张老子在孔子后。他们仨在课堂上各抒己见。一位学生以为胡适"在老子时代问题上有成见"，胡适则反驳道："老子又不是我的老子，我哪会有成见呢？"但是胡适又说，"在大学里，各位教授将各种学说介绍给大家，同学应当自己去选择，看哪一个更合乎真理。"

1937年，高中尚未毕业的钱穆，出任西南联合大学教授。

可贵的是，在抗战的动荡岁月，钱穆在云南宜良北山的岩泉下寺，独居小楼一年，写成名著《国史大纲》。在《国史大纲》开头，钱穆在引论中开宗明义指出：

> 凡读本书请先具下列诸信念：一、当信任何一国之国民，尤其是自称知识在水平线以上之国民，对其本国已往历史，应该略有所知。二、所谓对其本国已往历史略有所知者，尤必附随一种对其本国已往历史之温情与敬意。三、所谓对其本国已往历史有一种温情与敬意者，至少不会对其本国历史抱一种偏激的虚无主义，亦至少不会感到现在我们是站在已往历史最高之顶点，而将我们自身种种罪恶与弱点，一切诿卸于古人。

钱穆正是以这种"对国史具有温情和敬意"，阐扬民族文化史观，《国史大纲》被公推为中国通史最佳著作。

# "三大反动文人" 之一

抗日战争胜利之后，傅斯年主持北京大学校务。由于傅斯年与钱穆在学术见解上相左，未聘钱穆出任北京大学教授。1948年春，钱穆应家乡江南大学之邀，担任首任文学院院长兼历史系主任。

钱穆在家乡只工作了一年。1949年春，应广州私立华侨大学校长王淑陶之聘，钱穆南下广州任教。钱穆所以在中国政局大变动的时刻选择离开家乡南下，原因在于他在政治上倾向于国民党。到了广州两个月之后，钱穆又随华侨大学迁往香港。

1949年中国战局急转直下，蒋介石兵败如山倒。8月14日新华社发表出自毛泽东笔下的那篇著名的社论《丢掉幻想，准备斗争》，内中点了钱穆的名：

> 为了侵略的必要，帝国主义给中国造成了数百万区别于旧式文人或士大夫的新式的大小知识分子。对于这些人，帝国主义及其走狗中国的反对政府只能控制其中的一部分人，到了后来，只能控制其中的极少数人，例如胡适、傅斯年、钱穆之类，其他都不能控制了，他们走到了它的反面。

从此，胡适、傅斯年、钱穆在中国大陆被称为"三大反动文人"。不过钱穆对此觉得不可理解，胡适、傅斯年与国民党政权有着极其密切的关系，被称为"反动文人"还算有其缘由，而钱穆只是一介书生而已。正因为这样，1950年秋，钱穆在给学生邝家驹的一封信中说，自己抗战胜利后"足迹不到京、沪、平、津，不在公立学校教书"，"单枪匹马，一介书生"，"怎么找到我头上"？尤其是在《丢掉幻想，准备斗争》收

钱穆雕像

钱穆故居大门口　　　　　　　　　钱穆在台北故居前

入《毛泽东选集》第四卷之后，钱穆知道是毛泽东点了他的名，钱穆一直耿耿于怀。

1950年，钱穆在香港新亚书院（香港中文大学的前身）任院长。新亚书院的早期学生余英时，后来成为著名历史学家。

1966年"文革"风暴席卷中国大陆，香港的极左派也闻风起舞，制造动乱。作为"三大反动文人"之一的钱穆，在香港感到动荡与不安。就在这时，蒋介石亲自邀请钱穆赴台安居。于是钱穆夫妇在1967年10月从香港移居台湾。蒋介石令蒋经国拜钱穆为师，学习国学。

钱穆先是暂住在台北市区的"自由之家"，不久租居于台北金山街，与此同时着手在台北自建住房。当时钱穆夫人胡美琦抛掉了香港汇丰银行的股票，以这笔钱作为在台北建房款。钱穆夫妇踏勘台北各处，选中翠林幽谷的外双溪。钱穆夫人胡美琦亲自设计，绘制了房屋设计图。

此事被蒋经国得知，从钱穆夫人胡美琦那里索去图纸，说是"老师不必费心"，由他交给阳明山管理局办理施工。在蒋经国督办之下，小楼很快就在外双溪建成，不收钱穆一分钱，虽说钱穆夫妇已经准备好建房款。

这幢小楼，就是"素书楼"。1968年7月，钱穆喜迁新居，并当选"中央研究院院士"。钱穆在"素书楼"住了23年，过着舒适、平静的晚年生活。"素书楼"也是钱穆晚年写作、讲学的场所。钱穆在这里写出了许多重要的学术著作，并培养了大批人才。

# 长女终于获准来台探亲

　　钱穆万万没有想到，风云变幻，世事沧桑，"素书楼"竟然成了钱穆"非法侵占公产"的"罪证"，闹出一场震惊台湾的风波……

　　随着蒋介石、蒋经国父子的去世，民进党在台湾崛起。当时民进党作为在野党，千方百计攻击执政的国民党。尽管钱穆本人晚年埋头书斋，并不过问台湾政治，但是这位国学大师毕竟是蒋氏父子"礼贤下士"的象征性人物，"素书楼"是蒋氏父子优待"海归知识分子"的象征性厚礼，于是钱穆和"素书楼"也就成了民进党攻击国民党的目标。

　　这一攻击的导火线，是从钱穆的长女钱易赴台探亲开始的。

　　1929年钱穆与张一贯女士结婚之后，从1931年至1940年先后有4子2女出生，其中第四子早夭，3个儿子钱拙、钱行、钱逊和2个女儿钱易、钱辉(晖)均在大陆逐渐长大成人。在钱穆来到台北之后，苦于海峡两岸剑拔弩张，无法与大陆子女相聚。钱穆只得从台湾前往香港，在那里与子女相见。1981年钱穆赴香港会晤他多年未见的侄子钱伟长，而当时钱伟长秘书正是钱穆长女钱易，这是钱穆在告别大陆之后第一次见到长女，非常兴奋。从那以后，钱穆的大陆子女陆续前往香港，与钱穆在香港晤会，每次长则月余，短则一周。

　　令钱穆欣慰的是，钱钟书居然在1985年2月3日给他写信，邀请他前往苏州出席"苏州建城二千五百年纪念大会"。

　　钱穆与钱钟书都是吴越王钱镠的第三十四世孙，同宗而不同支。很有趣，钱穆称钱钟书之父钱基博为叔，而钱钟书则称钱穆为叔——据说由于钱穆年长钱钟书15岁，故钱钟书尊之为叔。1923年，钱穆到无锡省立第三师范教书，是钱钟书之父钱基博为之介绍的。1930年，钱穆的新著《国学概论》即将交商务印书馆出版，请钱基博作序。年仅20岁的钱钟书，替父亲拟了一篇序，钱基博深为赞赏，一字不易，在篇末署"宗人基博谨序"，交给钱穆。1931年钱穆的《国学概论》出版，卷首就印着这篇序：

　　　　宾四此书，属稿三数年前。每一章就，辄以油印本相寄，要余先睹之。予病懒，不自收拾，书缺有间，惟九章"清代考证学"、十章"最近期之学术思想"以邮致最后得存，余八章余皆亡之矣。虽然，其自出手眼，于古人貌异心同之故，用思直到圣处，则读九、十两章，而全书固可以三隅反也者。第十章所论，皆并世学人，有钳我市朝之惧，未敢置喙。第九章竟体精审，然称说黄黎洲、顾亭林、王船山、颜习斋而不及毛奇龄，是叙清学之始，未为周匝也……

钱钟书代父为钱穆写序，成为中国文坛的"三钱"——钱基博、钱穆、钱钟书的佳话。

钱穆后来在1983年由台北东大图书公司出版的回忆录《师友杂忆》中，称钱钟书小时候"已聪慧异常人矣"，又说："及余去清华大学任教，钟书亦在清华为外文系学生，而兼通中外文学，博极群书，宋以后集部殆无不寓目。钟书毕业清华后，留学英伦。归，又一度与余同在西南联大任教。"

钱钟书在1985年致函钱穆，全文如下：

宾四宗老大师道座：

契阔暌违，忽五十载。泰山仰止，鲁殿岿存。远播芳声，时殷遐想。前岁获睹大著忆旧一编，追记先君，不遗狂简，故谊亲情，感均存殁。明年苏州市将举行建城二千五百年纪念大会，此间人士金以公虽本贯吾邑，而梓乡与苏接壤，处廉让之间，又卜宅吴门，乃古方志所谓"名贤侨寓"。且于公钦心有素，捧手无缘，盛会适逢，良机难得，窃思届时奉屈贲临，以增光宠，俾遂瞻对。区区之私，正复齐心同愿。旧国旧乡，望之畅然，而况于闻闻见见，庄生至言，当蒙忻许，渴盼惠来。公家别具专信邀请，敬修片楮，聊申劝驾之微忱。衬拳边鼓，力薄而意则深也。即叩春安不备。

宗末钟书上
杨绛同候
一九八五年二月三日

由于当时两岸关系紧张，而且钱穆身体欠佳，未能成行。钱穆盼望子女能够赴台。尤其是钱穆晚年有过几次轻微中风，而且视力渐衰，行动不便，很希望子女能够来台相聚。

终于在1987年11月2日，台湾当局开放台湾民众赴大陆探亲。一年之后，台湾当局又开放大陆民众赴台探亲，虽说最初规定的条件相当严苛，

从大陆直接赴台的手续相当繁琐。当时钱穆的长女钱易正在荷兰阿姆斯特丹进行学术访问，从"第三地"前往台湾探亲，获得台湾当局批准。当长女钱易来到"素书楼"，钱穆感到莫大的宽慰和欣喜。

钱易于1956年毕业于上海同济大学卫生工程系，1957年考入清华大学攻读研究生，1959年10月毕业后，在清华大学任教。1981年至1983年钱易作为副教授在美国康奈尔大学任访问学者。1987年出版专著《水污染及其防治》。1988年至1989年在荷兰德尔夫特技术大学任访问教授。从1992年起多年担任北京市政协副主席。1994年当选为中国工程院院士。还先后担任第七届全国人大代表，第八、九届全国人大常委会委员，全国妇联第七届执委，全国妇联第八届副主席。曾先后在香港大学、香港理工大学、英国帝国理工大学、香港科技大学等学校讲学，担任国际科学联盟执行委员会委员，世界工程组织联合会副主席。

# 素书楼风波骤起

民进党把炮口对准了钱易。民进党中常委陈水扁发难，称钱易在入台时，"隐瞒"了曾经是共青团员的身份。紧接着，民进党又进一步"揭发"，称钱易是中共党员，曾经在大陆的"叛乱组织"（那时候台湾把大陆的政协划为"叛乱组织"）任职。于是有人要告钱穆"知匪不报"。1988年底，台湾"高检署"把民进党对钱穆的控告处以不起诉决定，但是钱易只能马上离开台湾。钱穆痛心地说："这些人已经完全抛弃了中国文化传统，不承认父女间的亲情，更不能理解他的女儿为何会从那么远的地方来看望父亲。"

"钱易风波"刚刚过去，"素书楼风波"接踵而至，民进党继续炮轰钱穆。1989年，当时担任台北市议员的周伯伦，指称时任"总统府资政"的钱穆"非法占用市产"。在民进党党内，流传着所谓"一长二仁三伯伦"，即谢长廷、丘义仁与周伯伦，并称为民进党内"最聪明的三颗脑袋"。周伯伦这颗民进党内"最聪明"的"脑袋"，在台北市议会中提出，钱穆所住的"素书楼"是公共财产。经他调查，"素书楼"是当年蒋经国委托阳明山管理局所建，产权当属阳明山管理局，现在属于台北市政府的"市产"。两蒋的"威权时代"早已经过去，钱穆不能再依仗国民党的权势"非法霸占公共财产"，钱穆必须迁出"素书楼"。

这时已经成为"立法委员"的陈水扁马上跟进，以书面质询方式强烈要求台北市府收回"素书楼"。

作为国民党领袖的"总统"李登辉对"素书楼风波"装聋作哑，保持沉默。

不过，就连周伯伦、陈水扁也明白，逼迫已经九旬高龄、在学术界享有崇高地位的一代大师钱穆搬出"素书楼"，虽然可以用来攻击国民党，但是弄得不好会激起民愤，因为谁都知道这并非钱穆"非法霸占"，是蒋介石、蒋经国的特意安排，何况当时钱穆已经准备了建屋之款。于是，周伯伦、陈水扁提出一个匪夷所思的建议：在钱穆搬出"素书楼"之后，把"素书楼"改为"钱穆纪念馆"！

钱穆得知之后，叹道："我活着不让我住，我还没有死就要建纪念馆？"

面对周伯伦、陈水扁的猛烈攻击，钱穆为了维护自己的名节，毅然决定迁出"素书楼"。1990年6月1日，已经双目失明的95岁的钱穆搬出了已经住了27年的"素书楼"，在台北市杭州南路辟屋居住。

3个月后，心情郁闷的钱穆于1990年8月30日风雨交加的早晨病逝于杭州南路新寓所。

钱穆的去世，引发台湾社会对于周伯伦、陈水扁的强烈谴责。钱穆的高足余英时先生，为钱穆写了一副挽联：

> 一生为故国招魂，当时捣麝成尘，未学斋中香不散。
> 万里曾家山入梦，此日骑鲸渡海，素书楼外月初寒。

根据钱穆遗愿，1991年1月，钱穆夫人胡美琦把钱穆骨灰归葬于苏州西山之俞家渡石皮山。钱穆终于回到了故土。

1994年，陈水扁当选台北市长，"素书楼"事件始终是他无法遮掩的诟病。当"钱穆纪念馆"在"素书楼"开幕时，作为台北市长的陈水扁在讲话中表示了对钱穆的道歉。陈水扁的原话如下：

> 今天我特别指定要来钱穆宾老纪念馆素书楼，以吊唁这一位"一代儒宗"，我觉得我有这个义务和责任来向我们宾老说一声："宾老不死，不是隐入历史，而是活在历史。"所以向他献花、致意，在心里我是这样来默祷，我是亲自来向宾老表达歉意和说声

"对不起"。政府，特别是台北市政府，在过去做得不够，也许是由于一些杂音和压力，忽略了对一代儒宗所应该要有的特别的礼遇，我一直觉得当初让我们的宾老迁出素书楼而搬到杭州南路的住宅，不到三个月的时间就离开我们，并且在八十一年（注：即1992年）归葬中国大陆的江苏太湖之滨，是我们最不愿意看到的事宜，但是这样的事实终究还是发生了。现在我有机会担任台北市行政首长的工作，我唯一能做的、应该做的、最想做的就是今天特地来宾老铜像的面前来跟他致歉，来跟他说一声"对不起"，我希望未来类似事情的处理一定要非常的审慎。

2010年8月30日，为了纪念钱穆先生去世20周年，国民党主席、"总统"马英九来到"素书楼"，表示对钱穆先生的敬意。马英九说，他以饮水思源、追念大师的心情参加追思会，但也很感慨；钱穆先生在蒋介石邀请下来台，却因政治因素被迫迁离居住20余年的"素书楼"，以至于在搬迁后3个月辞世。对此，马英九引用《论语·卫灵公篇》"君子疾没世而名不称焉"来描述钱穆先生所遭遇的不公不义对待。他说，这段风波让我耿

钱穆逝世20周年时马英九冒雨向钱穆铜像献花

耿于怀，这是对文化的暴力，希望台湾再也不发生这样的事情。

正在医院养病、82岁的钱穆夫人胡美琦女士也在追思会上说，20年来常想起先生去世前写的一副春联："尘世无常，性命终将老去；天道好还，人文幸得绵延。"她说，"这句话正是我此刻心境"。

我在"素书楼"参观良久，离去时遥望这座山坡上的小楼，不由得感叹，"素书楼"的命运，正是台湾政局风风雨雨的缩影；而钱穆的一生，从成名于大陆到晚年居台湾，到遗骨重返故土，则正是海峡两岸政局风风雨雨的见证。

# 无锡"素书堂"旧貌换新颜

也真巧，我从台湾回来之后一个多月，应邀前往无锡讲座，顺道去参观钱穆在无锡的故居。

无锡家喻户晓的名人故居，是晚清外交家薛福成的故居，几乎占了无锡老城的一半，故有"薛半城"之称。钱钟书的故居以及张闻天故居、博古故居都在薛福成故居附近，而钱穆故居在无锡倒是鲜为人知。

钱氏无锡怀海义庄中附设的学校　　　正在整修中的钱穆无锡故居

钱穆在《八十忆双亲》中曾经写及："余生于江苏无锡南延祥乡啸傲泾七房桥之五世同堂。"我请无锡朋友帮助，驾车前往七房桥。七房桥在无锡之东，靠近苏州。几经问路，终于找到那里。

七房桥是架在一条小河——啸傲泾之上的小石桥。小石桥附近，是钱氏家族的聚居之处。据考证，无锡钱氏家族是钱王——钱镠的后代。钱镠是五代十国人(公元852年~公元932年)，创建了吴越国（今浙江省和江苏、福建部分地区）。钱氏家族人才辈出，钱学森、钱三强、钱伟长、钱其琛均为钱王之后。无锡钱家之中的名人，还有钱钟书。据钱穆在《八十忆双亲》中所言，钱穆的十八世祖，乃一巨富，拥有良田十万亩。十八世祖生了七个儿子，这七房聚居于啸傲泾两岸，所以那座石桥就叫七房桥，而钱氏家族聚居之处也就叫七房桥村。七房桥在"文革"中一度被改名为"胜利桥"，现恢复原名。

无锡朋友带我来到七房桥村的怀海义庄。怀海义庄已经有500多年历史。这里原本是钱氏家族长辈聚会的地方，后来改为义庄。所谓义庄，宗旨是"救灾周急、恤孤矜寡"，也就是今日的慈善机构。钱穆及其兄弟，还有侄辈钱伟长，当年都是得到怀海义庄的资助才得以上学。由于事先与那里的钱穆亲友钱煜先生、钱开源先生电话联系过，两位钱先生很热情地在怀海义庄接待了我。怀海义庄有着砖雕门楼，是一座面阔五开间、进深两进、两侧两庑的江南传统建筑。一进门我就在院子里看到石碑上刻着钱伟长的题词"寻根认同，共振中华"。走过小院，迎面就是第一进，上书"院士阁"。两位钱先生告诉我，怀海义庄历经几百年风风雨雨，已经破旧不堪，最近刚刚重建。在"院士阁"很气派的大厅，陈列着从七房桥村出身的5位钱氏院士的事迹介绍，即钱穆、钱伟长以及著名经济学家钱俊瑞、力学家钱令希，还有钱穆长女钱易。在怀海义庄，我还看到"钱氏又新小学"招牌的原物。两位钱先生介绍说，这所小学是钱穆的长兄、钱伟长之父钱挚在1911年创办的，使钱氏子弟能够从小得到良好的教育。

钱穆故居"五世同堂"就在怀海义庄隔壁。钱穆属于七房桥钱氏家族中的长房。据钱穆称，他的十八世祖故世之后，七个儿子瓜分了十万亩良田。这七房随着子孙繁衍，又不断继续瓜分。其中有三房由于经营有方，仍各自保有一万多亩土地，其余四房日渐衰落。钱穆一家所在的长房，就走上了破落之路。长房本是五世同堂，住的是七间五进的大宅。可是子孙繁多，又好逸恶劳，所以逐渐式微。如同钱穆所言，子孙们不好读书，"仅读四书，能读《诗经》《左传》者，乃如凤毛麟角，殆绝无通五经者"，而斗鸡走狗、斗蟋蟀、放风筝却绝不乏人，"大家庭堕落，逮余幼年，殆已达于顶巅"。特别是到了钱穆祖父这一辈，竟然有12房之多，僧多粥少，大宅门成了大杂院！

钱穆出生在五世同堂的第三进，即"素书堂"。素书堂本来是钱氏长房的书斋所在地。由于钱氏长房的人口众多，所以书斋也成了居住之所。钱伟长也出生在素书堂。五世同堂本来就年久失修，内中长案大桌之类，被钱氏子孙盗卖一空，就连精雕全套《西厢记》的24扇长窗，也未能免于盗卖之灾。这座百年老宅后来发生一场火灾，接着又遭受"文革"劫难，变成一片断垣残壁，成了废墟。

然而，当我踏进钱穆故居五世同堂，眼睛却为之一亮，出现在我面前的是崭新的、尚在做最后装修的房子。两位钱先生告诉我，是镇政府决定在五世同堂旧址上重建钱穆、钱伟长故居，以永远怀念他们，并把这里作为无锡的旅游景点。他们笑称我是第一位游客。我漫步在这幢七间五进的大宅，亲身感受当年的大家族气派。

我特别注意观看第三进的"素书堂"。钱先生说，当年钱伟长和他的父亲是住在"素书堂"的大厅里，而钱穆家则在紧挨"素书堂"的侧房里，两家仅一墙之隔。虽然当年的钱氏家族成员大都不思进取，贪图安逸，但是钱穆的祖父钱鞠如酷爱读书，他曾圈点《史记》、手抄《五经》。钱鞠如患眼疾，仍坚持抄完《五经》，"纸上皆沾有泪渍"，年仅37岁就辞世了。钱穆的父亲也是从小好学，但是体弱多病，而且染上吸食鸦片的恶习，41岁病故。由于祖父、父亲喜爱文史，钱穆从小耳濡目染，从祖辈、父辈那里继承书香，嗜爱读书。所以钱穆说，素书堂中有两部祖传大书，一为《史记》，一为《资治通鉴》。《史记》上有他祖父圈圈点点的朱笔眉批，钱穆"自从知道读书，就爱上了《史记》"。钱穆曾回忆，在他十岁的时候，父亲的朋友杨四宝，曾带钱穆去鸦片馆，当时有人出题，要钱穆背《三国演义》。钱穆连背带演，受到大家夸奖，钱穆也洋洋得意。钱穆的父亲当时不动声色，第二天经过一座桥时，父亲问钱穆桥字去掉木旁加上马旁读什么？钱穆回答说读"骄"。然后父亲又问他知道"骄"字的意思吗？接着父亲说："汝昨夜有近此骄字否？"钱穆后来回忆当时的感受是"余闻言如闻震雷，俯首默不语。"

故乡、童年，对于钱穆来说是永远难忘的。正因为这样，钱穆在80岁的时候，在台北素书楼写下《八十忆双亲》，对故乡无锡的素书堂充满思念之情。钱穆在离世之后，遗骨回到梦牵魂绕的江南故土。倘若钱穆冥间有知，他的故居五世同堂焕然一新，定然含笑于九泉之下。

# 东西文化大师林语堂

## "两脚踏东西文化"的私邸

雄踞于台北市区之北的阳明山，山道弯弯，浓荫遍地。阳明山乃藏龙卧虎之地，蒋介石的草山官邸在此，阳明书屋也在此；张学良的幽禁之所"禅园"在此，阎锡山窑洞式的"种能洞"也在此……我在台湾参访的第一个名人故居——林语堂故居，同样是在阳明山上。

我在2003年第一次到台湾，就在台北阳明山访问了著名作家林语堂漂亮而典雅的故居。

林语堂故居所以成为我第一个叩开的台湾名人故居，是因为林语堂故居坐落在风景如画的阳明山的半山腰，处于阳明山主干道仰德大道之侧——仰德大道2段141号。林语堂故居明明白白地标在台北的旅游地图上，而且那蓝底白字的"林语堂故居"路标醒目地挂在仰德大道旁边。我每次往返阳明山，来去仰德大道，都可以见到林语堂故居。

与林语堂故居的坦坦荡荡不同的是，我在阳明山寻访蒋介石、张学良、阎锡山故居却不那么容易。蒋介石在阳明山上的两处官邸，今日已经不再是

林语堂

林语堂故居坐落在风景如画的阳明山的半山腰

"军事禁区"，作为名胜对公众开放，但是均在山中隐秘之处。至于张学良的幽禁处，理所当然在行人罕至的偏僻之处。而阎锡山的故居即便是今日在阳明山上寻觅，也觉得太远僻，处在岙儿之中——因为阎锡山的原意就是为了躲进深山老林，远离政治漩涡。林语堂乃一介文人，毋须"神秘兮兮"，但求交通便捷，所以把私宅建在车水马龙的阳明山主干道之侧。

在台湾诸多名人故居之中，大都是袭用日本统治台湾时期所建的日式别墅，也就是说他们住的是"二手房"。这种日式别墅的大小，则取决于官位。"副总统"严家淦的日式别墅很大，而作为台湾师范大学英语系系主任的梁实秋的日式别墅就相对要小；但是林语堂、张大千、阎锡山的居所却是宅主自己设计的。由于各自的艺术见解和生活习惯不同，住宅的建筑风格各异。屋如其人。张大千是国画大师，他设计的宅院如同一幅立体山水画，而阎锡山是"山西王"，他自建的住宅"种能洞"却是窑洞式的。

林语堂设计的私邸，又是何等模样？

主人林语堂先生是一位学贯中西的文学大师。他有深厚的中国文化底蕴，又精通英语，他的很多著作是用英文写作并在美国出版。他不仅留学于美国，而且在美国生活了30年。他的名言是：

两脚踏东西文化，
一心评宇宙文章，
挚爱故国不泥古，
乐享生活不流俗。

这四句话，也成为林语堂设计自己住宅的基本理念。

我步入林语堂故居。这幢独立的小院，建于1966年，林语堂的最后十年就在这里度过。

我发现这幢别致的小院，可以说是中西合璧之作，是一座"两脚踏东西文化"的建筑。这座既有中式的屋檐、蓝色的琉璃瓦，而长廊上又有西班牙式的螺旋形圆柱。

小院的主建筑是一幢西式两层小楼，而总体布局却是典型的中式四合院。

院子里有鱼池、假山，遍植翠竹、枫树、藤萝、花卉。

林语堂曾经得意地用这样的话，描述自己设计的房子：

宅中有园，
园中有屋，

屋中有院，

院中有树，

树上有天，

天上有月，

不亦快哉。

# 《京华烟云》在大陆的热播

作家，"坐家"也。书房是作家的写作之处，如同画家的画室，音乐家的琴房。

林语堂故居的核心，便是他的书房。"有所为，有所不为"。林语堂先生把自己的书斋称为"有不为斋"，虽说有点拗口，却是体现他的信条。墙上那块"有不为斋"横匾，据说当年挂在他上海寓所里，后来被他辗转带到台北。

走进"有不为斋"，书架上的林语堂著作琳琅满目。林语堂一生大约写了60本书。据不完全统计，世界上出版的各种版本的林语堂著作约700多种，包括21种文字，几乎囊括世界上的主要语种。在林语堂的书房里，保存着他的著作的各种版本。

在走廊的墙上，贴着林语堂的著作年表。

在台湾，林语堂被尊为文学大师。然而在大陆，从1949年到1976年，书店里见不到林语堂著作。跟胡适、梁实秋、钱穆一样，那时候他们被视为"反动文人"，他们的著作当然也就销声匿迹。

"文革"之后，大陆在平反冤假错案的时候，也给这几位"反动文人"平反——虽说没有给他们发出"摘帽"的文件。给他们平反的最重要的标志，就是出版他们的著作。

于是大陆的年轻读者从《吾国吾民》、《生活的艺术》中，知道了林语堂。不过这些年轻读者往往是白领或者大学生。林语堂的这些著作如行云流水，文字轻松而活泼。诚如林语堂所言："凡是学者文章艰深难识，大半在搬弄名词，引经据典，深入而未能浅出，只掉书袋而已。此乃学问有余而识不足之故。见道明，事理达，得天地之纯，自然可以说出浅显易明的道理来。"

　　林语堂的名字在大陆被广为人知是在2005年。根据林语堂代表作、长篇小说《京华烟云》改编的同名电视连续剧在中央电视台播出。这部电视连续剧由陈宝国、赵薇、赵奎娥、邱琦雯等主演。电视剧《京华烟云》的播出，使林语堂的作品走进了大陆千家万户。

　　很可惜，林语堂死于1976年。他没有看到他的大批著作在大陆出版，更没有看到电视剧《京华烟云》在大陆的热播。

　　我在林语堂的"有不为斋"里看到，长篇小说《京华烟云》的原版本《Moment in Peking》（直译是《瞬息北京》），是1939年在美国用英文出版的。

　　《京华烟云》是1938年8月至1939年8月林语堂旅居巴黎时用英文写成的长篇小说，当时，林语堂原本打算将《红楼梦》译作英文介绍给西方读者，在准备翻译的时候，觉得与其翻译《红楼梦》，不如自己写一部这样的长篇小说。《京华烟云》写了北平曾、姚、牛三大家族从1901年义和团运动到抗日战争30多年间的悲欢离合和恩怨情仇的故事。

　　在林语堂的"有不为斋"的墙上，张贴着他写《京华烟云》时列出的人物关系表。

　　1939年底，英文版《京华烟云》在美国出版，成了畅销书，在短短半年内即销售5万多册。美国《时代》周刊称，这部小说"极有可能成为关于现代中国社会现实的经典作品"。

　　这样，林语堂成了第一位用英文写作而畅销于西方的中国作家。从那以后，林语堂的小说，都用英文写作。

　　他的英文小说出版之后，再由中国作家译成中文在中国出版。《京华烟云》出版之后，林语堂曾经汇5,000美元给郁达夫作为定金，请好友、著名作家郁达夫译成中文。郁达夫英文娴熟而中文底蕴深厚，试译了几章，在杂志上发表，林语堂非常满意。但是后来郁达夫忙于其他事情，未能翻译下去。后来由不同的译者译出几个不同版本的《京华烟云》，林语堂一直不满意。

　　林语堂并不是从小在美国长大，而是1895年10月10日出生于福建龙溪（今福建省漳州市平和县坂仔镇），是讲闽南语长大的。林语堂原名和乐，后改玉堂，又改语堂。他在24岁——1919年才赴美国留学。据美籍台湾女作家吴玲瑶告诉我，10岁以前的中国孩子到了美国，在美国长大，所讲的英语通常没有中国口音。10岁以上才去美国，那么讲的英语就会有中国口音。这种中国口音，中国人往往听不出，美国人一听就会听出来。我不知道林语堂讲的英语是否有中国口音，但是他用英文写的长篇小说，却不是"中国式英语"，而是纯粹的英文，是受美国读者欢迎的英文小说。就这一点来说，是很不容易的。

为什么林语堂的英文这样好？

林语堂的家境并不好，但是林语堂的祖母是一位基督教徒，父亲林至诚24岁就进入神学院学习，后来成为基督教牧师。林语堂正是从基督教堂那里结缘英语的。林语堂还在上小学的时候，父亲就鼓励林语堂说英语，会几个单词就说几个单词。

作为一个乡村牧师，收入极其有限。但是父亲还告诉孩子们："世界上最好的大学就是德国柏林大学和英国牛津大学，你们一定要到那里留学，读英文，接受西洋教育！"

父亲变卖了祖屋，把三个儿子——林语堂及其两个哥哥都送进大学。

1912年林语堂进入上海的基督教教会学校——圣约翰大学。

24岁时，林语堂以优异成绩获得美国哈佛大学半额公费奖学金，来到这所世界闻名的顶尖大学。两年之后——1921年，26岁的林语堂获哈佛大学比较文学硕士学位。同年转赴德国莱比锡大学攻读语言学。1922年，27岁的林语堂获博士学位。在国外期间，林语堂非常刻苦钻研英语。

1923年林语堂回国，任北京大学教授、英语系主任。1926年出任北京女子师范大学教务长，同年到厦门大学任文学院长。

在林语堂的"有不为斋"，我看见书架上陈列着3本"小书"——《开明英文读本》。

这3本小书是林语堂在1928至1929年间为中学生学习英语编写的。对于留洋回来的博士林语堂来说，编写这样3本小书不过小菜一碟。即便如此，林语堂仍极其认真地进行编写，并由著名画家丰子恺配画插图。接着林语堂又为中学生编写了《开明英文文法》。这套图文并茂的《开明英文读本》由开明书店出版之后，被全国的中学用作教科书，发行量非常之大。

令林语堂根本没有想到的是，由于《开明英文读本》、《开明英文文法》发行量巨大，不仅开明书店赚得钵满盆满，而且给了林语堂巨额版税。几本小书的收入，不仅大大超过林语堂其他著作的版税，而且还远远超过他的教授工资。

当时就有媒体透露，靠开明书局《开明英文读本》、《开明英文文法》的6,000银圆版税，林语堂全家搬进了上海花园洋房，汽车、电话、花园、佣人，一应俱全。

其实那6,000银圆版税，还只是最初几年的版税。《开明英文读本》、

《开明英文文法》连续发行20多年，年年有那么多的中学生买这两套书作为英语课本，有人称林语堂得到的这两套"小书"的版税是"天文数字"，林语堂也因此在经济上"大翻身"。

# "幽默小品"与"幽默大师"

在林语堂的"有不为斋"，我还看到《论语》、《人世间》、《宇宙风》等杂志——林语堂主编的杂志。林语堂不仅是教授、小说作家，而且还主编了许多文学杂志。思想活跃的林语堂，在当时的文学杂志和报刊上发表了许多散文、杂文。

我的年岁长于年轻一代。在我读书的时代，从《鲁迅文集》中看到点名"批判"林语堂，得知《论语》、《人世间》、《宇宙风》杂志，得知林语堂其人。不过，《鲁迅文集》的注解，却是这样"评价"林语堂："以自由主义的姿态为国民党反动统治粉饰太平，长期从事反动文化活动。"

鲁迅抨击林语堂，最尖锐的文字莫过于1935年4月20日以笔名"越山"发表于《太白》上的《天生蛮性》，全文只有三句话：

> 辜鸿铭先生赞小脚；
> 郑孝胥先生讲王道；
> 林语堂先生谈性灵。

辜鸿铭是前清遗老，郑孝胥是伪满大臣。鲁迅把林语堂与前清遗老、伪满大臣相提并论，足见鲁迅对林语堂的深恶痛绝。

所谓"天生蛮性"，是指林语堂的话："我系闽人，天生蛮性；人愈骂，我愈蛮。"

所谓"性灵"，是指林语堂所说的"性灵就是自我"。林语堂称："文章者，个人性灵之表现。性灵之为物，惟我知之，生我之父母不知，同床之吾妻亦不知。然文学之生命实寄托于此。"

对于发表鲁迅《天生蛮性》的《太白》半月刊，我倒是很熟悉。《太

白》半月刊创刊于1934年9月20日，主编为陈望道。陈望道是中共早期重要的活动家之一，马克思、恩格斯著《共产党宣言》第一个中文全译本的译者。

　　1962年，正在北京大学上学的我，研究"科学小品"的发展史，写作《科学小品探源》一文，在北京大学图书馆查阅了《太白》半月刊。我注意到"科学小品"一词在国外是没有的，在中国则最早出现在《太白》半月刊创刊号上。于是致函当时担任上海复旦大学校长的陈望道先生，他在复函中不点名地提到了林语堂：

　　　　叶永烈先生：

　　　　来信及大作"科学小品探源"都仔细读过，对于先生探本穷源的精神极为感佩。

　　　　中国刊物上登载科学小品确是从太白半月刊开始。太白半月刊自始就以刊行科学性进步性的小品文为自己的任务，以与当时的论语派，以所谓幽默小品为反动派服务的邪气抗衡的。至于"科学小品"一词究竟是谁最先提出，我也已经记不清楚，可能是我提出，而得到太白编委诸同志同意，并得到撰稿的诸科学家同意的。当时为太白撰稿的科学家也许比我更记得清楚。大作奉还。

　　　　并致敬礼！

　　　　　　　　　　　　　　　　　　　　　陈望道
　　　　　　　　　　　　　　　　　　　　　1962年12月9日

　　陈望道先生把《太白》创刊的目的说得很清楚，那就是"以与当时的论语派，以所谓幽默小品为反动派服务的邪气抗衡的"。

　　所谓"论语派"，就是指林语堂主编《论语》半月刊所形成的派别。

　　所谓"幽默小品"，就是林语堂所创立、提倡的小品文。

　　陈望道先生本身就是左翼文化人，所以他称林语堂是"为反动派服务的"，那"反动派"指的就是蒋介石。

　　"幽默"一词，虽说早在屈原的《九章·怀沙》中就有："煦兮杳杳，孔静幽默。"但是屈原所说的"幽默"，意为"幽默无声"。第一次把英文的"humor"音译为"幽默"，是林语堂。林语堂对幽默如此解释道："凡善于幽默的人，其谐趣必愈幽隐；而善于鉴赏幽默的人，其欣赏尤在于内心静默的理会，大有不可与外人道之滋味。与粗鄙的笑话不同，幽默愈幽愈默而愈妙。"

林语堂提倡"幽默小品"，写了诸多"幽默小品"。

据称，林语堂的父亲就是一个风趣幽默的牧师，擅长把《圣经》的经文和他所编的有趣故事结合起来，使人在轻松的气氛下，接受了福音。林语堂大约是从父亲那里继承了幽默的"基因"。

林语堂曾幽默地说："世界大同的理想生活，就是住在英国的乡村，屋子里安装着美国的水、电、煤气等管子，有一个中国厨子，娶个日本太太，再找个法国情人。"

尽管"幽默小品"遭到鲁迅、陈望道等左翼文化人的抨击，林语堂仍坚持不渝，以至博得"幽默大师"的美誉。

其实在林语堂刚从美国归来，在北京大学担任教授时，曾经与鲁迅有过不错的友谊。后来随着彼此的政治见解不同而分道扬镳。

1936年8月10日，林语堂远赴美国。3个月后，鲁迅逝世。林语堂在纽约写下了悼念文章《鲁迅之死》，仍表示对鲁迅的敬重："鲁迅与我相得者二次，疏离者二次，其即其离，皆出自然，非吾与鲁迅有轾轩于其间也。吾始终敬鲁迅；鲁迅顾我，我喜其相知，鲁迅弃我，我亦无悔。大凡以所见相左相同，而为离合之迹，绝无私人意气存焉。"

鲁迅在大陆被推崇为左翼文化之帅。毛泽东评价鲁迅是伟大的无产阶级文学家、思想家、革命家，是中国文化革命的主将。正因为这样，1949年之后曾经受到鲁迅猛烈抨击的林语堂、梁实秋，他们的著作一度从中国大陆的书店消失了。客气点，他们在大陆被称之为"右翼文人"（相当于鲁迅的"左翼文化之帅"），难听点，称之为"反动文人"。

# 西方的中国文化使者

林语堂书房"有不为斋"的书桌上，放着一台陈旧的英文打字机。他的许多用英文写作的作品，差不多都是用这台英文打字机打出来的。

林语堂1936年去美国，这一去竟然就是30年——其中只有1944年，曾一度回国到重庆讲学。

林语堂在美国的30年，是他的创作高峰期。

在去美国的前夕，林语堂应诺贝尔文学奖得主、美国作家赛珍珠

之约，用英文写了一本介绍中国文化的通俗读本《My Country and My People》，直译应是《我的国家和我的人民》，后来中译名为《吾国与吾民》或者更加简略为《吾国吾民》。像《吾国吾民》这样的书，可能会写得泛泛而谈，很一般。林语堂具有深厚的中华文化底蕴，却把《吾国吾民》演绎得非常精彩，人称"西方人在辫子和小脚之外看到了一个丰富而生动的中国"。这本书1935年在美国出版，短短四个月内，重印了7次，登上了美国畅销书排行榜。此后多年仍然不断重印。

《吾国吾民》是林语堂第一部用英文写作并在美国畅销的图书。此前，由于林语堂精心编写《开明英文读本》、《开明英文文法》，在中国畅销。

诚如林语堂所说："作家的笔正如鞋匠的锥，越用越锐利，到后来竟可以尖如缝衣之针。但他的观念的范围则必日渐广博，犹如一个人的登山观景，爬得越高，所望见者越远。"

在美国定居之后，林语堂跳出了在中国的"左翼与右翼"的争斗，"观念的范围则必日渐广博"。继《吾国吾民》之后，林语堂又用英文写了《生活的艺术》。

林语堂在《生活的艺术》中写道：

"一般人不能领略这个尘世生活的乐趣，那是因为他们不深爱人生，把生活弄得平凡、刻板，而无聊。"

林语堂正是出于对人生的深爱，在《生活的艺术》中写出了他对于生活的种种感受：

"一个女子最美丽的时候是在她立在摇篮的面前的时候；最恳切最庄严的时候是在她怀抱婴儿或挽着四五岁小孩行走的时候；最快乐的时候则如我所看见的一幅西洋画像中一般，是在拥抱一个婴儿睡在枕上逗弄的时候。"

"人生真是一场梦，人类活像一个旅客，乘在船上，沿着永恒的时间之河驶去。在某一地方上船，在另一个地方上岸，好让其他河边等候上船的旅客。"

"凡是谈到真理的人，都反而损害了它；凡是企图证明它的人，都反而伤残歪曲了它；凡是替它加上一个标识和定出一个思想派别的人，都反而杀害了它：而凡是自称为信仰它的人，都埋葬了它。所以一个真理，等到被竖立成为一个系统时，它已死了三次，并被埋葬了三次了。"

《生活的艺术》再度获得成功，又一次进入美国畅销书行列。

林语堂欲罢不能，用英文打字机继续写出《风声鹤唳》、《老子的智慧》，写出《武则天传》、《苏东坡传》、《孔子的智慧》、《故事新编》，直至写出他的代表作、长篇小说《京华烟云》。

林语堂自谓："西洋人的头脑，中国人的心灵。"林语堂是不多见的能够用英文写作、在美国出版并进入畅销书行列的中国作家。他通过他的英文版著作，向广大西方读者介绍中国文化，所以他是西方的中国文化使者。

林语堂在西方广为人知。由于他的卓越的文化成就，曾4次被提名为诺贝尔文学奖候选人。

# 充满奇思怪想的发明家

在林语堂的故居里，我很惊讶地看到，陈列着许多专利证书以及他的发明。

林语堂先生不仅是作家，他还是一位发明家呢！

林语堂在20世纪40年代，在美国曾经醉心于制造中文打字机。他在使用英文打字机写作时，得心应手。然而他却无法用中文打字机写作。于是他立志要创造中文打字机。

中文打字机要比英文打字机复杂得多，这是因为英文是拼音文字，用26个英文字母就能打出万千英文词汇。中文却完全不同，汉字的常用字就有5,000个，远远超过26个英文字母。

在电脑尚未应用的时代，发明中文打字机谈何容易。

在解决电脑用于中文写作时，第一道难关就是汉字输入法。林语堂在发明中文打字机时，遭遇的第一道难关同样是汉字的编码。林语堂先后试用过"汉字索引制"、"汉字号码索引法"、"国音新韵检字"、"末笔检字法"、"上下形检字法"等。

紧接着，制造中文打字机又遭遇重重困难。打字机的每个零件都需要请工程师绘图，用人工制造。打字机用的汉字，他要专门请人刻字铸模。他的中文打字机，要用7,000个字模。

为了发明中文打字机，历时长达六年半，几乎耗尽这位畅销书作家的积蓄。他的投入达12万美元——在当时是一笔巨款。林语堂不得已向美国作家赛珍珠告贷而遭到拒绝，甚至导致林语堂和赛珍珠的友谊破裂。

1947年，林语堂终于制成第一台中文打字机。他把自己的这一"宝贝"取名为"明快中文打字机"。

这台"明快中文打字机",高9英吋、宽14英吋、深18英吋,储有7 000汉字。在林语堂故居,陈列着"明快中文打字机"专利证书:

明快中文打字机(Chinese Typewriter)——1946年4月17日申请美国专利,1952年10月核准。

中文字形编码与键盘(Design for A Font of Keyboard Symbols)——1946年5月18日申请美国专利,1948年3月核准。

不过"明快中文打字机"生不逢时,当时正是国共内战时期,中国兵荒马乱,哪有工厂愿意批量生产这种"明快中文打字机"?

"明快中文打字机"只能束之高阁。

在林语堂家使用过"明快中文打字机"的语言学家赵元任,曾经写信对林语堂说:"语堂兄,日前在府上得用你的打字机打字,我非常兴奋。只要打两键便看见同类上下形的八个字在窗格出现,再选打所要打的字,这是个了不起的发明。还有个好处是这键盘不用学便可打。我认为这就是我们所需要的打字机了。"

也许是林语堂的"明快中文打字机"过于超前,走在时代的前面,所以得不到应用。直到台式电脑走进千家万户,中文打字才"飞入寻常百姓家"。

林语堂是一个充满奇思怪想的发明家。他还发明了可以挤出牙膏的牙刷、自动门锁,甚至还有自动打桥牌机!

林语堂在1966年从美国移居台湾。台湾使他感到亲切,到处响着乡

林语堂在20世纪40年代曾经醉心于制造中文打字机

林语堂先生不仅是作家,他还是一位发明家呢!在他的故居里,陈列着许多他的发明

音——闽南话。林语堂曾在《说乡情》一文中写及："我来台湾，不期然而然听见乡音，自是快活。电影戏院，女招待不期然而说出闽南话。坐既定，隔座观客，又不期然说吾闽土音。既出院，两三位女子，打扮的是西装白衣红裙，在街上走路，又不期然而然，听她们用闽南话互相揶揄，这又是何世修来的福分。"

林语堂居然用闽南语写了一首五言诗："乡情宰（怎）样好，让我说给你。民风还淳厚，原来是按尼（如此）。汉唐语如此，有的尚迷离。莫问东西晋，桃源人不知。父老皆伯叔，村妪尽姑姨。地上香瓜熟，枝上红荔枝。新笋园中剥，早起（上）食谐糜（粥）。胪脍莼羹好，吭值（不比）水（田）鸡低（甜）。查母（女人）真正水（美），郎郎（人人）都秀媚。今天戴草笠，明日装入时。脱去白花袍，后天又把锄。 黄昏倒的困（睡），击壤可吟诗。"

在台湾，林语堂的心情变得愉悦，更加幽默。曾经有过这样有趣的事：

> 有一次，林语堂参加台北一个学校的毕业典礼，在他讲话之前，上台讲话的人都是长篇大论。在大多数与会者期待中，林先生走上主席台，时间已经是上午十一点半了。林语堂面对台下的听众，眼神有些令人捉摸不透。他缓缓开口，"绅士的演讲，应当是像女人的裙子，越短越好。"话音刚落，他立即转身，置无数眼球的注视于不顾，径直回到自己的座位。台下的人还没反应过来，都在发愣，全场鸦雀无声，短暂的静寂过后，随即是满场的掌声和笑声。

# 林语堂背后的女人

在林语堂故居，我从书房"有不为斋"走向卧室。林语堂的卧室显得很简单。床头，放着夫人廖翠凤女士的照片。

常言道："每个成功男人的背后，都有一个伟大的女人。"林语堂当然是成功人士，站在他背后的"伟大的女人"，就是廖翠凤。

林语堂在与廖翠凤订婚之前，曾经有过两番恋爱。尽管廖翠凤是林语

堂的第三个恋人，但是在订婚之后，便从一而终，从无绯闻。有人这样评价林语堂的感情生活："终其一生，林语堂在操守上是绝对纯洁的。美色当前，欣赏一番，幽他一默，亦不讳其所好，惟不及乱耳。"

林语堂的第一恋人是青梅竹马的同村姑娘、外号叫"橄榄"的赖柏英。林语堂在自传中曾经这样写及："我以前提过我爱我们坂仔村里的赖柏英。小时候儿，我们一齐捉鲦鱼，捉螯虾。我记得她蹲在小溪里等着蝴蝶落在她的头发上，然后轻轻的走开，居然不会把蝴蝶惊走。我们长大之后，她看见我从上海圣约翰大学返回故乡。我们俩都认为我俩相配非常理想。她的母亲是我母亲的教女。她已经成长，有点儿偏瘦，所以我们叫她'橄榄'。橄榄是一个遇事自作主张的女孩子，生的鹅蛋脸儿，目似沉思状。我是急切于追求新知识，而她则坚持要孝顺祖父，这位祖父双目失明，需要她伺候，片刻不能离。……我们俩彼此十分相爱。她对我的爱非常纯正，并不是贪图什么，但是我俩终因情况所迫，不得已而分离。"

林语堂第二个恋人叫陈锦端。那是林语堂在上海圣约翰大学读书时，结识两位来自厦门鼓浪屿的同学，即陈希佐和陈希庆兄弟。鼓浪屿对于林语堂来说，是第二故乡。1905年，10岁的林语堂从漳州坂仔教会办的铭新小学转至厦门鼓浪屿，插班进入教会办的养元小学。1908年毕业后，13岁的林语堂升入鼓浪屿寻源书院上中学，17岁以第二名的优异成绩毕业，进入上海圣约翰大学。

1913年暑假时，18岁的林语堂回福建老家，应邀到厦门鼓浪屿陈家小住，见到陈氏兄弟的妹妹陈锦端。陈锦端宛若天仙，吸引了林语堂的目光。陈锦端也对林语堂有意。陈锦端的父亲陈天恩是归侨名医，得知女儿的动向，立即喊"停"。原因是陈家豪富，而林语堂乃穷牧师之子，当然摇头。陈天恩告诉林语堂，女儿已经"定亲"，以此打消林语堂追求陈锦端的念头。林语堂曾经在自传中写道："她生得确是其美无比，但是我俩的相爱终归无用，因为我这位女友的父亲正打算从一个名望之家为他女儿物色一个金龟婿，而且当时即将成功了。在那种时代，男女的婚姻是由父母之命媒妁之言决定的。""我知道不能娶C（引者注：即陈）小姐时，真是痛苦万分。我回家时，面带凄苦状，姐姐们都明白。夜静更深，母亲手提灯笼到我屋里，问我心里有什么事如此难过。我立刻哭得瘫软下来。哭得好可怜。因为C小姐的父亲为她进行嫁与别人，我知道事情已经无望，我母亲也知道。"

为了给自己的女儿解闷，陈天恩把隔壁家廖家的二小姐廖翠凤介绍给了林语堂的父母。正巧，廖翠凤的二哥也在上海圣约翰大学读书，经过陈天恩牵线，廖翠凤的二哥便邀请林语堂到廖家做客。林语堂在自传中写道："我与后来成为我妻子的那位小姐的哥哥相交甚善。我应邀到他们家去吃饭。在吃饭之时，我知道有一双眼睛在某处向我张望。后来我妻子告诉我，当时她是在数我吃几碗饭。另外我知道的，我路途中穿的那脏衬衣是拿到她家去洗的。却从来没人把我向她介绍过。"那时候，廖翠凤正在上海圣玛丽书院读书，听二哥说林语堂学业优秀，曾经在上海圣约翰大学三次上台去领三种奖章。廖翠凤是一个很有眼光、很有主见的姑娘。她一下子就看中了林语堂。

廖家也是富豪。廖翠凤的父亲廖悦发是钱庄老板，他家所住的鼓浪屿漳州路44号，是鼓浪屿豪华别墅之一。那是一幢U形的英式别墅，中间是二楼楼房，前有拱券回廊，后有花园、鱼池。后来林语堂在阳明山上所建私邸，倒是有点像廖家当年的鼓浪屿别墅。

廖翠凤的父亲廖悦发很随和。廖翠凤的母亲跟陈天恩一样，觉得出身于穷牧师之家的林语堂跟她家门不对、户不当。她对廖翠凤说："从吃白饭的人家，嫁到吃糙米的人家，你受得了吗？"不料廖翠凤回答说，家里穷没有关系，人好最重要。

林语堂呢？他在自传中写道："我姐姐在学校认得她，曾经告诉我她将来必然是个极贤德的妻子，我深表同意。""我和我太太的婚姻是旧式的，是由父母认真挑选的。这种婚姻的特点，是爱情由结婚才开始，是以婚姻为基础而发展的。我们年龄越大，越知道珍惜值得珍惜的东西。由男女之差异而互相补足，所生的快乐幸福，只有任凭自然了。在年轻时同共艰苦患难，会一直留在心中，一生不忘。她多次牺牲自己，做断然之决定，都是为了我们那个家的利益。"

就这样，廖翠凤和林语堂在1915年订婚。

1916年林语堂在上海圣约翰大学获得学士学位，毕业后在清华大学英文系当了三年英文教员。他获得美国哈佛大学半额公费奖学金，准备前往美国留学。

这时，林语堂与廖翠凤订婚已经4年，便决定在出国前举行婚礼。

1919年8月9日，24岁的林语堂与23岁的廖翠凤结婚。新房就设在廖家别墅前厅右侧的厢房里。林语堂回忆说："我的婚礼是在民国八年，蜜月是到哈佛去旅行。婚礼是在一个英国的圣公会举行的。我要到新娘家去'迎亲'，依照风俗应当如此。新娘家端上龙眼茶来，原是作为象征之用，但是我全都吃了下去。"

结婚之后，林语堂和廖翠凤到了上海，征得廖翠凤的同意，把结婚证

书烧掉了。林语堂说："结婚证书只有离婚才用得上。"林语堂信守自己的诺言，从此一辈子只与廖翠凤厮守。

婚后不久，林语堂前往美国哈佛大学留学，廖翠凤一起前往美国。从此廖翠凤成为林语堂终身伴侣。廖翠凤与林语堂一起辗转法国、德国。在林语堂求学期间经济最困难的时候，廖翠凤变卖首饰，支持他继续学业。

林语堂拿到博士学位之后，与廖翠凤一起回国。

1927年至1936年，林语堂夫妇住在上海。他们刚到上海，先是在善钟路租了一套西式公寓。后来随着《开明英文读本》、《开明英文文法》的出版，拿到6,000银圆的版税，使林语堂一下子"阔"了起来，在愚园路购置了花园洋房。林公馆内雇有厨师、保姆、女仆、书童，廖翠凤成了"贵夫人"，而且有了3个可爱的女儿。

有一天，林公馆响起电话铃声，廖翠凤接电话，从耳机里传出的竟然是陈锦端的声音。廖翠凤跟陈锦端当年在鼓浪屿是邻居，很熟悉。廖翠凤知道陈锦端要找的是林语堂，在跟陈锦端寒暄几句之后，把电话耳机交给了林语堂，自己走开了。

原来，当年陈锦端与林语堂的恋情遭到陈锦端的父亲否定之后，陈锦端的心灵深深受伤，她拒绝了父亲此后为她介绍的富家子弟，独自前往美国，在密歇根州的霍柏大学攻读西洋美术，然后回国，在教会办的上海中西女塾当美术教师，恰巧与林语堂在同一座城市。林语堂名声在外，大名不时见诸报端，陈锦端动了思念之情，给林公馆打了电话。

自从接了陈锦端的电话之后，廖翠凤发觉林语堂坐立不安，就把皮鞋擦好，放在他的面前，大度地鼓励林语堂去陈锦端家看望。

林语堂走了。

出乎意料，林语堂竟然很快就回来了。廖翠凤问他是怎么回事，林语堂说，他没有去陈锦端家。林语堂提起了跟廖翠凤结婚之后把结婚证书烧掉，他早就一心一意爱着廖翠凤，别无他求。

1936年，林语堂与廖翠凤一起移居美国30年，又一起在1966年定居台湾。

其实林语堂与廖翠凤性格各异。用林语堂自己的话来说：

"妻是外向的，我却是内向的，我好比一个气球，她就是沉重的坠头儿，我们就这么互相恭维。气球无坠头儿而乱飘，会招致灾祸。她做事井井有条，郑重其事，衣裳穿着整齐，一切规规矩矩。吃饭时，她总拣切得周正的肉块吃，如鸡胸或鸡腿，她避免吃鸡胘鸡肝儿。我总是爱吃翅膀儿，鸡胘，鸡脖子，凡是讲究吃的人爱吃的东西，我都喜欢吃。我是没有一刻安静，遇事乐观，对人生是采取游戏人间的态度。一切约束限制的东

西我都恨，诸如领带，裤腰带，鞋带儿。妻是水命，水是包容万有，惠及人群的；我是金命，对什么事都伤害克损。"

廖翠凤最大的优点是大度，容忍。林语堂曾经说："我相信人生一种最大的乐趣是蜷起腿卧在床上。"其实他喜欢躺在床上一边抽烟一边看书。林语堂说，廖翠凤允许他躺在床上抽烟是最大的宽容。

林语堂这样谈及妻子：

"婚姻生活如度大海，风波是一定有的，婚姻是叫两个不同的人过同一种生活，女人的美不是在脸上，是在心灵上。等到你失败了，她还鼓励你，你遭诬陷了，她还相信你，那时，她是真正的美。你看她教养督促女儿，看到她的牺牲、温柔、谅解、操持、忍耐，那时，你要称她为安琪儿，是可以的。"

林语堂跟廖翠凤也有吵架的时候，林语堂的"体会"是："怎样做个好丈夫？就是太太在喜欢的时候，你跟着她喜欢，可是太太生气的时候，你不要跟她生气。""少说一句，比多说一句好；有一个人不说，那就更好了。"

1969年8月9日，林语堂与廖翠凤在阳明山私邸庆贺结婚50周年。林语堂把美国印第安纳州诗人詹姆斯•惠特坎•莱里（James Whitcomb Riley）的名诗《An Old Sweetheart of Mine》译成五言诗刻在一枚勋章上，赠给廖翠凤。

莱里的原作是：

When I should be her lover for ever and a day.

And she my faithful sweetheart till her golden hair was gray.

And we should be so happy when either's lips were dumb.

They would not smile in heaven till other's kiss had come.

林语堂把他译成《老情人》：

同心相牵挂，一缕情依依。

岁月如梭逝，银丝鬓已稀。

幽明倘异路，仙府应凄凄。

若欲开口笑，除非相见时。

不过，当年俊美的陈锦端的倩影，一直萦绕在林语堂心头。

晚年，林语堂有时会手绘一张张女人图像，都是留着长发，用一个宽

长的夹子夹在背后。女儿问他，画的是谁，林语堂坦承画的是陈锦端。

也还是在晚年，林语堂住在香港小女儿林相如家，已经到了坐轮椅的地步。有一天陈锦端的嫂子登门拜访，因为陈锦端的哥哥是林语堂的老同学。林语堂理所当然问起了陈锦端，知道她还是住在厦门，嫁给厦门大学的一位教授。林语堂对陈锦端嫂嫂说："你告诉她，我要去看她！"说这话的时候，且不说林语堂已经行走离不开轮椅，而且他在1949年之后还从来没有去过大陆。

透过偶然流露的思念陈锦端的细节，可以觑见年轻时陈锦端给林语堂留下的不可磨灭的烙印。这种思念，乃人之常情。林语堂对于陈锦端，也只是停留在这种"一闪念"之中。

## 客死香港　安葬故宅

林语堂夫妇琴瑟之好，家庭也一直和睦。

然而，就在林语堂与夫人廖翠凤1969年欢庆金婚之喜之后不久，蒙受了沉重的打击。

1971年，76岁的林语堂忽闻长女林如斯自杀，悲痛之极。长女因婚姻挫折而在房间窗帘杆上上吊自杀。她留下遗书给父母："对不起，我实在活不下去了，我的心力耗尽了。我非常爱你们。"

白发人给黑发人送葬，林语堂一下子苍老了许多。

林语堂共有三个女儿，长女林如斯，次女林太乙，小女林相如。在林语堂的熏陶之下，1939年姐妹仨用英文合著《Our Family》（《我的家》），在美国出版，曾传为佳话。《Our Family》有多种中文版本，书名为《吾家》。

不过，在三个女儿之中，后来继承林语堂衣钵的是次女林太乙。长女成为英文翻译，小女林相如为大学教授。

林太乙跟林语堂一样，曾用英文写作了多部小说在美国出版，如《丁香遍野》、《金盘街》、《春雷春雨》、《明月几时有》等。她还写了《林语堂传》及自传《林家次女》。她更擅长写散文。

1949年，林太乙与华裔学者黎明结婚。黎明初任联合国翻译，后任香港中文大学出版社社长。1962年，林太乙与丈夫迁居香港。从1965年起，39岁的林太乙应聘出任美国《读者文摘》中文版总编辑。她担任这一职务长达23年之久。

在长女林如斯去世之后，林语堂夫妇到香港探视次女林太乙及小女林相如。林太乙敏锐地察觉到了父亲林语堂的变化：

> 有一天，他（指林语堂）从书桌抬起头来看我时，我觉得他那对烁亮的眼睛变得迟钝了。我心里一震，感到不好。
>
> "我喜欢中国以前一位作家说过的话：'古人没有被迫说话，但他们心血来潮时，要说什么就说什么；有时候谈论重大的事件，有时抒发自己的感想。说完话，就走。'我也是这样。我的笔写出我胸中的话。我的话说完了。我就要告辞。"
>
> 我看了吓了一跳，好像爸爸有死亡的预感。

1976年3月26日，林语堂客死于香港，终年82岁。

关于林语堂的死，林太乙这样写道：

> 有一天早上，在我上班之前，妹妹打来电话给我说："你快点来。爸在吐血，我已经叫了救护车要送他到玛丽医院。"我赶到干德道，陪着车子一起到医院。检查结果是胃出血。第二天，医生用探针从气管插入胃里，以了解出血的情形。妹妹和我在病房的走廊等了好几个小时，才看见护士把他推回来。他活受罪，心情很坏。我们在医院里陪他一天，看情况相当稳定，才回家。不料第三天我在办公室时，妹妹来电话说："你快点来。爸爸心脏病突发，医生说，情况不好。"
>
> 到了医院一问，爸爸已送入加强医护部。我和妹妹穿上白色的罩衣，套上罩鞋进去那间大房间，看见医生正为他戴上氧气罩。他看见我叫了我一声，那也许是最后的一声。
>
> 我们在病房外面坐下。医生叫我们不要走开。许多医生进进出出病房。有一次我在门外看见七八个身穿白色衣服的人围着他的病床。偶尔我们得到报告，在给他打强心剂。他的肾功能失灵，再来是他的脑部已经死亡，但心脏仍然跳动。
>
> 我们进去看他时，他的心脏仍然跳动。他的眼睛贴着胶带，有四五个管子插在他双臂和身上，他赤裸裸地平卧着，只盖着一张被

文化名人的身影

253

单。我想，他是赤裸裸出世的，现在赤裸裸的去了。他的心脏停了又恢复了跳动，一连九次，才终于放弃生命。那是一九七六年三月二十六日晚上十时十分。

1976年4月1日，林语堂遗体运回台北，安葬于阳明山故居后园。

我来到林语堂故居后园。林语堂是基督教徒，他的墓很简朴，长方形，与地持平，不像阎锡山在阳明山的圆形墓又高又大。林语堂墓碑上的字，是钱穆题写的。

廖翠凤女士捐出林语堂的藏书、手稿、用品等大量遗物给台北市政府，在1982年11月3日成立"林语堂先生纪念图书馆"。"林语堂先生纪念图书馆"就设立在林语堂故居之中。

1995年林语堂次女林太乙出席厦门大学举办的林语堂百年诞辰学术讨论会，回忆父亲曾对她说："孔子所谓行有余力，则以学文。可见行为的重要在文字之上。文章做不好没有关系，人却不能做不好。我觉得看一个文化人，就要看在这个文化里长大的人是变成怎样的丈夫和妻子，父亲和母亲。比较之下，所有其他的成就——艺术、哲学、文学和物质生活都变得毫不重要了。"

就人品而言，林语堂先生一生端端正正。

1976年3月26日，林语堂客死于香港，终年82岁

我坐在故居宽敞的阳台上，从那里可以俯瞰山下的台北市区。那里是林语堂先生生前喜欢坐的地方。他曾在自传里写道："黄昏时候，工作完，饭罢，既吃西瓜，一人坐在阳台上独自乘凉，口衔烟斗，若吃烟，若不吃烟，看前山慢慢沉入夜色的朦胧里。下面天母灯光闪烁，清风徐来，若有所思，若无所思，不亦快哉……"如今阳台上，依旧放着林语堂当年用过的木制小桌和藤椅。

林语堂故居交通便捷又景色秀丽，如今这里经常举行文学讲座、研讨会，成为台北的一道文学风景线。

# 三访梁实秋故居

## 寻访梁实秋的台北"雅舍"

　　青田县位于浙江中南部，龙泉县、云和县位于浙江西南部，相距不远。在台北，青田街和龙泉街、云和街也相距不远，我从名人故居密集的青田街走过龙泉街，就来到云和街。龙泉街、云和街的景象跟青田街明显不同，这里没有那么多绿伞般的巨树，也不见一幢幢作为历史古迹的日式老屋，街道两侧几乎都是四层、五层的楼房，底层则是商铺。

　　我知道梁实秋的故居在云和街11号，照理按照门牌号很容易就能找到。2010年10月1日，我第一次到了云和街，方知云和街也是一大片街区。以云和街为主干，两边的小巷呈"非"字形排开。我先是来到云和街75巷，那条小巷又窄又长，一时竟然找不到云和街11号在哪里。正巧一位绿衣邮差在送信，我赶紧上前向他打听，他皱起了眉头："云和街11号？我在这里送了好多年的信，好像没有给这家送过信。"不过，他告诉我，从云和街穿过师大路，就能找到11号。

　　我穿过车水马龙的师大路，那里的云和街两侧差不多都是五层、六层的高楼。在三幢高楼所形成的"凹"形包围圈之中，有一幢那一带唯一尚存的日式木质平房，前后有宽大的院子，四周有围墙。一棵高大的面包树枝叶茂盛，树梢几乎与周围的高楼持平。前院的大门正对云和街。在大门右侧的墙上，嵌着绿底白字的门牌，上书"云和街11"。哦，这便是梁实秋的故居！

　　大门虚掩着。我推开大门，出现在我面前的是断垣残壁，一座破败的日式木质老屋。不过，老屋尚未倒坍，所以还能看出当年的面貌。这是一幢早期日式风格建筑，建于20世纪20年代。从前院进去之后，便是客厅，后面是书房和卧室。客厅与书房、卧室

梁实秋（左）与胡适在台北

之间，用的是日本式移门，门上有雕花，可见当年建造时相当考究。

我从事梁实秋研究多年。我曾经在北京东四的内务部街20号走访梁实秋故居，那是一座很气派的四合院，门口有一对石狮，里面有正院、前院、后院及左、右跨院共30多间房屋。1903年1月6日(光绪二十八年腊八)，梁实秋就出生在那里。后来那里成了大杂院，住了19户人家。

我还在青岛寻访过梁实秋故居。那是青岛大学校园附近的一幢黄色两层楼房。梁实秋先生在1930年至1935年间，担任青岛大学外文系系主任兼图书馆馆长，住在那里。

梁实秋兼具三种身份，即学者、文学翻译家、作家。此外，还可以加上一句：半个文学评论家。

作为学者，梁实秋的功底是扎实的。他在十二岁时考入清华留美预备学校，八年制，于1923年毕业于清华学校后，赴美科罗拉多大学、哈佛大学、哥伦比亚大学学西洋文学，打下很好的基础。此后他执教四十年。晚年，由台湾协志工业美书出版股份有限公司印行的他的《英国文学史》(分三卷，近二百万字)和与之配套的《英国文学选》(也分三卷，近二百万字)，可以说是他毕生致力于英国文学教学、研究的最高成就。另外，由他主编的一系列远东英汉辞典及数十种英语教科书，也是他的重要学术成就。他因此博得台湾"三大英文教授"之一的称誉。

作为文学翻译家，他在中国译界矗立起一座丰碑，那便是以37年的时光，独力完成《莎士比亚全集》的翻译工作。就译文质量而言，是第一流的。这部巨著的独力译出，为他作为第一流的文学翻译家一锤定音。同时也充分显示了他的超人的毅力、埋头苦干的精神。他与傅雷旗鼓相当，成为两岸译界巨子。

梁实秋翻译的莎士比亚著作

修复前的梁实秋台北故居

作为作家，他足以进入中国当代散文高手之列。他的散文代表作是《雅舍小品》。他从1939年入蜀居于北碚"雅舍"开始写"雅舍小品"，当年出了第一集，收34篇。此后，在1973年出续集，33篇；1982年出第三集，37篇；1986年出第四集，40篇。同年由台湾正中书局印出合订本，共收小品143篇。此外，他还写过许多散文，但他对"雅舍小品"特别偏爱，自以为稍差的，便不入《雅舍小品》。因此，《雅舍小品》可以说是梁实秋散文的"精品屋"。

台湾关国煊先生以"温柔敦厚、谑而不虐、谈言微中、发人深省"十六字评价梁实秋的散文，颇为中肯。在笔者看来，梁实秋的散文大都具有"十"字形结构，即纵线(古今)与横线(中外)交错，纵横捭阖，清丽流畅。这是由于梁实秋具备丰富的阅历和广博的学识。

梁实秋漫长的人生，经历了自清末以来多种历史时代；有着中国大陆、台湾、美国"三度空间"的生活经验；幼时打下了良好的中国古文基础；精通英语，熟知西洋文化。所有这些，让他学贯中西，博览古今，写起散文来信笔拈来、妙趣横生，自然而然形成自己纵横交错的独有特色。

在1949年那历史大转折的关头，在蒋介石败退台湾之际，梁实秋选择了台湾。梁实秋之所以要去台湾，在于他那个"半个文学评论家"的一支利笔，跟中国左翼文学阵营积怨甚深。

梁实秋第一次引起左翼文人的憎恶，在于"鲁、梁之争"。梁实秋和鲁迅争论的起因，在于他首先批评了鲁迅的"硬译"。当时，梁实秋读了鲁迅从日文转译的苏联卢那察尔斯基所著的文艺论文集《文艺与批评》一书，认为"实在译得太坏"，甚至"疑心这一本书是否鲁迅的亲笔翻译"。鲁迅自己在该书的后记中也说："译完一看，晦涩，甚而至于难解之处真多；倘将仍句拆下来呢，又失了原来的语气，在我，是除了还是这样的硬译之外，只有束手这一条路了，所余的唯一的希望，只在读者还肯硬着头皮看下去而已。"梁实秋作为"半个文学评论家"，作为翻译界的同行，对鲁迅提出了批评。他在1929年9月《新月》月刊上，发表了《论鲁迅先生的"硬译"》一文。

应当说，如何进行翻译，这只是一个学术问题。与此同时，梁实秋在《新月》这一期上，又发表《文学是有阶级性的吗？》一文，否定文学的阶级性。为此，鲁迅著长文《"硬译"与文学的阶级性》，发表于1930年3月《萌芽月刊》一卷三期。鲁迅猛烈地抨击了梁实秋。鲁迅指出，"在阶级社会里，即断不能免掉所属的阶级性"；"无产者就因为是无产阶级，所以要做无产文学"。就这样，鲁、梁从"硬译"这样的学术之争，上升

到文学有无阶级性这样的文艺观之争。

紧接着，又进一步发展为政治之争。梁实秋在二卷九期《新月》上，连发两文，内中《"资本家的走狗"》一文回击冯乃超在《拓荒者》二期上对他的批评；《答鲁迅先生》则是还击鲁迅《"硬译"与文学的阶级性》一文。梁实秋在文章中，把攻击的目标直接指向"××党"："我只知道不断的劳动下去，便可以赚到钱来维持生计，至于如何可以到资本家的账房去领金镑，如何可以到××党去领卢布，这一套本领，我可怎么能知道呢!"梁实秋的这些文章，理所当然激起鲁迅的愤懑。鲁迅发表了著名的杂文《"丧家的""资本家的乏走狗"》，痛斥梁实秋。这样，鲁、梁之争，演化为共产党、国民党在文化战线上一场轰动一时的斗争。

从此，"丧家的""资本家的乏走狗"成了梁实秋的"雅号"。步入晚年，梁实秋也曾说过几句自悔的话。他说，他当时年方二十又六，"血气方刚"。

此后，1938年冬，梁实秋再度成为左翼文人的"众矢之的"。那是他接手主编《"中央"日报》副刊《平明》。走马上任，他便在1938年12月1日《"中央"日报》的《平明》副刊亮出《编者的话》。梁实秋与鲁迅的笔战，使他的一举一动都为左翼文人所注意。此刻，他又在政治色彩那般鲜明的国民党中央机关报任职，自然众所关注。他的《编者的话》有一段本来无可指责的文字，一时间成为密集性批判的对象："现在抗战高于一切，所以有人一下笔就忘不了抗战。我的意见稍为不同。于抗战有关的材料，我们最为欢迎，但是与抗战无关的材料，只要真实流畅，也是好的，不必勉强把抗战截搭上去。至于空洞的'抗战八股'，那是对谁都没有益处的。"这段话被归结为"与抗战无关论"（虽然梁实秋已清楚地说了"于抗战有关的材料，我们最为欢迎"）。第一个开炮的是罗荪，在梁文见报的第五日——12月5日即在重庆《大公报》发表《"与抗战无关"》一文，批判"某先生"。梁实秋迅即在翌日《"中央"日报》回敬了一文，题目也是《"与抗战无关"》。接着，宋之等人也发表文章批判"与抗战无关论"。

由于以上两次论战，梁实秋成为左翼作家的宿敌。1940年1月，梁实秋再度成为"轰动人物"。那是他以参政员身份(他是在1938年7月以民社党员身份成了国民参政会的参政员，该会为咨询机构)参加"华北慰劳视察团"。该团由重庆出发，经成都、西安、郑州、宜昌等地，访问了7个集团军司令部。原计划抵达西安后访问延安，但毛泽东致电参政会，对慰问团中余家菊、梁实秋二人不予欢迎，该团遂取消延安之行。此事使梁实秋颇为尴尬，一时成为议论中心。

不久，1942年5月，毛泽东的《在延安文艺座谈会上的讲话》中，点了梁实秋的名。毛泽东说："文艺是为资产阶级的，这是资产阶级的文艺。像鲁迅所批评的梁实秋一类人，他们虽然在口头上提出什么文艺是超阶级的，但是他们在实际上是主张资产阶级的文艺，反对无产阶级的文艺的。"

这样，1948年冬，当中国人民解放军包围北平之际，当梁实秋面临着留还是走的选择时，他选择了走是必然的了。他和夫人程季淑带着儿子文骐、次女文蔷南下广州中山大学任职，长女文茜则留在北京大学继续就读。

1949年6月，梁实秋受国民党政府教育部长杭立武之邀携妻及次女前往台湾，儿子梁文骐从广州返回北平。从此梁实秋的家庭，一半在台湾，一半在大陆。

# 梁实秋日式住宅已成一片废墟

梁实秋到了台湾，照他的资历，当个"教育部长"、"立法委员"之类是不在话下。他挨过鲁迅、毛泽东的批判，是他难得的"政治资本"。但他却如他的朋友蒋子奇给他相面时所言："一身傲骨，断难仕进。"

梁实秋到台北之后，人地生疏的他先是借住在他的清华大学同班同学徐宗涑家中。杭立武除担任国民党政府"教育部长"之外，还兼任"国立编译馆馆长"，他安排梁实秋担任"国立编译馆"人文科学委员会主任委员。梁实秋一度担任"国立编译馆代理馆长"。不久梁实秋租了台北德惠街1号一幢日式住宅。但是随着杭立武辞去"教育部长"、"国立编译馆馆长"，梁实秋也随之辞职。这时梁实秋所租房子的房东——台湾大同公司总经理林挺生，非常尊敬梁实秋，不仅不收梁实秋的租金，而且还安排梁实秋在他属下的大同工业学校担任教授，使梁实秋在台北的生活初步有了着落。

1951年梁实秋应台湾师范大学校长刘真邀请，出任文学院院长兼英语系主任，并住进云和街的那幢日式住宅——当时那里有多幢日式住宅，是台湾师范大学的教授宿舍。从此梁实秋在台北有了舒适的住宅和安稳的工作，他淡泊仕途，埋头于书斋和课堂。他在台湾师范大学工作了17年，直至退休。

云和街11号的日式老宅，成了梁实秋在台北的"雅舍"。他不仅在这

梁实秋与原配夫人程季淑

里继续写作《雅舍小品》，而且翻译莎士比亚全集。

我从梁实秋次女梁文蔷的回忆文章中，曾经读到一段趣事：梁实秋的云和街住宅，曾经遭窃，所以梁家的"警惕性"一下子变得很高，以致有一回有人送礼，而梁实秋不在家，梁实秋夫人和次女梁文蔷不敢开门，送礼者又不便把礼品带回去，就从前院的围墙上扔了进去！

梁文蔷长大之后，留学美国，并在美国西雅图成家。于是台北家中，只剩下梁实秋夫妇。

1960年7月，57岁的梁实秋飞往美国西雅图，出席"中美文化关系讨论会"，顺便去看看女儿文蔷。这是他去台湾后头一回与妻子小别。他在美国二十天，心中无日不记挂着妻子。当他即将返台，妻子"算计着我的归期，花两天的时间就缝好了一件新衣"。在他步下飞机时，妻子穿着自己新缝的西装前往机场迎接。小别重逢，彼此如同当初梁实秋从美国留学归来时一般欢愉。老夫老妻，爱情如新。

云和街11号毕竟是公房，在那里住了10年之后，1961年梁实秋在台北安东街309巷自建了一幢住宅，乔迁新居。1967年，当梁实秋完成莎士比亚全集翻译工作时，正值他和程季淑结婚四十周年。梁实秋颇为动情地写道："我翻译莎氏，没有什么报酬可言，穷年累月，兀兀不休，其间也很少得到鼓励，漫漫长途中陪伴我体贴我的只有季淑一人。"在庆祝会上，台湾著名女作家谢冰莹亦高度评价程季淑贤内助之功："莎氏全集的翻译之完成，应该一半归功于梁夫人！"

毕竟岁月不饶人。白发悄然爬上了梁氏夫妇的双鬓。程季淑晚年备受高血压折磨。为了让女儿文蔷可以照料她，梁实秋于1972年5月26日携妻飞往美国，侨居西雅图。他是决心从此在美国度过人生暮年的。因为台北安东街的房子，原是他自己精心设计、营造的，卖掉那样的"安乐窝"，表明他决心离开台湾。

值得提到的是，梁实秋离开台湾之时，正值联合国驱逐了蒋介石政权代表，台湾处于空前的动荡之中。台湾很多人在此时跟梁实秋一样卖掉房子迁往美国。正因为这样，那时候台湾的房价大跌，梁实秋以很低的价格卖掉了台北安东街的私宅。

叩开台湾名人之门

然而，一桩偶然发生的不幸，使梁实秋又回到了台湾。梁实秋在他《槐园梦忆》一书中这么记述他的结发之妻程季淑遭遇的横祸：

　　(1974年)4月30日那个不祥的日子!命运突然攫去了她的生命!上午十点半我们手拉着手到附近市场去买一些午餐的食物，市场门前一个梯子忽然倒下，正好击中了她。送医院急救，手术后未能醒来，遂与世长辞。在进入手术室之前的最后一刻，她重复地对我说："华(引者注：梁实秋原名梁治华)，你不要着急!华，你不要着急!"这是她最后对我说的一句话，她直到最后还是不放心我，她没有顾虑到她自己的安危。到了手术室门口，医师要我告诉她，请她不要紧张，最好是笑一下，医师也就可以轻轻松松地执行他的手术。她真的笑了，这是我在她生时最后看到她的笑容!她在极痛苦的时候，还是应人之请做出了一个笑容!她一生茹苦含辛，不愿使任何别人难过……

　　他把妻子安葬在西雅图的"槐园"，甚至预定了紧挨着妻子墓旁的"15—C—33"号地，准备日后与妻子共眠槐园。他写下情深意诚的《槐园梦忆》献给亡妻。

　　梁实秋把《槐园梦忆》交给台北远东图书公司出版。远东图书公司的老板是梁实秋多年的老朋友，梁实秋的许多著作包括他主编的《远东英汉字典》、《远东英汉大词典》等都是由这家图书公司出版。远东图书公司的老板邀请梁实秋到台北校对《槐园梦忆》清样，并借此散散心。不料，梁实秋在台北偶然遇见比他小30岁的歌星韩菁清，陷入热恋，以致结婚，他又重新回到了台湾，与韩菁清共同度过13个恩恩爱爱的春秋，于1987年11月3日病逝于台北，终年84岁。

　　在梁实秋离世的前一年——1986年10月，资深的中共党员、上海作家协会副主席柯灵在《回首灯火阑珊处》(《中国现代序跋教书——散文卷》导言)中，第一个站出来为"与抗战无关论"平反，认为半个世纪前对梁实秋的第二次批判是错误的。梁实秋读罢柯灵文章，即说："为误判纠正，当然是好事。"(见台湾《联合文学》三卷七期梁实秋离世前夕，台湾传出即将"开禁"的消息。梁实秋与韩菁清正在筹划台湾"开禁"之后到北京探亲，喝豆汁儿，听京戏，看望长女，看望老朋友。然而台湾在1987年11月2日"开禁"，梁实秋却在翌日与世长辞，回大陆看看成了他最后的没有实现的梦……

文化名人的身影

台湾师范大学

## 台湾师范大学矗立梁实秋巨幅画像

　　我从云和街的梁实秋故居出来，沿着云和街走到师大路，不远处便是台湾师范大学。遥想梁实秋当年，就是沿着这条路线，往返于台湾师范大学与"雅舍"之间。

　　台湾师范大学的前身是1922年日本人所建的"台湾总督府高等学校"。如今这所大学的红砖砌成的略带中世纪哥德式建筑风格的主楼，便是当年由井手薰所领导的日本驻台湾的总督府官房所建。进入大门，首先映入眼帘的是一尊蒋介石铜像——在台湾许多"上了年纪"的学校都是如此。我步入主楼，一进门便看见左侧矗立着梁实秋的巨幅画像，画像旁写着两个斗大的字："大师"。不言而喻，梁实秋已经成了台湾师范大学的骄傲，成为这所大学的文化符号。

　　我来到主楼底层的校长办公室。校长秘书向我介绍了梁实秋当年在台湾师范大学的工作情况，秘书还说，台湾师范大学图书馆现在有一个专门关于梁实秋的展览室，叫"梁实秋文物特展"，值得一看。

根据校长秘书的提示，我从台湾师范大学大门口穿越师大路，马路对面也是台湾师范大学校区，图书馆就在那里。在那片校区，我也看见一尊铜像，以为又是蒋介石铜像，细细一看却是"万世师表"孔夫子。作为师范大学，矗立孔子铜像倒是符合学校的宗旨。图书馆是新盖的十几层的高楼，但是为了与原有的建筑保持风格一致，外墙也用红砖装饰，馆名是陈立夫题写的。

在九楼的办公室，图书馆馆长陈昭珍教授很客气地接待了我。她告诉我，经过台北市政府批准，云和街11号的梁实秋故居正在准备全面修缮，以恢复原貌。不久之后，那里将成为梁实秋纪念馆对外开放，成为台北市的文化景点。她正在开会，委派了一位主任带我参观位于图书馆二楼的"梁实秋文物特展"。

"梁实秋文物特展"的内容丰富，有许多梁实秋的遗物、遗稿、遗照。"梁实秋文物特展"称梁实秋的贡献分为五大方面，即散文创作、翻译文学、文学批评、学术研究、教育。我看到梁实秋与胡适在台湾的合影，看到梁实秋的手提箱（据韩菁清生前告诉笔者，梁实秋平常把最重要的文稿以及信件等放在一个手提箱，在紧急的情况之下拎起来就走。他在1948年离开北平时，就随身带着这个箱子。）看到梁实秋常用的英文打字机，还看到梁实秋和韩菁清的结婚证……我发现，"梁实秋文物特展"的很多文物来自韩菁清的收藏。陪同我参观的主任告诉我，自从1994年8月10

台湾师范大学"梁实秋文物特展"

梁实秋与夫人韩菁清

日韩菁清在台北病逝之后，由于她没有子女，她的遗物由她从小培养的侄子韩光荣继承。韩光荣先生把韩菁清遗物中很多梁实秋的文物，捐献给了台湾师范大学图书馆。

据韩菁清告诉我，梁实秋跟她结婚时，在台湾已经没有房屋，而她却有好几套房子，所以梁实秋晚年住的是韩菁清的房子。

结婚前，为了躲避记者的追踪，韩菁清自己"隐藏"在台北敦化南路300巷的房子里，而她把梁实秋安排在另一处房子——敦化南路360巷"隐居"。

韩菁清说，梁实秋与她结婚之初，住在台北忠孝东路3段217巷。幽默的梁实秋把《我的家在东北松花江上》改成了《我的家在台北忠孝东路上》，在家里一遍又一遍演唱。不过，那里"西晒"很厉害，夏日太热。于是迁往台北四维路36号康桥大厦2楼。最初还算不错。无奈好景不长，那楼下开了爿汽车修理公司，从清早到深夜，叮叮当当、乒乒乓乓，没完没了，就连摘下助听器在那里专心致志写作的梁实秋，也听得见这嘈杂的声波，干扰了他的文思。

再搬！这一回，她吸取四维路的教训，来了个"高高在上"，以求远离嚣嚣尘世。她和他迁往台北辛亥路国际乡野大厦，十二楼为卧室、客厅，十三楼有着四十坪面积的空中花园，十四楼有着宽敞明亮的书房。她费尽心机，安顿好新家，这时，在十四楼写作的他，却又得了一种怪病——"惧高症"！他不能透过玻璃往下看，一看就浑身出冷汗，唉，只能拉上窗帘过日子——此处非久居之地。

幸亏四维路那家汽车修理公司搬走了，于是，她和他演了一出《凤还巢》，重新迁回四维路！

四维路住宅，是梁实秋一生中最后的住处。1987年11月1日晚，梁突然感到心脏不适，韩菁清急送梁实秋到台北中心诊所，诊断为"心肌梗塞"，发出"病危通知"，送入加护病房。翌日早晨六时五十分，护士来量脉搏，他看上去还正常。七时二十分，他突然全身扭动，甚为不适。八时二十分，梁实秋人去灯灭，结束了漫长的八十四个春秋的人生之旅。

梁实秋故后，葬于台湾淡水北新庄北海公园墓地。遵照梁实秋遗嘱，墓碑上的"梁实秋教授之墓"七个字由韩菁清题写。

梁实秋晚年所住的这些房子，不是独立的别墅，而是公寓里的一套房子，如今都有人居住。只有云和街11号的日式房屋在梁实秋迁走之后，虽然更换过几轮主人，但是房屋的所有权属于台湾师范大学，而且后来因为房屋老旧无人居住，所以眼下最适合于整修之后作为梁实秋纪念馆的所在地。

2003年，台北市政府市政会议通过把云和街11号梁实秋故居列为"历史建筑"。

2005年，台湾师范大学对修复梁实秋故居进行规划。

2010年10月至2011年6月，梁实秋故居进行重建施工。

# 在废墟上重建梁实秋故居

2011年10月14日，我再访台北的梁实秋故居，看到的不再是木梁东歪西倒的废墟，而是修葺一新的日式别墅。

那天早上，我与妻乘捷运来到古亭，然后步行到台湾师范大学。

在图书馆，由于陈昭珍馆长出国去了，郭副馆长接待我。她派林小姐陪同我们，前往云和街参观梁实秋故居。

梁实秋故居已经整修完毕，正在做最后的整理，尚未对外正式开放。由于有林小姐的介绍，管理员郑先生打开了大门，热情地接待我。

一走进去，我便闻到一股木头的清香。郑先生告诉我，修复时大部分的木料是采用原木料，刨去了旧皮，重新使用，其中有的是桧木，所以很香。这座日式木结构别墅，建于日本统治台湾的1933年。当时这里是台北"古亭町204番地"，是台北高等学校的日本英语教授富田义介住宅。这些木料经过70多年不朽不烂，足见当时用料是相当考究的。光复之后，这里成为台湾师范学院（台湾师范大学的前身）的教职员宿舍。

郑先生说，现在台北熟悉日式住宅建造工艺的师傅已经不多。这次是聘请了有经验的师傅遵照修旧如旧的原则复建的。

我穿着拖鞋参观梁实秋故居，木柱、木门、木窗、木地板，给人温馨之感。三房两厅加一个日式门廊，前后都有小花园，总共占地面积283平方米，其中房屋面积193平方米，前、后院90平方米。四周有围墙，独门独户。在当时的台北，算是很不错的住宅。

前院那棵高大的面包树依旧亭亭玉立，仿佛是守候这幢房子的门神。

作为硬件，梁实秋故居的修复工作，算是完成，但是房子里空空如也，还需要软件——展品。郑先生说，一个多星期之后——2011年10月22日，这里将隆重举行梁实秋故居开幕典礼，同时还举行梁实秋国际学术研讨会。开幕之后，将考虑在梁实秋故居里展出梁实秋生平照片、著作以及手稿

梁实秋的台北故居在2011年10月修缮一新

等，把梁实秋故居建成梁实秋纪念馆。

告别郑先生之后，林小姐带我们去台湾师范大学教学楼8楼的英语系办公室。她说，虽然台湾师范大学图书馆也参与梁实秋故居开幕典礼暨梁实秋国际学术研讨会的筹备工作，但是主要由台湾师范大学英语系主持。这是因为梁实秋在台湾师范大学英语系担任教授（后来兼系主任、英语研究所所长）达17年之久，并在那里退休。

英语系办公室徐豪谷先生接待我，邀请我出席梁实秋故居开幕典礼暨梁实秋国际学术研讨会，并欢迎我提供梁实秋研究论文。

回去之后，我找出在1992年为上海人民出版社出版梁实秋《雅舍小品》、《雅舍杂文》所写的序言，加以修改，写成论文《一个大陆作家眼中的梁实秋》，发给徐豪谷先生。

收到台湾师范大学徐豪谷来信：

> 叶老师好
>
> 我充其量只是一位小助教，真的不敢有所谓指正。
>
> 今日蒙您光降本系，又赐寄论文一篇，实在深感荣幸。
>
> 适才收到您的论文之后，便随即拜读。虽然您说是"粗浅的评价"，但是却让我对梁实秋似乎又多了一层认识。也正藉由老师的分析，重新勾勒出对梁实秋的一种印象、轮廓与想象。本次研讨会的主题海报图或许也可以与老师您的文章遥相呼应，让人看起来觉得有种

"似是非是"梁实秋的感觉，亦若是您所说的那种"错综复杂、众说纷纭的人物"。但若尝试切入观看梁实秋，我倒认为他是怀抱着人文主义理想，单纯以文学做实践方法的一个"人"。既采文学为用，就算是已经站稳了一种立场，就是一种边缘化、去中心化与一种文学无用论（文学之无用就是不被当时的政治当权派所用）的立场。相较于当时各种大时代的论述，梁实秋虽是采取非关的态度，然而，却可以看出他长久以来想要重拾、重建的是一种"人"的价值的努力，先以自己为榜样去从事。虽然所见其经营的是一种梁式的小论述，见小不见大，但是拼凑其个人书写历史之总和，实在不会输给所谓的巨篇鸿作。虽名《雅舍小品》，然可让人由小见其大。

再次感谢老师今天拨冗光临本系，并请记得务必于10月22～23日参与本次纪念梁实秋先生的学术盛会。

有您的参与，必使本会增色不少。

豪谷
2011.10.15

紧接着，我在翌日下午又收到台湾师范大学英语系系主任梁孙杰的关于出席研讨会邀请信。

# 出席梁实秋故居开幕式

蒙台湾师范大学英语系的盛情邀请，我于2011年10月22日第三次来到云和路11号梁实秋故居。

我在8:40到达梁实秋故居，发觉跟一周前去那里截然不同，大门洞开，人来人往，相当热闹。门柱上的不锈钢铭牌"梁实秋先生故居"，已经被一块长长的黄色绸缎蒙了起来。

我走进前院，见到那里放了3排椅子。不过前院不大，每排只能放3把椅子，总共只有9把椅子。不过在前院右侧，倒是有一支3人乐队——一位男士拉中提琴，两位小姐在拉小提琴。

记者们已经守候在现场，电视台记者早已经架好摄像机，足见媒体对于梁实秋故居开幕的看重。

来宾大都西装革履。其中有白发、白眉的台湾著名诗人余光中教授，有黑衣黑裤的梁实秋次女梁文蔷，年近八旬的她带着家人专程从美国西雅图赶来。我过去曾多次采访梁实秋在北京的长女梁文茜，这次是头一回见到梁文蔷。

台湾师范大学英语系系主任梁孙杰看到我，表示欢迎。

9：00，开幕式准时举行。在热烈的掌声和乐曲声中，台湾师范大学文学院院长和梁实秋次女梁文蔷共同揭开梁实秋故居铭牌上的黄绸。

接着，在梁实秋故居前院，举行简短的仪式，梁文蔷致答谢辞。

梁文蔷说："说起这栋房子，我是不够资格的。我上边还有大姐梁文茜，她在北京……"

梁实秋共有两女一子。1949年梁实秋夫妇只带幼女梁文蔷来到台湾，长女梁文茜和儿子梁文骐留在北京上学，当时以为很快就会回北京，不料从此一道海峡阻隔两岸。在梁实秋晚年，梁文骐辗转来到台湾定居，梁实秋去世时，梁文骐在父亲身边，但是梁文茜却未能前往台湾。

梁文蔷说，"23年前，父亲去世，当时要途经香港才能入台，大姐从北京赶到香港，想到台湾奔丧，但在香港停留数日，都没能获准入台，成为她的终生遗憾。这次故居揭牌，大姐虽已获准入台，可是她来不了了，她年纪大了，身体不好"。梁文蔷说，姐姐希望纪念馆能成为台师大学生聚会之所，为台湾文学事业增光。

梁文骐已经病故于台湾。所以这次只有梁文蔷作为梁实秋子女代表出席故居开幕仪式。

梁文蔷说，她与父母在这幢房子里一起住了7年。1958年，她赴美留学，从此定居美国西雅图。她的父母后来迁往安东街309巷居住。这幢老房子年久失修，承台湾师范大学重建，才恢复原貌。最令人欣慰的是，院内当年由母亲手植的面包树仍在，且郁郁葱葱、亭亭如盖。

梁文蔷说，那时父亲常与家人、朋友坐在树下，消夏、闲谈。1973年1月，移居美国后的梁实秋在70岁生日时，也特别抒发对面包树的眷恋情感：

作者与台湾作家余光中

> 莫叹旧居无觅处，
> 犹存墙角面包树。

　　梁文蔷说，母亲去世后，父亲也常向她提起面包树，"我父亲给我的信里有一段话：你妈妈手植的面包树，我真舍不得，我对着它发呆、心里酸酸的。"

　　梁实秋搬离这里的原因，是台湾经常下雨，雨水积存在这幢房子的地板之下，而梁实秋夫人患风湿症，感到不适。于是买了安东街309巷的地皮，自建新屋。1959年1月，梁实秋搬离云和街，迁往安东街。

　　作家余光中也发表讲话。他说，年轻时常与朋友到这里拜访梁教授。他说，树犹如此，人何以堪。树还在，人不在。人不在，他的功业还在。他翻译的著作、教育的学生都留下来。

　　梁实秋的学生陈秀英教授当场捐赠保存多年的梁实秋悼念原配夫人程季淑的珍贵对联：

> 形影不离五十年来成梦幻
> 音容宛在八千里外吊亡魂

　　这一对联将作为梁实秋手迹，陈列于梁实秋故居。

　　梁实秋故居将规划为梁实秋纪念馆，展出五大主题区：梁实秋生平、梁实秋故居介绍、梁实秋与台湾师大、梁实秋与莎士比亚、梁实秋与雅舍小品。

# 余光中妙趣横生谈梁实秋

　　10:30，故居开幕式毕，我随众多来宾一起前往台湾师范大学出席梁实秋国际学术研讨会。

　　大楼前以及会场，都挂着梁实秋的巨幅画像。我与梁文蔷及余光中教授分别合影。

　　在研讨会上，余光中教授作了主旨演讲。当年余光中是梁实秋的学

生，跟梁实秋有过许多交往。余光中的谈吐跟梁实秋一样幽默，所以听他的讲话是一种享受。

会议主持人担心83岁的余光中站着讲话太累，给他准备了沙发，他却说讲台很矮，坐着讲看不见坐在后排的听众，只有站着讲才有"坡度"，所以在一个多小时的讲座中，他一直手持话筒，站在那里讲话。

余光中说，梁实秋是学者、翻译家、作家。梁实秋与郭沫若、胡适是亦师亦友。胡适建议梁实秋翻译莎士比亚剧作。梁实秋为此整整用了37年的时间，独力翻译了《莎士比亚全集》。译成之后，梁实秋已经65岁，朋友们特意为他举办了庆功会。在会上，梁实秋说道："翻译《莎士比亚全集》要具备3个条件。"大家忙问是哪三个。梁实秋说："第一，他没有学问。如果有学问，他就去做研究的工作了；第二，他不是天才。如果是天才，他就会自己创作作品了；第三，他要长寿，否则就无法译完。荣幸的是，这三个条件我都符合，所以我才得以完成这部伟大作品的翻译工作。"

余光中说，令人惊奇的是，梁实秋花费那么多时间翻译《莎士比亚全集》，毕生却没有去过英国，没有去过莎士比亚的故乡。

余光中以为，梁实秋除了译《莎士比亚全集》、主编《远东英汉词典》之外，最大的贡献还是在于散文。《雅舍小品》是梁实秋散文的代表作。余光中称梁氏散文的特色有四："首先是机智闪烁，谐趣迭生，时或滑稽突梯，却能适可而止，不堕俗趣。""其次篇幅浓缩，不事铺张，而转折灵动，情思之起伏往往点到为止。""再次是文中常有引证，而中外逢源，古今无阻。""最后的特色在文字。梁先生最恨西化的生硬和冗赘，他出身外文，却写得一手地道的中文。""他的散文里使用文言的成分颇高，但不是任其并列，而是加以调和。""梁先生的散文在中岁的《雅舍小品》里已经形成了简洁而圆融的风格。"

余光中特别提到梁实秋的散文《骂人的艺术》。骂人还有"艺术"，梁实秋这标题就标新立异。梁实秋徐徐道来："古今中外没有一个不骂人的人。骂人就是有道德观念的意思，因为在骂人的时候，至少在骂人者自己总觉得那人有该骂的地方。何者该骂，何者不该骂，这个抉择的标准，是极道德的。所以根本不骂人，大可不必。骂人是一种发泄感情的方法，尤其是那一种怨怒的感情。想骂人的时候而不骂，时常在身体上弄出毛病，所以想骂人时，骂骂何妨。但是，骂人是一种高深的学问，不是人人都可以随便试的。有因为骂人挨嘴巴的，有因为骂人吃官司的，有因为骂人反被人骂的，这都是不会骂人的缘故。今以研究所得，公诸同好，或可为骂人时之一助乎？"余光中以为，这篇散文充

叩开台湾名人之门

分显示了梁实秋的风格，幽默而有哲理。所以谁要骂人，最好先读一下梁实秋《骂人的艺术》。

余光中说，他做学生时多次到云和街梁实秋家中拜访。跟梁实秋谈话，常常需要"提防"，因为梁实秋的话往往"半真半假"，你要有"识别能力"。比如余光中要去美国留学，向梁实秋请教应该注意些什么？梁实秋答道，到美国，不必认真读书，玩玩就好了，见识见识世界。你我都不是教书的料子。余光中说，喜欢开玩笑的梁实秋有时候就这样"反着讲"，你可不能当真。其实梁实秋在台湾师范大学教学非常认真也非常辛苦，半点都不敢马虎。

余光中说，梁实秋却又以敢于讲话著称。当年梁实秋勇敢地批评了鲁迅的翻译问题。后来在抗战期间，他在重庆成为国民政府的参议员。蒋介石接见参议员时，逐一跟参议员握手，并问候："你好！"蒋介石跟梁实秋握手时，也问候"你好！"梁实秋却回答说，"不大好！"蒋介石便问，为什么"不大好"？梁实秋说，"平价米中砂子太多！"蒋介石听了之后，马上找粮食局长训斥了一顿，要求立即改进。

余光中说，梁实秋是个美食家，他的《雅舍谈吃》就写了他品味各种美食的体会。到了台湾之后，梁实秋"有点发福，腰围可观"，据说他总买不到够长的腰带。有一次，"他索性走进中华路一家皮箱店，买下一只大皮箱，抽出皮带，留下箱子，扬长而去"。

梁实秋写信甚勤。给梁实秋写信，必定收到回信。余光中一边说，一边展示梁实秋写给他的十几封亲笔信。梁实秋写的信多，收到的回信当然也多。不过梁实秋保存的书信并不多，因为他有几条不予收藏的原则：

余光中讲话

作者在修复一新的台北梁实秋故居前

多年老友误入仕途，使用书记代笔者，不收；

讨论人生观一类大题目者，不收；

正文自第二页开始者，不收；

用钢笔写在宣纸上，有如在吸墨纸上写字者，不收；

横写或在左边写起者，不收；

有加新式标点之必要者，不收；

没有加新式标点之可能者，亦不收；

恭楷者，不收；

潦草者，亦不收！

余光中的演讲，常常引发哄堂大笑。

余光中对于梁实秋一生的评介，浓缩于他的《秋之颂》之中：

您一生，兼有智、仁、勇三种品德。青年时代，您是勇者，为了保卫缪斯而大声疾呼，身陷重围而不畏惧。中年时代，您是智者，高超的创作与翻译，灌溉了台湾的文坛。老年时代，您是仁者，在您周围的人，无论是家人、朋友、同事、学生，都因为亲近您而得到温暖，受到鼓励。葬您在靠山面海的北海墓园，因为仁者乐山，智者乐水，而勇者敢于面对天地之悠悠。

会议招待中餐，还招待晚餐。那晚餐富有特色，所有的菜，都是梁实秋在《雅舍谈吃》里曾经提及的。

很巧，台湾文学馆在阳明山林语堂故居举办"台湾战后大陆地区迁台作家文学座谈会"。这"台湾战后大陆地区迁台作家"包括梁实秋、林语堂、胡适、柏杨、钱穆等一大批人。他们迁台之后的命运和著作，是很值得研究的课题。可惜的是，当我得知这一文学座谈会的消息的时候，会议已经举行，不然的话，我必定会去听讲，参与这一课题的研究。

# 另类作家三毛

## "三毛之父"与三毛

在台北，我去寻找女作家三毛的故居，是因为我在上海跟她的"父亲"张乐平先生有许多交往。

张乐平先生被称为"三毛之父"，他创作的漫画《三毛流浪记》风靡中国，他笔下的三毛在中国家喻户晓。在他的晚年，因为要画《三毛爱科学》，常常找我"出主意"，所以跟他有了创作上的合作。

张乐平先生笔下的三毛，出生于1935年11月——那时候，他画了第一幅三毛漫画。

他的"干女儿"、台湾作家三毛则是浙江舟山人，1943年3月26日出生于重庆黄角桠。

三毛曾经说："我的一生有三个名字，在外面大家叫我三毛，在家里亲人叫我陈平，而荷西他叫我ECHO。"

三毛原名其实也不叫陈平，父亲为她取名"陈懋平"，这"懋"字是

三毛

在生活中很随意的三毛

按照家谱中的辈分，而"平"则意为和平，因为她出生于抗日烽火岁月。只是中间的那个"懋"字太难写了，小时候她就自作主张把名字改为陈平。至于"ECHO"，用她自己的话说"只是符号，不是崇洋"。

然而如今众多的读者不知道"陈懋平"、"陈平"，更不知道"ECHO"，只知道"台湾女作家三毛"。

三毛是她的笔名。1974年10月6日，她第一次以笔名三毛在《联合报》发表作品《中国饭店》。她的头发又浓又密，为什么给自己取"三毛"为笔名呢？

1988年6月12日，她在给"三毛之父"张乐平写的第一封信中，这么道及自己取"三毛"为笔名的缘由：

"乐平先生，我切望这封信能够平安转达您的手中，在我三岁的时候我看了今生第一本书，就是您的大作《三毛流浪记》，后来等我长大了，我也开始写书，就以'三毛'为笔名，作为您创造的那个三毛的纪念。"

这一段话，可以说是她取"三毛"为笔名的最清楚的解释。

当然也有以此为依据加上延伸的说法：她的一生是流浪的一生，所以用《三毛流浪记》中的三毛作为笔名。

不过，三毛本人还有两种不同的说法：

其一是说自己写的东西很一般，只值三毛钱。

其二是她在《闹学记》的序言中提及，"三毛"二字中暗藏一个易经的卦。至于是什么卦，她没有说明。

她的父亲陈嗣庆在回忆女儿三毛的文章《我家老二、三小姐》中写及，她排行老二，却成了"三小姐"——取名三毛：

老二如何可能叫三毛？她没有解释，只说："三毛里面暗藏着一个易经的卦——所以。"

我惊问："取名字还卜卦吗？"

她说："不是，是先取了以后才又看易经意外发现的，自己也吓了一跳。"

至于易经如何使她"吓了一跳"，她未说起。

不管怎么"考证"，三毛这笔名取自张乐平的《三毛流浪记》，是"最权威"的版本。

1989年，我在一篇记述张乐平的散文中，几度写及台湾女作家三毛：

1988年中秋节，我家多了一位远客——从美国费城归来观光的马思聪次女马瑞雪。一早，我到她在上海下榻的陈家去接她。在闲聊中我说起："张乐平家就在咫尺之内。"

　　"是吗？！"她双眼射出惊喜的目光，"我从小就看《三毛流浪记》，如果你能带我见他一面，真是三生有幸！"

　　"我先去看一下。"说罢，我前往相距百把米的张家。进了屋，张师母对我说："你呀，来得正巧！乐平在医院里住了一年多，今天是中秋节，大夫特许他回家一天，吃过晚饭就得返回医院。刚才，儿子、儿媳去接他了，再过半个小时，他就来了！"

　　于是，我回到陈家。马瑞雪一听说果真可以见到张乐平，高兴得直拍手。

　　当我陪着马瑞雪来到张家，张乐平刚刚回来。这位"三毛爷爷"气色不错，只是步履蹒跚，行动显得迟缓。他跟马瑞雪聊起当年听马思聪音乐会的印象，又谈起了台湾女作家三毛。张乐平说："台湾的三毛给我来信。说明年春天要到上海来看我！"

　　"我捷足先登了"。马瑞雪笑道，"11月下旬，台湾要举行由我作词、父亲作曲的歌剧《热碧亚》首演式，我要和母亲、弟弟一起从美国飞往台湾。我一定告诉三毛，我在上海已经见到'三毛爷爷'啦！"

　　马瑞雪笑罢，轻声问我：能不能请张老送她一本《三毛流浪记》，在书上为她题几个字？我把她的意思转告张老，他欣然答应。可是，当他颤颤巍巍走向书橱时，这才记起把钥匙串忘在医院里了，无法开橱取书。

　　"那就写几个字送瑞雪女士吧"。因为张师母告诉过我，张乐平双手颤抖，已经一年多无法作画，我只好建议他写字。于是，铺好了宣纸，他凝神思索，犹豫道："唉，写什么话好呢？得了，得了，还是画个三毛送她呢！"

　　一听说画三毛送她，马瑞雪喜出望外。大抵是在医院里静养了一年多，何况又值他刚刚回家，简直像奇迹一般，张乐平的手没有抖！他的大笔挥了几下，一个可爱的三毛便出现在宣纸上！张师母连连说："马小姐，你的运气真好！"

　　张乐平画完一张，余兴未尽，对我说："再画一张送你！"有趣的是，画这张三毛时，他多画了一条红领巾。他说："马小姐的'三毛'要到台湾去，所以不戴红领巾！"他的话，引得大家哄然大笑。

三毛之父张乐平赠作者三毛像　　三毛与"三毛之父"张乐平

当我和马瑞雪坐车前往我家时，马瑞雪像捧宝贝似的捧着那幅三毛。她说："这是我回大陆的'重大收获'！我一定把这幅画带到台湾，让他们欣赏欣赏张老的新作。"

1989年，张乐平先生成为台湾报纸上的"新闻人物"——因为他的"女儿"、著名台湾女作家三毛飞渡海峡，前来上海，拜谒张老。她称张乐平为"爸爸"，因为张乐平创造了三毛这一享誉全国的艺术形象，而她正是看了《三毛流浪记》，便以"三毛"为笔名。台湾的三毛在上海"爸爸"家住了四天，顿时成了海峡两岸新闻媒介的热门话题。

1989年8月中旬，台湾的"大陆儿童文学研究会"会长林焕彰先生率代表团来到上海，他极想一晤"三毛爸爸"，托我代向张老致意。我随即给张乐平挂了电话。尽管他正在病中，平日不会客，考虑到客自台湾来，况且又是专门研究大陆儿童文学的，也就答应了。他在电话中说："今天别来，最好明天来。已经好多天没刮胡子，要赶紧刮一刮。我的妻子也病了，家里乱七八糟，得收拾一下……"

为了不要过分惊扰病中的老人，翌日，我只陪着林焕彰先生一人前往张寓拜访。一上楼，张乐平衣衫整洁，早已坐在那里等待台湾客人。他看上去精神还很不错，只是因患帕金森综合症，手抖得厉害，双脚行动也不便，步履蹒跚。他在画室里接待客人，拿出一盆紫色的葡萄，说出内中的特殊含义："葡萄团团圆圆，甜甜蜜蜜，请吃吧！"

张乐平已80高龄。为了医治帕金森综合症，在医院里住了整整两年。

他走向画案，在一张宽大的藤椅上坐下，拿起了毛笔，对林焕章先生说："很抱歉，我只能给你签名留念，没办法画三毛送你！"

林先生趁他握笔时，给他拍照。这时，他赶紧把画案上的一堆瓶子推开。林先生以为那是画画的颜料瓶子，说放在桌上不碍事。张乐平却摇头道："这些不是颜料瓶，是药瓶！我是被迫才吃药的，不要把药瓶拍进去。"告别时，林先生说他跟台湾的三毛很熟悉，张乐平马上说："我病了，老伴也病了，三毛寄来好几封信，我们还没有及时回复。你回台湾，请你转告三毛，说我们都牵挂她，祝她全家好！"林先生一口答应："我一回台湾，就给三毛挂电话，报告'上海爸爸'、'上海妈妈'的问候！台湾文学界都称三毛是'小调皮'，她很聪明，又很爱动，像您笔下的三毛！"

"我很喜欢我这个台湾'女儿'！"张乐平和夫人跟我们握别时，还一再提到了台湾的三毛："欢迎她再来上海的'家'里住！"

# 秋雨之中寻访三毛故居

天像漏了似的，终日下雨不已。我冒着菲菲秋雨，在台北寻访三毛故居。

我事先从网上查找，三毛故居通常被说成在台北南京东路上。南京东路是台北主要街道，两边房屋无数，到哪里找三毛故居？总算有一篇文章写得详细些，说在南京东路133巷；还有一篇文章则说在南京东路四段。于是，我推测三毛故居应当是在南京东路四段133巷。

从地图上看，捷运下车处是南京东路三段，仿佛再走一点路，就应当是四段。

我和妻乘捷运至南京东路站下去。谁知要走将近两站路，才来到南京东路四段133巷——台湾的一段、二段、三段、四段，都是从1重新编门牌号的。所幸南京东路有骑街楼，人行道上淋不到雨。

到了南京东路四段133巷一看，那是一条大巷，两边呈"非"字形，又分为一条条小弄堂，竟有十几条弄堂之多！哪里是三毛故居呢？巷里有许多饮食店，询问店里的营业员，个个不知道，许多人甚至不知三毛，以为我要找三毛餐馆。

总算遇到一位老年妇女，她在这里住了40多年，知道三毛，却没有

台北三毛故居（两套带绿色雨蓬的房子）

三毛在这所名校——台北第一女中只念到初中二年级

听说过三毛住在这里，而是说三毛故居在新竹。我知道三毛曾经在新竹住过，但是我坚信三毛故居就在此附近。终于在一家餐馆里，一位男子说，三毛好像住在133巷5弄，转弯角上是一个水果摊，但是具体门牌号不知道。这下子我信心大增。

我来到5弄，遇见一位中年妇女，她很明确地说，三毛住在7弄，而不是5弄，但是门牌号不知道。

我从5弄来到7弄。也真是老天有眼，我在那里遇见一位70多岁、戴着近视眼镜、知识分子模样的男子，他一听说我来自上海，非常热情地告诉我，三毛确实住在7弄，不住在5弄。他多次在7弄见到过三毛。他知道三毛本名叫陈平，说是在理发店里遇见她，在那里不断抽烟。他说自己也姓陈。陈先生很热情，帮助我打听三毛的故居。陈先生说，三毛去世已经20年，这里的小青年不知道三毛，要问上了年纪的人才行。他连问了几位老人，都不知道三毛的故居——这除了三毛离世已久之外，还在于这里原本是眷村，是台北当年最"豪华"的眷村，全部用同样式样建造4层水泥楼房，一条条弄堂的房子都一样，所以不容易记清楚三毛住在哪幢楼房。

陈先生带我来到一家名字叫"你的店"、专售佛教衣服的小店打听时，60岁模样的中年妇女说，三毛是我的好朋友，好姐姐，就住我家隔壁。这下子陈先生大喜过望，对她说，这两位上海客人就交给你了，我十点钟还要出席一个会议，马上得走。

我和妻一再向陈先生致谢。巧真巧，她也姓陈。陈先生、陈女士、陈平（三毛），一连串的"陈"。在陈女士的邀请下，进入她的店堂坐下来。我打开采访笔记本，拿出录音机，对陈女士进行详细的采访……

陈女士首先从刚才那位陈先生说起，他是留学美国的博士，学化学的，浙江宁波人——外省人。陈女士说她也是宁波人，也是外省人。三毛是浙江舟山人。这"三陈"居然都是浙江人，都是外省人。

陈女士告诉我，这座眷村由于坐落在台北松山区，所以叫做"松山新村"。7弄里住的很多是"飞官"（即空军飞机驾驶员），层次高，而且大都是外省人。不过，由于台北的房价涨得很快，所以这里的房子不断转手，有的已经转卖了几次。

陈女士说，这里的邻居平日各管各，没有那种串门、聊天的习惯。尤其是三毛那样的人，生性孤傲，只与谈得来的几个人来往。最初，三毛到她的店里定做衣服，彼此认识。她由于与三毛都是基督教徒，而且有许多共同的兴趣，所以有很多交往，彼此以姐妹相称。

陈女士说，这里其实是三毛父母的家，但也是三毛真正意义上的故居。三毛1943年出生在重庆，1948年随父母来到台湾。三毛在这里上学，从这里"出国"游历，后来又从"国外"回到这里。1991年1月，三毛从这里住进台湾荣民总医院，自杀而亡……虽说在别的地方也还有三毛住过的房子，但是这幢房子与三毛的一生有着最密切的关系。

三毛的故居就在陈女士的店铺隔壁。在细雨中，她带我在弄堂里观看三毛故居，那是两座相连的四层楼房，其中三楼的两套打通的房子，就是三毛父母的家，大约180平方米。

我问能否上去参观？陈女士摇头说，现在不行了，不能参观了。

陈女士告诉我，三毛的故居是用原木装修的，非常漂亮，她去过好多次。三毛去世后，她的父母住在里面往往触景生情，思念不已，就决定把这房子转让给三毛好友、作家眭澔平。

眭澔平，台湾大学历史学系毕业，获美国康奈尔大学硕士、英国利兹大学博士。眭澔平比三毛小。他曾经这样回忆最初对三毛的印象："我接触三毛是在高中的时候，那时我有一个同学很喜欢三毛的作品，在校报上发表了一篇有关三毛的文章。当我拿起报纸读她的文章时，却首先被那张附在文末的照片吸引了，其实不能说吸引，因为我根本就不喜欢那个头发蓬松，穿着怪异的女人，她身上带着一股原始人的野味，和我的审美追求格格不入，于是从那个时候开始，我就没打算进入她的世界，也没想让她进入我的视野，对她的了解也停滞于一些从别人口中听来的零零碎碎的信息：她是一个行走于撒哈拉的大漠女子，是一个奔放潇洒的女作家……"

当三毛从撒哈拉回到台湾，眭澔平由于跟三毛有着共同的兴趣，走在一起。眭澔平曾经用20年时间行走过150多个国家。眭澔平曾说，"三毛是个特别爱旅行的人，她一生中去过54个国家。生前她曾说想去探访新几内亚食人族和亚马逊河……每次我在旅行的时候，特别有一种感觉，像是在

接续她的脚步，完成她没有走完的旅途。"

眭澔平为了纪念三毛，保持故居的原貌，一度改作纪念馆，对外免费开放了两年多时间。但是由于人来人往，邻居们不时受到干扰，颇有微词。眭澔平曾经打算向有关部门正式申请为纪念馆，但是又未能如愿。这房子只得空关，三毛所住的房间用木板装饰成非洲小木屋，这些木板受到了白蚁蛀蚀。不得已，眭澔平把所有三毛遗物转移到自己家中，于2010年把这房子转手。新的主人进行装修之后面目全非，而且不允许别人入内参观。

# 另类，三毛的特性

三毛，通常被称为游记散文作家。她是很另类的女性，是很另类的作家，而她的爱情、写作和命运也都很另类。其实就连打扮也很另类，她的头发从正中央分开，长长地披在肩上，她更多的是男性的坚强。

在台北，我来到三毛的母校——"台北市立第一女子高级中学"。这是台湾最好的女子中学，坐落在"总统府"的南侧，离"总统府"不过百米。这所女中拥有百年历史，蒋经国的女儿、马英九的女儿、连战的小女儿、萧万长的长女、陈水扁的女儿，吕秀莲以及谢长廷夫人、游锡堃夫人，都毕业于这所学校。在名校友名单之中，还写着，"三毛：本名陈懋平，又名陈平，已故世界知名华文作家"。

不过，对于三毛而言，这所中学是她的伤心地。她被列为台北市立第一女子高级中学的"名校友"，其实是一种讽刺。1955年，三毛在这所中学念到初二的时候，由于不喜欢数学课，被数学老师画了两个黑眼圈并罚她在操场上"游街"（"游校"），从此她逃学，甚至切腹自杀，幸被及时发现而获救。

从此三毛在家"自读"了9年，读了大量文学名著。书，成了她的最爱。在文学名著的熏陶下，她开始练习写作、音乐、绘画。1962年，19岁的她以本名陈平在《现代文学》发表第一篇作品《惑》，显示了她的文学创作才华。

1964年，由于得到文化大学创办人张其昀的特许，她到该校哲学系当旁听生，课业成绩优异。她却没有念到毕业，在大学三年级上学期就选择

了出国。

1967年，19岁的她远赴西班牙马德里文哲学院留学。她漫游欧洲，去巴黎、慕尼黑、罗马、阿姆斯特丹……

三毛走出了她求学的另类"三级跳"：初中逃学——文化大学哲学系——西班牙留学。

三毛父亲陈嗣庆回忆说：

"三毛离家那一天，口袋里放了五块钱美金现钞，一张七百美金的汇票单，就算是多年前这也实在不多，我做父亲的能力只够如此。她收下，向我和她母亲跪下磕了一个头，没有再说什么，上机时她反而没有眼泪，笑笑地深深看了全家人一眼，登机时我们挤在瞭望台上看她，她走得很慢很慢，可是她不肯回头，这时我强忍着泪水，心里一片茫然，三毛的母亲哭倒在栏杆上，她的女儿没有转过身来挥一挥手。"

三毛从19岁离家，在外面"流浪"了20年！

三毛的爱情之路也与众不同。

她的父亲陈嗣庆回忆说：

"在她16岁时，她的各方男朋友开始不知哪里冒出来了。她很大方，在家中摆架子——每一个男朋友来接她，她都要向父母介绍，不来接她就不去，这一点作为父亲的我深以为荣，女儿有人欣赏是家门之光，我从不阻止她。

"等到三毛进入文化大学哲学系做选读生时，她开始轰轰烈烈地去恋爱，舍命地去读书，勤劳地去做家教。认真地开始写她的《雨季不再来》，这一切都是她常年休学之后的起跑。对于我女儿初恋的那位好青年，作为父亲的我一直感激在心，他激励了我的女儿，在父母不能给予女儿的男女之情里，我的女儿经由这位男朋友，发挥了爱情正面的意义。当然那时候的她并不冷静，她哭哭笑笑，神情恍惚，可是对于一个恋爱中的女孩而言，这不是相当正常吗？那时候她总是讲一句话：'我不管这件事有没有结局，过程就是结局，让我尽情地去，一切后果都是成长的经历，让我去——'她没有一失足成千古恨，这怎么叫失足呢？她有勇气，我放心。

"我的二女儿，大学才念到三年级上学期，就要远走他乡，她坚持远走，原因还是那位男朋友。三毛把人家死缠烂打苦爱，双方都很受折磨，她放弃的原因是：不能缠死对方，而如果再住台湾，情难自禁，还是走吧。"

三毛为了躲避失败的初恋而远走异国他乡。就在她刚到西班牙的1967年

的圣诞节，邂逅了比她还小的西班牙高中三年级学生荷西，开始她的第二次恋爱。

三毛在《一个男孩子的爱情》中这样写及：

"他的西班牙名字是JOSE，我给他取了一个中文名字叫荷西。"

"我第一次看见他时，触电了一般，心想，世界上怎么会有这么英俊的男孩子？如果有一天可以做为他的妻子，在虚荣心也该是一种满足了。"

毕竟对方还是中学生，三毛克制了自己的感情，结束了这一短暂的恋爱。

三毛在1971年返回台湾，受张其均先生之邀聘在文大德文系、哲学系任教。三毛开始第三次恋爱，对方是德裔教师。她与他订了婚。然而三毛是那样的不幸，她在1972年与他准备结婚的时候，未婚夫突发心脏病而猝死。三毛悲痛欲绝，自杀未遂——这是她第二次自杀。

三毛再度离开台湾，在1972年冬再赴西班牙，重遇第二次恋爱时的恋人荷西。这时候的荷西已经结束了两年大学生活和四年兵役，与三毛重燃恋情。1973年7月，30岁的三毛与荷西在沙漠小镇阿尤恩结婚，从此定居撒哈拉。

她的父亲陈嗣庆回忆说：

"三毛结婚，突然电报通知，收到时她已经结完婚了，我们全家在台湾只有出去吃一顿饭，为北非的她祝福。这一回我细观女儿来信，她冷静又快乐，物质上没有一句抱怨，精神上活泼又沉潜。我们并没有因为她事先不通知而责怪她，这个老二作风独特，并不是讲一般形式的人——她连名字都自己取，你拿她怎么办？"

跟荷西结婚，是三毛一生中最愉快的岁月，也是创作上的黄金时期。不过他们的物质生活陷入贫困之中，尤其是荷西自1976年失业，家中连喝啤酒也成了奢侈，夫妻俩从此形成了一天只吃一顿的习惯。

1976年5月，皇冠出版社出版了三毛的第一本书《撒哈拉的故事》。

1979年三毛随荷西到拉芭玛岛生活。9月30日，三毛经历了人生最痛苦的一天——丈夫荷西在海底潜水捕鱼时意外丧生。

从此三毛一直孀居，没有再婚。三毛保持脸朝着门才能安睡的习惯，仿佛一直在等待荷西的归来。她依旧一天只吃一顿饭。

她的三次爱情，初恋失败，而她的德裔未婚夫、西班牙丈夫先后猝死或者死于非命，悲剧的阴影始终笼罩着她的人生。她始终怀念着1972年至1979年这7年与荷西一起度过的虽然贫穷却幸福美满的岁月。

# 三毛死亡之谜

在潺潺的秋雨声中，陈女士向我讲述了许多与三毛相关的故事。

三毛最为惊心动魄的是她的死，那样的突兀，那样的另类。

荷西过世之后，悲痛万分的她回到了台湾。情绪稍微安定之后，她在1980年5月重返西班牙。1981年结束流浪异国14年的生活，在台湾定居，在文化大学中文系任教。1984年，因健康关系，辞卸教职，她把自己的感情倾注在写作上，以写作为生，先后出版《倾城》、《温柔的夜》、《哭泣的骆驼》、《梦里花落知多少》、《雨季不再来》、《撒哈拉的故事》、《送你一匹马》、《背影》、《我的宝贝》、《闹学记》、《万水千山走遍》、《稻草人手记》、《随想》、《谈心》、《我的快乐天堂》、《高原的百合花》、《亲爱的三毛》、《我的灵魂骑在纸背上——三毛的书信札与私相簿》以及电影剧本《滚滚红尘》。她成为受到广大读者喜爱的作家。

三毛的母亲缪进兰这样谈及当时三毛的生活："每个月看完五十本书以上，剩下的时间有排不完的演讲和访问，几乎每天都要到清晨七点半才能入睡，早上十一点多又要起床开始另一天的忙碌，她的日子很艰难。"

1991年1月2日，48岁的三毛因子宫内膜肥厚，住进台湾荣民总医院。

3日，医生只花了10分钟就完成手术——这是一个很小的手术。由于手术之后一切正常，父母也就不再陪床。

那天夜里，她曾经给眭澔平打电话。由于眭澔平不在家，三毛在录音电话中留下最后的声音。眭澔平迄今仍保存这一珍贵录音："眭澔平，我是三毛，你在不在家？人呢？眭澔平……你不在家……好！我是三毛……"

4日清晨，医院清洁女工进入7楼妇产科单人特等病房打扫浴室的时候，看见坐厕旁点滴架的吊钩上，悬挂着三毛被尼龙丝袜吊颈的身体。她身着白底红花睡衣，现场没有任何遗书。

据法医推断，三毛死亡的时间是凌晨2时。

据警方"验尸申请书"中的结论是"自杀"。死因是"因病厌世"。

第二天，台湾所有的报纸都报道了三毛的死讯，大陆和香港的几十家

报纸也都报道了台湾女作家三毛的噩耗。

2006年，在三毛去世15年之后，香港张景然先生对三毛之死进行详细查证，写出《哭泣的百合——三毛死于谋杀》。张景然所说"三毛死于谋杀"并没有指出谁是"谋杀者"，为何"谋杀"三毛，但是他对于三毛死于自杀的种种质疑，倒是有几分道理。

张景然指出：三毛的母亲（1991年1月4日上午8点前就赶到现场）与警方（1月4日上午10点15分才赶到现场）眼中出现的情况竟根本不同，怎么能不令人生疑？

警方提供的情况是：当医院的清洁女工发现三毛的尸体时，"三毛的身子半悬在马桶上方，已气绝身亡。一条咖啡色的丝袜，一头套住三毛的脖颈、一头绑挂在吊滴液瓶的铁钩上。"法医到达现场时，"身穿白底红花睡衣的三毛已被放在病床上"、"三毛身着白底红花睡衣，脖颈上有深而明显的丝袜吊痕，由颈前向上，直到两耳旁。舌头外伸，两眼微张，血液已沉于四肢，呈现灰黑色。"

三毛母亲缪女士提供的情况却是："三毛端坐在盖着的马桶上，双手合抱成祈祷状，头微垂而面容安详。吊颈的长丝袜如同项链般松松地挂在脖子上，颈上既无勒痕，也没有气绝时的挣扎痕迹。"

同是现场目击者，三毛母亲与警方所说的情况，为什么有那样大的差异？

张景然指出，以下3点表明三毛不是自杀："第一，浴室的点滴吊架离地只有160厘米，垂吊后脚尖伸直，轻易可着地面。第二，病房的门是虚掩着的，一推即可进，丝毫没有自杀的蓄意准备。第三，丝袜没有拉扯迹象，只是松挂在脖子前。"

至于三毛死后，众多媒体推测三毛自杀的原因，张景然也提出质疑。

其一，媒体说，三毛当时查出癌症，失去生活的信心。

张景然说，确实，三毛曾经怀疑过自己和母亲患有同样的病——子宫内膜癌。为此，她决定住院做进一步检查。1991年1月2日晚，三毛到荣民总医院住院。第二天上午10时，医生为三毛做了个小手术。根据手术判断，三毛患的是一般妇科疾病，并非她自己所怀疑的癌症。三毛的主治医生赵灌中在手术后明确告诉三毛：手术后加上服用药物治疗，内分泌会慢慢改善，月事也会正常，并嘱咐她不用担心。院方决定安排三毛5日出院。

张景然指出，三毛怎么可能在医院已经为她排除了癌症之后而绝望自杀呢？

其二，媒体说，三毛自杀的另一种原因是她所写的电影剧本《滚滚红尘》没有获得金马奖最佳剧本奖。

张景然指出，1990年11月21日，在金马奖颁奖前近1个月，三毛在写给上海的张乐平夫妇的信中写道：

"我所辛苦编剧的电影爆发大消息，我们参展台湾、香港最大电影展金马奖12项入围，我被提名为最佳原著剧本奖，但不相信会得奖，这事我看得很淡。"

既然三毛对剧本能否获奖"看得很淡"，怎么会为此而自杀？

其三，媒体称，三毛自杀是"为情所困"。

张景然历数三毛在荷西去世之后所交往的异性朋友，指出在三毛的感情世界里，从来都是主张智慧、勇敢和道德的，三毛绝对不会为情所困而自杀。

1990年，三毛在回答一位有厌世倾向的人时说："如果自杀可以解决问题的话，那么世上就没有活人了。我跟你讲，这世上不是只有你想自杀，许多人都想自杀。你给我好好活下去。她活得下去，你也活得下去；她不自杀，你也不要自杀；你不好好活，我不会放过你。"

其他，媒体还猜测，三毛"空虚寂寞"、"江郎才尽"而自杀。张景然也给予驳斥。

张景然对三毛死于自杀的质疑，使三毛之死更加扑朔迷离。然而，三毛不是死于自杀，那么势必是死于他杀。有谁会去谋害三毛呢？这又无从"查证"。

三毛去世，都说没有留下遗书。在张景然的《哭泣的百合——三毛死于谋杀》出版之后，在2008年——三毛去世17年之后，眭澔平终于公布了三毛最后的一封信——也可以说是三毛的遗书。眭澔平说，三毛在死前几天送给他一本书，"那是她人生的最后一本书，就是《滚滚红尘》，我翻到后面才发现里面夹了这篇'遗书'，当时悲剧已经发生了"。考虑到当时众多媒体在那里猜测三毛的死因，眭澔平以为不便公布三毛的这封信，以免引发不必要的猜疑。直到三毛去世17年之后，一切都归于平静，眭澔平终于拿出了三毛写给他的最后一封信：

当敦煌飞天的时候，澔平，我要想你。

如果不是自制心太强，小熊你也知道，我那一批三百七十五个钥匙，起码有一百把要交给谁。

这次我带了白色的那只小熊去了，为了亲他，我已经许久不肯擦一点点口红，可是他还是被我亲得有点灰仆仆的。

此刻的你在火车上，还是在汽车里？

如果我不回来了，要记住，小熊，我曾经巴不得巴不得，你不要松掉我衣袖，在一个夜雨敲窗的晚上。

好，同志，我要走了。

欢迎你回来。


"当敦煌飞天的时候"，"我要走了"，是不是隐含着三毛弃世的讯号？

这封信没有署名，也没有日期。没有署名倒没有引起质疑，因为那明摆着是三毛的手迹。问题在于没有日期。有人质疑，这也许是很早就夹在那本书里的字条，是书信，未必是"遗书"。

我在采访三毛之友陈女士时，她所说的情况，又为三毛之死提供了一种新的解释。陈女士说，三毛在去台湾荣民总医院那天早上，曾经对父母说，她看见了天使，她要去寻找黑洞。陈女士说，三毛是虔诚的基督教徒。在三毛看来，她不是去死，而是去寻找天使，寻找黑洞。

也许，陈女士对于三毛之死的解释，有几分道理。

陈女士说，三毛的大姐陈田心也跟她有许多交往，隔一段时间总要来她这里一趟。我留下名片，托她转交三毛的大姐陈田心，希望下次来台湾有机会采访她。陈女士也送我名片，并拍照留念。

在雨中，我告别了热心的陈女士。

# 甜甜美美邓丽君

## "甜蜜蜜" 的天王巨星

甜蜜蜜
你笑得甜蜜蜜
好像花儿开在春风里
开在春风里

在哪里　在哪里见过你
你的笑容这样熟悉
我一时想不起

啊　在梦里
梦里梦里见过你
甜蜜笑得多甜蜜
是你　是你　梦见的就是你

邓丽君

在台北家中，播放着邓丽君演唱的《甜蜜蜜》卡拉OK，我的长媳唱得那么投入，小孙子则边唱边舞。她们都是忠实的"丽粉"——邓丽君粉丝。

邓丽君可以用"甜美"二字概括：她的歌声"甜"，她的形象"美"。邓丽君正是以她的甜美，征服了无数"丽粉"。

邓丽君是"万人迷"，从孩子到老人都喜欢她。

邓丽君不仅在台湾拥有成千上万的"丽粉"，她的影响越过了台湾海峡，在大陆更有上亿"丽粉"。尽管邓丽君在她42个春秋的人生之旅中从未踏上大陆，她的歌声却在神州大地四处飞扬。

正因为这样，在邓丽君过世后，美国知名的《排行榜》（Billboard）音乐杂志评论邓丽君"使海峡两岸在70至80年代即做到了文化统一"！

1988年，中国大陆的中央电视台向邓丽君发出了参加第四届海峡之声音乐会的邀请，此前春节联欢晚会的导演组也多次邀请她参加，但都没有成行。大陆前文化部部长刘忠德在卸职以后，曾经感叹说："没有能让邓丽君来大陆开演唱会是一个遗憾。"

邓丽君是台湾歌唱界的"天王巨星"，这毋庸置疑。然而出人意料的是，在2009年，由中国国务院新闻办公室主办的"中国网"发起"新中国最有影响力文化人物"的网络评选，活动得到了大陆网民近2 400万张选票，台湾歌手邓丽君以逾850万的最高票获选"新中国最有影响力文化人物"，排名第一。

2008年，邓丽君的金曲《但愿人长久》还伴随"神舟七号"飞上太空。

邓丽君的影响超越了海峡两岸，"有华人的地方就有邓丽君小姐的歌声"。

邓丽君用日语演唱的歌曲，在日本也深受欢迎。1984年至1986年邓丽君连续三年蝉联日本有线大赏以及全日本有线放送大赏，创下双奖三连冠记录，迄今无人打破。日本的"丽粉"评论说："邓丽君小姐的声音有湿度，潮湿感沁人心脾，不同于众歌手相对简单的干燥尖锐或者明亮直白的嗓音。"

邓丽君1986年获选美国《时代杂志》世界七大女歌星，世界十大最受欢迎女歌星，是唯一一个同时获两项殊荣的亚洲歌手。

据统计，在邓丽君健在时，她的唱片的总销售量就超过4 800万张。此后的邓丽君的歌曲盒带、CD、VCD，不计其数。

大陆著名歌唱家刘欢这样评价邓丽君："说实话，美轮美奂，真的是这样，一直到现在，我仍然是觉得，就是她那个形态的歌曲还真的没有人再超过她了，因为她已经把那种方式做得太完整了太完美了。"

大陆年轻歌手张靓颖则说："邓丽君比偶像还偶像。在我心目中，不仅仅是偶像那么简单，是她陪伴了我的童年。我从小就听她的卡带，所以她所有的歌，我几乎都会唱。不仅仅是我，我父母，还有亲戚朋友，一起聚会都会唱她的歌。但我知道，即便再给我十年二十年，我也不奢望成为像她这样的歌手。她的时代只可能诞生一个邓丽君，而我所在的时代不再会诞生下一个了。"

# 漂移的小小浮萍

成千上万的"陆客"涌到台湾。

我问：到台湾看什么？

有人答：一看蒋介石、二看邓丽君。

虽说蒋介石、邓丽君都到另一个世界去了，但是"陆客"们来到台湾，不依不饶，追寻着他们在台湾留下的足迹……

蒋介石的官邸，从草山官邸、士林官邸、阳明书屋直至日月潭的涵碧楼、慈湖的中兴宾馆，一一都在，无一不成为"陆客"游览的热点。

可是邓丽君出自平民之家，从小随父母过着漂泊的生活，她留在台湾的足迹，大都被岁月所湮没。

邓丽君的童年，是小小的浮萍。

在台湾，她算是"外省人"。更准确地说，她是第二代的"外省人"。她的身份证上的籍贯是河北省大名县，因为她的父亲邓枢是那里的邓台村人，而母亲赵素桂则是山东东平县人。

邓枢是黄埔军校第14期毕业生。1949年随着蒋介石败退台湾，当时邓枢是上尉。

1953年1月29日(壬辰年腊月十五日)，邓丽君出生在云林县褒忠乡田阳村田阳路36号章家三合院的一个小房间里。田阳，又写作田洋。当时邓枢随部队驻扎在田阳村，正好章家三合院里有空屋，邓家就借住在那里。

在当时重男轻女的年代，这个女婴的降生却使邓家分外欢喜，因为

1周岁时的邓丽君

邓丽君9岁时与父亲合影

她是邓家的第四个孩子，而前三个都是男孩，老大叫邓长安，老二叫邓长顺，老三叫邓长富。在她之后两年，又添了老五，也是男孩，叫邓长禧。

邓家男孩按照"长"字辈取名，安、顺、富、禧，一溜儿取下去，并不费事。给这个女孩取名，邓枢颇费心思，请教袍泽。一位军中同僚喜欢文学，建议仿效清代小说《再生缘》中才女孟丽筠的名字，取名邓丽筠。筠，翠竹也。唐朝诗人钱起的《赋得池上丁香树》中，便有这样的诗句："黛叶轻筠绿，金花笑菊秋。"

筠，念作"匀"。可是很多人念白字，把筠误念为"均"，所以后来就以"邓丽君"为艺名。这么一来歪打正着，"邓丽君"这名字反而更加跟她的甜美形象相贴切。

邓丽君成名之后，又取了英文名字"Teresa Teng"，即"特丽莎·邓"。

邓丽君这小小的浮萍出生才4个多月，就随着父亲的部队漂移了，离开了云林，襁褓之中的她漂向台东县池上乡。

正因为这样，尽管云林县褒忠乡田阳村田阳路36号那座章家三合院至今仍在，然只是邓丽君的降生地而已，没有留下更多的记忆。

我到过台湾中部的云林县，也到过台湾东部的台东县池上乡，深知穿越崇山峻岭的艰难。紧傍太平洋的台东县池上乡，是台湾著名的"池上大米"的产地。

在台东县住了3年，小小的浮萍又开始漂移。1954年6月，她随着父亲部队漂向屏东县，落脚在军用机场附近的眷村。所谓眷村，是国民党军队从大陆败退到台湾之后在各地建立的居所。原本以为很快就可以"反攻大陆"，所以眷村大都是临时性的简陋建筑。不料蒋介石的"反攻大陆"成了泡影，临时性的眷村变成了军队家属永久性的居所。

我也到过位于台湾最南端的屏东县，那里为恒春半岛三面环海。不过从台东县到屏东县，同样是山峦起伏，路途艰辛。到了屏东县之后，邓丽君的弟弟邓长禧就在那里出生。

毕竟邓丽君是家中5个孩子里唯一的女孩，而母亲喜欢黄梅戏、歌仔戏，爱唱小调，就把对于音乐的爱好也传给小小的邓丽君。虽说邓家子女多，经济并不宽裕，但1958年母亲还是带着7岁的邓丽君到屏东市仙宫戏院附近学芭蕾舞。

邓丽君从小跟随军队四处迁徙，与诸多"本省人"的孩子接触，也就从小会讲一口流利的台语（闽南话）。

不论云林县、台东县、屏东县，都是台湾中南部的小县城，都是以农业为主的县。1959年11月，邓丽君终于跟随父亲的部队北上，举家移居至台北县芦洲乡，那里离台湾最大的城市台北市只一河之隔——芦洲与台北隔着一条百把米宽的淡水河。

到了台北县芦洲乡之后，邓丽君不再漂泊了，因为父亲在那里退役，从此定居在台北县芦洲乡。

芦洲，给邓丽君的人生打下最深刻的印记。芦洲是她起飞的基地。她正是从芦洲走向繁华之都台北，走向广阔的舞台，充分展现她的音乐才华，成为一代歌姬。

## "成长之故乡"

我在2007年来到台北县芦洲乡，那里已经改名为台北县芦洲市。那是因为1997年10月6日芦洲人口超过15万，升级为台北县的一个县辖市。

我在2011年秋来到那里的时候，那里则成为新北市芦洲区。因为2010年12月25日台北县正式改制升格为"院辖市"（即直辖于"行政院"），改名为新北市，芦洲也就成为市辖区。

芦洲是淡水河畔的一片沙洲，河岸两旁芦苇丛生，在芦花盛开时一片雪白，因而得名芦洲。

芦洲又名鹭洲，常有成群的鹭鸶翱翔于芦花水泽之间，因此得名。

芦洲还有一个名字叫"和尚洲"。据说清朝的时候这里的土地由当地庙宇的僧侣掌管。僧侣俗称和尚，于是有了和尚洲之名。

2011年秋日，我从台北乘坐捷运直达芦洲。捷运芦洲线于2010年11月3日通车，使芦洲的交通变得非常方便，跟台北市区连成一体。

我走出芦洲捷运站，迎面就是一尊与真人一样高的崭新的邓丽君铜像。她头戴鲜花，手持话筒，正在笑容可掬地演唱。铜像前的黑色大理石上，用中文、日文、英文镌刻的金色碑文表明，这尊铜像的名字叫做"芦洲之光"。碑文称，芦洲是邓丽君"成长之故乡"。碑文记载，邓丽君铜像是在芦洲区爱乡文化协会理事长杨莲福的推动下建成的。

这尊邓丽君铜像是2011年5月8日落成的，所以显得很新。当地人士把邓丽君铜像安置在芦洲捷运站出口，为的是让旅客到达芦洲之后第一眼看到的就是这个芦洲新地标，看到邓丽君的甜美形象。

在芦洲人看来，大批"陆客"来台，内中很多是"丽粉"。正因为这样，芦洲大打"邓丽君牌"。

芦洲相当热闹。现在芦洲的人口将近20万，人口密度高达每平方公里2.6万人，已经成为台湾人口密度第4高的都市市辖区。

芦洲的主干道叫中正路，邓丽君的故居和母校都在中正路上。我拦了一辆出租车，很幸运，司机是本地人，我请他带我去寻找邓丽君的故居和母校。司机说，邓丽君的母校——新北市芦洲区国民小学，好找，在芦洲谁都知道，不过邓丽君的故居已经被拆除了，只能带你到故居附近转一下，然后去邓丽君的母校。

邓丽君当年的家，在芦洲市中正路77巷防炮部队眷村16号。我来到那里，看到的是六、七层的新盖的居民楼，已经没有当年眷村的踪影。

邓家所住的眷村，其实是日本统

台北芦洲邓丽君铜像

邓丽君的母校

治时期的一个用红砖砌成的仓库——青果株式会社鹭洲庄仓库。所谓青果，也就是柑橘。芦洲盛产柑橘，被青果株式会社收购之后存放在这里。当国民党大批军队退到台湾，人满为患，尤其是在台北，很难给军队眷属安排住处。于是就连这样的柑橘仓库，也被隔成一小间、一小间。邓丽君一家，就挤在其中的一小间。邓丽君的父亲在这小屋里还用木板搭建了阁楼，以使5个子女有安身之所。虽说这里名义上是防炮部队的眷村，其实来自各军种的人都有，以防炮部队人数较多罢了。

除了在小屋里搭建阁楼，眷村家家户户都在后院的空地四周扎竹篱笆，以求扩大一点居住的空间。

芦洲地势低平，每逢台风暴雨就糟糕，道路常常积水及膝。邓家简陋的小屋也就浸泡在水里，全家7口人拥挤在阁楼，坐在那里过夜。

邓家的老邻居陈信义回忆说，邓家生活很苦，退役后的邓枢每天都要自己做大饼，绑在自行车后头，出门沿街叫卖。邓枢的乡音很重，"讲话听不懂"，因此除了打招呼，平日很少与周围的本省邻居打交道，倒是邓妈妈赵素桂"很会公关"，经常与邻居聊天。

我虽然未能见到当年的邓家的小屋，但在一箭之遥的中山路70号，倒是找到了仿歌德式的天主教堂。大门口的黑色大理石上，刻着中英文金字："芦洲圣若瑟天主堂，St. Joseph's Church"。这座教堂建于1887年，已经有着125年的历史。邓丽君是天主教徒，每周都到这里做礼拜，并在这里练歌。据称，邓丽君在这里受洗成为天主教徒，主要的原因是天主教堂会对贫穷家庭发放面粉和食物，而邓家当时相当贫困。

出租车沿着中正路向前，来到中正路100号前停下，大门口灰色的大理石上，嵌着一排金色大字："新北市芦洲区国民小学"。这里便是邓丽君的母校，当年叫台北县芦洲乡国民小学，简称芦洲国小。

从芦洲中正路77巷的邓丽君故居，到70号的芦洲圣若瑟天主堂，到100号的芦洲国小，当年小邓丽君就是来来往往于芦洲中正路的这三处相隔不远的地方。

我曾经看过邓丽君成名之后，在1977年拜访母校芦洲国小的照片。当时台湾电视台为她返校摄制了特别节目。邓丽君说，母校还保持她当年上学的模样。然而出现在我的面前的芦洲国小，却是崭新的。丰楼上嵌着"彩虹楼"三个白色大字，那是一幢地下二层、地上五层的综合大楼，内有专科教室、图书室、多功能教室、舞蹈教室、演艺厅、活动中心，而地下车库则拥有260个停车位。

芦洲国小是百年老校。我在校门口的纪念碑上，看到李登辉为该校

邓丽君10岁时（前右2）摄于芦洲眷村，邓家与阿姨家合影

题写的"百年树人"四个大字。由于原先的校舍早已老旧，成了危楼，新北市政府斥资5亿余元新台币在原址上全面改建，成为芦洲"最新的老学校"。彩虹楼所在的位置，就是当年邓丽君上学时的行政楼。

就在我来到芦洲国小前两个月——2011年9月1日，芦洲国小举行隆重的启用仪式，新北市长朱立伦、市议会议长陈幸进、教育局局长林腾蛟和芦洲国小校长柯份等共同剪彩及揭牌。校长柯份说，"彩虹楼"象征着"雨过天情后遇见彩虹的雀跃与幸福"。

经我说明来意，我受到芦洲国小李老师、杨老师的热情接待。他们说，邓丽君是芦洲国小的骄傲，而芦洲国小是邓丽君成长道路上的里程碑。为了纪念邓丽君，在3楼校史室中划出"校友邓丽君的文物专区"。他们说，"你来得正好，因为彩虹楼刚刚落成，校史室也刚刚整理完毕。如果你前几天来，很多镜框、照片都还堆在地上呢。你是来自上海的远客，也是重新布置的'校友邓丽君的文物专区'的第一个参观者。"

# 走访"校友邓丽君的文物专区"

两位老师陪同我来到3楼校史室。校史室很大，占用了两、三间教室。

校史室里，满目奖状、奖杯以及发黄的老照片，还有一大排成就卓越的校友照片，充分表明这是一所历史悠久而成绩辉煌的学校。

我首先参观校史，看到一块写着"和尚洲公学校"的校牌，这便是芦洲国小创始时的校牌。在日本统治台湾时期，芦洲叫和尚洲。1898年，和尚洲公学校正式创立，这一年成为芦洲国小诞生的日子——1941年和尚洲公学校改称和尚洲国民学校，台湾光复之后于1946年改称芦洲国民小学。

6岁的邓丽君在1959年随父亲从屏东县来到台北县芦洲，正好到了上学的年龄，而她家又正好在芦洲国小附近，于是就进入芦洲国小一年级学习。

邓丽君在芦洲国小读了6年，1965年从芦洲国小毕业，拿到毕业证书——这是邓丽君一生中拿到的唯一的毕业证书，因为她进入中学之后就半途辍学去当歌手了，没有拿到初中的毕业证书。

在播放着邓丽君《月亮代表我的心》的歌曲声中，我细细参观校史室的"校友邓丽君的文物专区"。据称，这里是留下邓丽君生平资料最多的

专辟"校友邓丽君的文物专区"

地方，将改建成专门的"邓丽君文物纪念室"。

我看到上百幅的邓丽君从儿时、少女到成年的老照片，还有许许多多难得一见的邓丽君黑胶老唱片，各种各样的唱片封套、海报，还有邓丽君大事记、邓丽君档案等等，内容非常丰富。可以说，要了解邓丽君的一生，务必要到芦洲国小来。我忙着用照相机翻拍了几十幅邓丽君不同时期的照片。

我以为，在"校友邓丽君的文物专区"中，最可珍贵的是邓丽君早年的照片。邓家家境虽然并不富裕，可是父母格外钟爱这个唯一的女儿，为她留下难得的许多童年的照片，其中最早的是邓丽君3个月时的照片。

邓丽君一周岁的照片，看得出是在照相馆里拍摄的。父母为邓丽君精心打扮了一番，头戴一朵花，身穿连衣裙，还背着一个小小的女包，够"时髦"的。

最可爱的是邓丽君4岁时的照片，跷着二郎腿，那种气质，那种"风度"，跃然纸上。

进入芦洲国小之后，邓丽君给老师的印象是乖巧、懂事、有人缘，待人亲切，不过功课一般，尤其是数学差。

我注意到邓丽君7岁时与父母一起游台北外双溪的照片。邓家有5个孩子，父母只带她去台北游玩，足见她在家中深得父母的喜爱。

邓丽君的音乐天赋，在小学一年级就已经显露。她听一支歌，听了三遍，就会从头到尾唱出来。

邓丽君的父亲爱唱京剧，母亲爱唱民间小调。她最初在家中跟着母亲学唱。邓丽君的妈妈还用留声机放音乐，教女儿唱歌。可以说，邓丽君能够走上歌星之路，离不开父母亲的影响。

当时，在眷村附近驻扎着"九三康乐队"。所谓"康乐"，来自当时台湾当局的口号"富强康乐"，所以军队组织了"康乐队"，在军中开展"劳军演出"。芦洲的"九三康乐队"，隶属于当地的空军部队。"九三康乐队"中有一位拉二胡的李成清先生，既是邓丽君父亲的战友，又是邓丽君母亲打麻将的牌友，是邓家常客。他看到邓丽君有唱歌的天分，在1961年的时候就教8岁的她唱黄梅戏，成为邓丽君的启蒙恩师。

1962年，在邓丽君9岁的时候，李成清让她参加"九三康乐队"的演出。

我看到两张邓丽君9岁时的照片。小学四年级的她，随"九三康乐队"到军队慰问演出。邓丽君头戴双翅帽、身穿长衫，手持折扇，女扮男装饰演"相公"，正在那里"得意洋洋"地唱着。在她的背后，5位系着领带、身穿西装的男士在为她伴奏。有趣的是，背景幕布的一角被掀起，有人在全神贯注地看着她的表演，此人似乎是她的指导老师李成清。这张难得的老照片，大约是邓丽君平生第一张剧照，凝固了这位9岁小明星生动的瞬间。据说，邓丽君当时每次演出可以拿到十几元新台币，补贴家用，使父母感到非常高兴。

1963年8月，10岁的邓丽君参加"中华电台"黄梅调歌曲比赛，以《访英台》获得冠军，为参赛者中年龄最小者。这是邓丽君第一次获奖。在"校友邓丽君的文物专区"，我看到邓丽君获奖的奖状，上面写着：

10岁邓丽君接过印着冠军两字的纸质锦旗般大奖状时的照片。邓丽君留着长发，一副兴高采烈的神态。

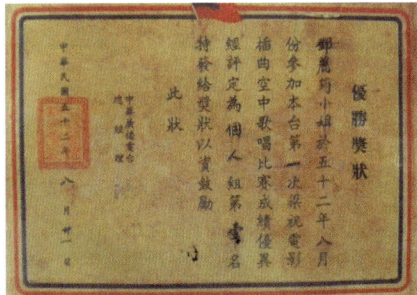

1963年10岁邓丽君获得的电台歌唱比赛奖状

10岁邓丽君在芦洲国民小学

邓丽君童年拍照时的池塘

邓丽君12岁时与阿姨合影于芦洲国小水池前

优胜奖状

邓丽筠小姐于五十二年（引者注：即公元1963年）八月份参加本台第一次梁祝电影插曲空中歌唱比赛成绩优异经评定为个人组第壹名特发给奖状以资鼓励

此状

中华广播电台总

经理

由于饱经岁月，中华广播电台总经理的蓝色签名章已经褪色，以致无法辨认姓名。

另一张老照片，则是邓丽君接过印着冠军两字的纸质锦旗般大奖状时的照片。邓丽君留着长发，一副兴高采烈的神态。

10岁的邓丽君的"经典照片"是在芦洲国小的小水池前，坐在小桥栏杆上拍摄的。邓丽君微微斜着脑袋，浅浅地笑，一身浅色连衫裙搭配深色腰带，穿着白色短袜和皮鞋。

由于这张照片呈现了童年邓丽君的可爱形象，许多"丽粉"到芦洲国小，必定到校园的小池塘旁的小桥边拍照留念，以致芦洲国小在重建时不得不把邓丽君留影的水池、拱桥，依照原比例、原方位异地重建。

在邓丽君10岁时，还有一张老照片很珍贵。那是邓家和她阿姨家在芦洲眷村家门口拍摄的，可以觑见当年芦洲眷村的面貌。简陋的门窗，斑驳的墙壁，显示眷村生活的艰辛。墙上的门牌号是"7-2"，表明这可能是邓丽君的阿姨家，不是邓家。大门上方贴着"大地间诗书最贵"的横批，可见他们对于知识的看重。在两家的这群孩子之中，看

得出邓丽君最为出众。

另外，在邓丽君早年的与父亲合影的照片中，父亲总是穿西装系领带，整整齐齐，可见邓家当时虽然贫困，但是很有教养。

还有一张1964年12月邓丽君获得的一张奖状。这不是歌唱比赛的奖状，而是在芦洲国小的"国语演讲比赛"中获得第一名的奖状。这表明，邓丽君小时候不仅擅长唱歌，而且擅长演讲。出自"外省人"占多数的眷村，邓丽君的"国语"（普通话）讲得不错。

# 一颗充满青春气息的"新星"

金陵金陵，乐育群英，

铎振海疆，源始南京，

教泽长被，桃李芬馨，

继往开来，显哉丕承，

任重道远，利用厚生，

愿吾校争光辉，永耀中兴。

12岁的邓丽君在芦洲国小念完6年，于1965年毕业。邓丽君唱着"金陵金陵"校歌，迈进台北私立金陵女子中学。邓家把邓丽君送到金陵女中去念书，这在当时极不容易。

在台北，金陵女中是仅次于台北市立第一女子中学的名牌学校。金陵女中建校于1956年，由大陆来到台湾的南京金陵女子大学的校友联合会创立。金陵女中在台北县三重的重新路五段656号，离芦洲邓丽君家倒不是很远。由于是私立学校，学费明显高于公立学校。经济并不宽裕的邓家，为了培养邓丽君，宁可节衣缩食，一定要让女儿上名牌学校。

刚刚进入金陵女中不久，作为初一的学生，12岁的邓丽君参加全台第一届国文初中朗读比赛，获得第五名。

到了初二，13岁的邓丽君一边在金陵女中上学，一边在正声广播电台歌唱训练班学习。她参加金马唱片公司歌唱比赛，以一曲《采红菱》获得冠军。邓丽君引起台北东方歌厅的老板注意，他邀请她在课余时间到歌厅

演唱，台下观众"安可"（再来一个）了六、七次。这样，台北许多歌厅纷纷邀请这位"新人"演唱，邓丽君在母亲陪同下在晚上前往歌厅唱歌。

在邓丽君进入金陵女中之后，林青霞也进入这所学校。林青霞后来成为台湾"电影皇后"。据林青霞回忆，刚入校，就听同学们传说，学姐中有一个邓丽筠，在台北歌厅唱歌非常有名，被称为"娃娃歌后"。邓丽筠一个晚上的出场费就是一两千元新台币，顶台北市一个普通新职员全月的薪酬。告诉她这消息的同学，几乎全都带着羡慕的表情。

到了初三，14岁的邓丽君演出更忙，不光是在晚上出去演出，甚至白天也要请假到台南演出。频繁的演出影响了邓丽君的学业，校方要求邓丽君退学。邓丽君的父亲再三请求学校能够让女儿拿到初中毕业文凭，被校方坚决拒绝。校方表示，邓丽君要么在学校好好念书，要么干脆休学去唱歌。

邓丽君选择了辍学。她加盟宇宙唱片公司，走上专业歌手之路。父亲就在这个时候，为她取了艺名邓丽君。1967年9月，14岁的邓丽君灌录了第一张唱片《邓丽君之歌第一集——凤阳花鼓》。

1968年，15岁的邓丽君在台湾电视台广有影响的节目"群星会"中亮相，一鸣惊人。

从此一颗充满青春气息的"新星"在台湾歌坛升起。邓丽君以她的天才和勤奋，不断登台演出、上电视、演电影，在短短4年里就灌录了20张唱片！

邓丽君以她天籁般的歌声迅速蹿红，成为一代巨星。她用温柔甜蜜的歌声，诠释一个字——"情"。她演唱的情歌，真诚、清纯。她演唱的《月亮代表我的心》，响遍台湾大街小巷：

你问我爱你有多深

我爱你有几分

我的情也真

我的爱也真

月亮代表我的心

你问我爱你有多深

我爱你有几分

我的情不移

我的爱不变

月亮代表我的心

轻轻的一个吻
已经打动我的心
深深的一段情
教我思念到如今
你问我爱你有多深
我爱你有几分
你去想一想
你去看一看
月亮代表我的心

她的《小城故事》、《夜来香》、《但愿人长久》、《我只在乎你》，同样广泛流传。

随着她的一首首情歌的唱响，她在台湾有了"大众情人"之誉。

在芦洲国小的"校友邓丽君的文物专区"，我看到许许多多邓丽君唱片，封套上印着她各种姿势、不同打扮的靓影。她是一个人美歌美的双美歌星。

在邓丽君种种倩影之中，有一些她身穿迷彩服的戎装照。邓丽君在台湾更多的是被称为"军中情人"。在海峡两岸对峙的岁月，邓丽君一次次被国民党当局用作"宣传喇叭"，一次次到金门前线慰问军队。

1974年4月，21岁的邓丽君首度赴金门劳军，她的一首《君在前哨》，风靡金门：

今天我把怀念送给你
谢谢你把温暖送给我
我有了你在前哨保护我
为了你　我会珍惜我
有时我也问白云
有时我也托蓝天
向你问候

邓丽君

今天我把怀念送给你

谢谢你把温暖送给我

我有了你在前哨保护我

为了你　我会珍惜我

从此她有了"劳军皇后"之称。应当说，出身眷村，父亲是军人，她的邻居们也大都是军人，邓丽君从小就熟悉军队生活，所以她在金门戴上钢盔，穿上军装，扮演哨兵，背起钢枪，一次次跟军人联欢，一次次柔情细声地演唱《君在前哨》，在军人中产生很大的影响。

邓丽君生前在台湾最后一场演出，虽然不在金门，而在台北，也是为军队演出——1994年6月的陆军军官学校（即黄埔军校）70周年庆典"永远的黄埔"劳军晚会。

## "十亿个掌声"

邓丽君有很好的语言天赋，加上她的刻苦，除了她原本会讲的标准的"国语"（普通话）和流利的台语（闽南语），她还先后学会了粤语、英语、日语、法语、马来西亚语，能够用不同的语言演唱。

邓丽君在台湾获得成功之后，最初的进军目标是日本。不过，最初日本并不把这位台湾歌星放在眼里。据邓丽君的长兄邓长安忆述：

邓丽君初到日本时，前半年必须研习许多训练课程，如仪态、化妆、歌唱技巧、语言……然后才能轮流上各电视台的节目。有一次接到要上一个节目，母女二人在早上五点起床，于早上六点准时到达录像棚。当时现场没半个工作人员，到七点三十分后才陆续有工作人员到场，九点才开始录像。母女在棚内角落休息。快到中午时，公司派给邓丽君的翻译才到场，告知她们再等一下才会录像。于是二人默默地等待着，当时已经下午五点多，翻译才找到母女俩，告知可准备录像。她穿着护士服已经一整天，结果只拍了邓丽君所饰演的护士带领一名病患进入诊疗室给医师。前后只有十秒钟的镜头，她们就等了十二个小时！

随着邓丽君知名度的提高，她在进军日本之后，又先后到香港以及新加坡、马来西亚、菲律宾、泰国、越南以至美国演出，都深受欢迎。

虽然邓丽君的足迹几乎遍及全世界，但是她却始终没有跨过台湾海峡，踏上海峡彼岸的大地。然而她的歌声在同宗同语的大陆博得最多的知音，响起"十亿个掌声"，却不是任何地方所能相比的。

台湾的音乐制作人张培仁这样评说邓丽君："20世纪70年代末，（在台湾）邓丽君只是星河中芸芸歌手之一。真正的巨星地位，是在她的歌进入大陆之后才奠立的。"

也就是说，邓丽君的"天王巨星"桂冠，是十亿大陆民众给她戴上的。

就连那个坚持不给邓丽君初中毕业证书的台北金陵女中，如今也在著名校友中把邓丽君列为首位。金陵女中这样介绍邓丽君：

> 一代歌姬，享有"十亿个掌声"，国宝级职业歌星，华语歌坛的传奇人物，中国大陆流行音乐的启蒙先驱，20世纪80年代全球的超级巨星，新中国最有影响力文化人物。

内中那句"中国大陆流行音乐的启蒙先驱"，道出了"十亿个掌声"响起的原因。

邓丽君的歌声在中国大陆流行，是在20世纪70年代末、80年代初，是"50后"、"60后"一代中国人的青春记忆。那时候在中国大陆，有这么一句俏皮话："白天听老邓，晚上听小邓。"其实正是粉碎了"四人帮"，"老邓"复出，制订"改革开放"的宏韬伟略，使中国大陆走上腾飞之路。正是"老邓"的改革开放，使"小邓"的歌声得以在中国大陆飞扬。

邓丽君的歌声在"文革"前及"文革"中，在极"左"路线统治中国大陆的年代，是不可能进入中国大陆的。在那时候，只消用"靡靡之音"这四个字，就足以置邓丽君歌曲于死地。在那时候，充其量只是"小资"情调的邓丽君歌曲会被"升级"为"资产阶级生活方式"而彻底被"打倒"。在那时候，中国大陆只有《大海航行靠舵手》、语录歌以及"样板戏"，只有"无产阶级文化大革命胜利万岁"、"斗私批修"以及"我们一定要解放台湾"。

有人这样描述那时候中国人心灵的麻木："充斥了太多超重的符号……人们丧失而后亦遗忘了许多普通的情感——如对大自然的爱，对家园的怀想思念，对亲情与友谊的珍惜，对季节与景物更迭的感喟，对人生之旅的感悟，更不必说已成了禁忌的两性之间的爱情……"

严冬毕竟过去。中国大陆春回大地。正是在这样的历史条件下，邓丽君成为"中国大陆流行音乐的启蒙先驱"。

中央电视台《中国流行音乐20年·那些年，这些人》节目编导曾这样道及邓丽君：

"不管有些人承认也好，反对也罢，邓丽君对中国现代流行音乐的影响都是划时代的。邓丽君的歌最初传入大陆时，正是刚刚打倒'四人帮'、百废待兴那阵子，中国大陆的人们惊讶地发现，原来世上还有如此婉约的表达，还有这样的生活方式，人们除了革命、喊口号，还可以这样抒发个人情感。以前大陆曾流行这样一种观点，说邓丽君的歌曲属于小调，难度不高，在编辑这期节目后我深刻体会到，这样的认识绝对是对邓丽君的误读。人们可以模仿邓丽君，却领会不出她歌声中的精髓和内涵。可以说，作为华人流行歌坛里程碑似的人物，邓丽君是永远无法被复制的。"

中国大陆乐评人金兆钧指出：

"没有哪一个歌手能够影响这么多代的这么多华人，尤其在内地。更少有一个歌手能够影响内地这么多的音乐人。邓丽君的歌曲首先提供了一种完全不同的声音。严格地讲，邓丽君应该是自中国早期流行歌曲以来一个集大成者。她的演唱固然继承了浅吟低唱、风花雪月的'小资'情调，却消除了早期歌手的"嗲"而更为流畅自然，且极大地提高了技术上的表现力，这也就无怪乎内地80年代以来的第一代女歌手几乎无不受到她的影响，以致产生了一批'小邓丽君'。"

中国大陆作曲家谷建芬则评价说：

"邓丽君的声音干净、演唱质朴，掌握了多种音乐形态，有着极高的天分和灵气。语言天分和文化修养让她更能淋漓尽致地演绎不同音乐语言的内涵。我在惊叹她演唱实力的同时也深深为她的歌声打动，一种久违了的创作情感油然而生。我常想邓丽君能让我们享受到原本属于天生的歌声，就是在提醒我们音乐人要学习她对音乐的单纯追求和心无杂念的境界。让我们音乐人都能返璞归真，将真心真情归还音乐，实现音乐本身感动常在。"

正是邓丽君歌声天生丽质，正是中国大陆春色渐浓，使邓丽君之歌席卷神州，成为时代的音符。

鉴于邓丽君在中国大陆的巨大影响力，中国大陆相关部门通过不同渠道，向邓丽君发出盛情邀请。邓丽君本人也盼望能够在海峡彼岸一展歌喉，然而邓丽君始终无法成行。其中的原因，直到2006年，在邓丽君逝世11周年纪念日，亲民党主席宋楚瑜在纪念活动上透露。1980年，大陆方面

邀请邓丽君前往大陆举办盛大音乐会，而邓丽君的经纪团队也已经接受演出邀请，但是当时蒋经国宣布了两岸所谓的"不谈判、不接触、不妥协"的"三不政策"，还罕见地专门在"总统府"召见宋楚瑜（当年担任国民党中央秘书长），指派他劝阻邓丽君到大陆演出。宋楚瑜与邓家素有私交，于是硬着头皮接受了这个不可能的任务，没想到邓丽君接受了他的劝告。之后，台湾方面安排了邓丽君在台湾的一系列演出。

邓丽君无法到大陆演出，但1984年在台北中华体育馆举行"十亿个掌声"演唱会，大陆100多家广播媒体现场直播，在大陆造成很大的轰动。

1985年1月30日零点22分，正在新加坡的邓丽君，意想不到接到一个来自北京的电话——那是《北京青年报》记者关键打来的长途电话，也是她一生中接受的唯一一次大陆媒体的采访。后来关键在报道《真高兴，能有电话从北京来》中写及：

　　"您是邓丽君小姐吗？""是。请问您是哪一位？"当我告诉对方我是《北京青年报》的记者，同时也是一个歌迷的时候，她吃惊地问："什么，北京？"对方像是一边思考一边说："我现在很惊奇，能有电话从北京打来。"

　　邓丽君小姐告诉我，她28号刚从东京回来，今天29日刚好是她的生日。她准备在新加坡住一个星期，然后回台湾看望父亲和母亲。

　　邓丽君小姐操着流利的普通话同我讲话。我说："想不到您普通话讲得这么好。"她听了忍不住又笑了起来，反问我："是吗？"她接着又说："我们是中国人，就应该讲自己的国语呀！"

　　"邓小姐，您看过《中国青年报•星期刊》刊登访问您姑母的文章了吗？"我问。

　　"我今天才看到，这篇文章写得很好，看完很让人感动。我这是第二次得知老姑的消息。第一次是去年，也是从内地的报纸上看到的，现在忽然得到这么好的消息，我觉得是找到了自己的根。我过去和老姑没有见过面，但我很高兴她们的身体这么健康。我希望将来有一天能和他们见面，更多地了解上一代的情况。"

　　我告诉邓丽君小姐，内地一些青年喜欢她的歌。她听了想了想说："三四年前我就听说内地有人喜欢我的歌。我在美国电视上看到有个美国记者报道了这件事，开始我半信半疑，后来，我在香港又碰到一些人，也说内地有人喜欢我的歌。我想这大概是真的吧。今天您能直接从北京打来电话，我很受鼓舞，感到非常高兴，心里很激动。

我感激内地的青年朋友！"

当我告诉邓丽君小姐，现在内地的广大青年都在为建设祖国而积极努力地工作时，她高兴地说："把中国建设好，这是海外侨胞和海峡这边和那边中国人的共同意愿，居住在海外的中国人都很关心内地的建设。尤其是现在，不管是在什么国家，中国总是一个很热门的话题。"

邓丽君小姐又说："我在香港看了一些报道，知道内地现在提倡现代化，提倡文明礼貌，提倡建设，这些我都觉得很开心。"

关键的报道还写及：

"您除了忙于工作，业余生活怎么安排？"

"我的业余生活不很丰富。"邓丽君小姐笑了笑说："我平时在家里吃早饭，然后自己打扫房间。下午通常看书，听听音乐，大概六点左右开始慢跑三十分钟。我最喜欢的书是《唐诗三百首》、古诗词和中文小说，有时也看一些关于营养的书。我最近刚刚读完茅盾先生的名著《子夜》，我觉得这本书写得很好，讲得也很深入。"

# 香销玉殒 猝死泰国

1995年5月10日晚，中央电视台在《新闻联播》中发布邓丽君5月8日病逝的消息，还播出了她在演唱会和生活中的十多个场景。这是邓丽君第一次上中央电视台收视率极高的《新闻联播》节目，想不到却是报道她的死讯。

邓丽君猝然病逝，死于泰国清迈的酒店。据称死于哮喘，年仅42岁。

邓丽君怎么会死于泰国清迈的酒店？清迈是泰国第二大城，位于泰国北部，有着"北方玫瑰"的美誉。清迈濒临湄南河支流滨河，坐落在群山环抱的平原上，风景优美，空气清新。

邓丽君非常喜欢清迈，是因为那里令她神清气爽，到了那里哮喘病就不易发作。光是在1995年，邓丽君就到清迈去了3次，最长的一次住了3个月。

邓丽君每次到清迈，总是住当地最好的梅平酒店，而且总是住1502房。

1502房有会客厅、卧室、书房、化妆间、洗手间。邓丽君最爱坐在书房窗前的贵妃椅上，翻看着书页。

据邓丽君的大哥邓长安回忆说，邓丽君早在9岁时就患有哮喘病，当时家里没钱看医生，只能买了中药在茶壶里煮，邓丽君就靠着药的蒸气抑制气喘，长大后就没有再发病。

据当地警方的邓丽君的死亡证明记载，邓丽君是在1995年5月8日下午5:30死亡。

邓丽君不是死在1502房内。当哮喘发作时，只有她孤身在1502房内，求救无助。她奔了出去，倒在房门外10米左右的地毯上。当时一个女孩看见她倒地，喊着"妈妈，妈妈"。女孩赶紧报告饭店服务员。当邓丽君被紧急送到医院的时候，已经回天乏术。一代巨星就这样画上生命的句号。

邓丽君之死，牵扯出一个问号：她在清迈发病时，怎么身边无人？难道她是一个人住在清迈？

邓丽君的私生活，原本很少为外界所知。由于她的猝死，在媒体的紧紧追踪下，她的男友曝光了。

邓丽君当时的男友，是法国摄影师皮亚(Pierre)。后来邓丽君把他介绍给自己的家人时，皮亚改用英文名字史提芬·保罗（Steven Paul），因此邓家人就喊他保罗。邓丽君对家人说，"我大他10岁"。实际上她大保罗17岁。邓丽君死的时候42岁，保罗只25岁！

邓丽君在1989年决定定居巴黎的时候，保罗作为一家法国周刊的摄影师为她拍照，马上被她的美丽所痴迷。保罗为邓丽君拍摄了许许多多照片。邓丽君对保罗说，凡是准备公开发表的她的照片，必须经她过目、同意。这给保罗提供了接近邓丽君的机会。他把拍摄的照片分七八次拿给邓丽君看，每一次邓丽君都请他吃饭。正在学习法语的邓丽君，也想在跟保罗交谈时提高自己的法语水平。保罗还热情地驾车带邓丽君游览巴黎。每到一处景点，保罗当然要给邓丽君拍照。于是邓丽君与保罗在密切的交往中产生了恋情。正因为这样，邓丽君去泰国清迈时，保罗也跟她一起去。

其实，邓丽君跟小她17岁的法国小青年保罗同居，表明了她在法国生活的极度空虚以及对待恋情的轻率。

在邓丽君去世7年之后的2002年8月，台湾记者寇维勇曝出内幕，令世人惊讶。寇维勇当年担任《世界日报》派驻曼谷的记者。《世界日报》是台湾《联合报》旗下的报纸。他在第一时间从曼谷赶往清迈，采访邓丽君死亡事件。

寇维勇说，邓丽君所住的1502号房间，当时有15个警察和便衣探员。

寇维勇会说泰语。警方说，"Teresa Teng（特丽莎•邓）"所持的是贝里斯的护照。贝里斯是中美洲一个与墨西哥接壤的小国。

寇维勇说，他看见了邓丽君的男友保罗，穿深绿色短裤，抖腿，一副吊儿郎当的模样。在保罗身上看不到一点情人猝死的哀伤。

寇维勇查访了保罗当日外出的时间，发现保罗下午4时离开旅馆，晚间7时回旅馆。酒店经理告诉寇维勇，保罗回到旅馆时他告诉保罗邓已送去医院，但保罗竟回房倒头大睡。

警察在晚间8时把保罗从床上叫起来。当时那位经理愤然告诉寇维勇："这个男人不负责任到如此地步。"

寇维勇还说，他当时看了邓丽君遗体，左脸颊上竟遗有一个巴掌红印！

寇维勇判断，邓丽君生前曾和保罗吵架，邓丽君是被气死的。

2011年，泰国警方终于公布了邓丽君的尸检照片，果真左脸颊上有明显的巴掌红印。这证明寇维勇在2002年所说的情况符合事实。

其实哮喘病并非绝症。如果邓丽君身边有一个关心、体贴的丈夫，绝不至于在泰国清迈发病时无人照料，不会在42岁就匆匆离开人世。

从邓丽君最后的男友保罗开始，追溯邓丽君一生的情感历程，媒体惊异地发现，这位一生以演唱甜美情歌为业的歌后，自身却是红颜薄命！

## 几度热恋　几度坎坷

邓丽君清纯美丽，成名又早，追求者众。她的演艺生涯一帆风顺，然而她的感情生活却崎岖坎坷。

邓丽君真正属意的，是1973年的第一次热恋。20岁的邓丽君到马来西亚吉隆坡的五月花夜总会登台。邓丽君发现，每晚前3排最贵的座位上，总是坐着同样的人。一打听，这前3排被马来西亚华人企业家之子林振发连包40场！

邓丽君与林振发见面，发觉对方乃是斯文有礼之人，逐坠入爱河。她与林振发定下婚期。就在邓丽君正在日本忙于演出之际，忽传林振发在吉隆坡突发心脏病不治身亡。邓丽君蒙受了第一次沉重打击。

邓丽君人生道路上的第二次沉重打击，是所谓"假护照事件"。

当时邓丽君多次到日本演出、录制唱片，而日本在1972年已经与中华人民共和国建交，因此邓丽君持台湾护照，必须办理日本政府核发的《渡航证明书》才能进入日本，手续颇为繁琐。虽然邓丽君曾经几次获得日本政府核发的《渡航证明书》，但总是感到诸多不便。

1979年2月14日，邓丽君从香港搭乘"中华航空"C116班机抵达东京羽田机场，持印尼政府护照入境，护照上印的是印尼名字"邓艾丽"，到日本的理由是观光。她顺利进入日本。

然而翌日印尼驻日大使馆通知日本出入国管理局东京事务所，称"邓艾丽"即台湾歌星邓丽君，她在日本使用的名字是"Teresa Teng"（特丽莎•邓），所持护照是伪造的。

2月18日，日本媒体醒目报道，特丽莎•邓因为违反日本的《出入国管理令》，被东京出入国管理事务所留置，并要进一步调查整个事件的背景。

其实，邓丽君所持印尼护照，并非假护照，而是她在印尼时一位印尼朋友帮助她在印尼外交部办理的。

2月22日，日本出入国管理局东京事务所公布调查结果，确认邓丽君所持印尼护照并非假护照，护照上的日本驻雅加达大使馆的签证也是真的。问题在于护照的"发给手续不合法"，因为按照印尼政府规定，外国人必须在印尼居住6个月以上，方可取得印尼国籍，而邓丽君从来没有在印尼住满半年。就这个意义上讲，邓丽君所持印尼护照是非法的，是假护照。这样，邓丽君被关禁在日本东京港区港南3丁目的东京入国管理局女子收容所。

2月24日，日本法务省做出以下裁决："台湾女性邓丽君，26岁，演唱艺术家，于1979年2月14日执伪造印度尼西亚之护照，非法进入日本国境内，根据日本国出入境管理法及难民法之规定，兹将邓丽君驱逐出境，并限制其在1979年2月24日之后的一年内，不得进入日本国境内。"

值得注意的是，日本法务省的裁决只说"将邓丽君驱逐出境"，并未说"驱逐"到何处。这是日本的邀请方——唱片公司努力奔走的结果。因为倘若写成"将邓丽君驱逐回台湾"。那就麻烦了。

为什么邓丽君不能从日本回到台湾呢？事件要说到2月13日，邓丽君从香港乘班机返回台湾，原本打算在台北探望母亲之后，从台北飞往日本东京。邓丽君到达台北机场时，出示的是印尼护照（如果她出示的是台湾护照，则翌日从台湾出境时必须是台湾护照，则到达日本时也必须使用台湾护照）。台湾入境检查官虽然明知站在面前的是大名鼎鼎的台湾歌星邓丽君，却强调这位"邓艾丽"所持印尼护照上没有台湾签证，不能入境。邓丽君在无奈之中只得乘飞机以印尼护照返回香港，翌日从香港持印尼护照

飞往日本。

由于邓丽君在台北机场使用过那本印尼护照，按照台湾法律，涉嫌"行使伪造、变造的护照"，邓丽君要蒙受牢狱之灾。

万幸之中，当时邓丽君手中的台湾护照上，有美国多次往返签证。就这样，邓丽君宣称在美国有"演出活动"，就从东京飞往美国洛杉矶。

媒体本来就喜欢炒明星的新闻，邓丽君的"假护照事件"显然是极好的炒作题目，于是台湾、香港、日本以及印尼的报纸连篇累牍报道此事，把邓丽君弄得灰头土脸，心灵受到严重创伤。

邓丽君在洛杉矶购置了一间小房，她把母亲接来一起住。邓丽君在那里开始进修英文，过着低调的生活。

非常偶然，邓丽君在那里遇见一位正在那里拍电影的活泼的小伙子——成龙，两人有过很多交往，很快发展成恋爱关系。这原本给失意之中的邓丽君带来安慰，但是成龙发现了两人个性的差异，最后就主动"打住"了。1998年，成龙在英文自传中这样写及：

"她温柔、聪明、有幽默感、又美丽，她在服装和食品上的鉴赏力令人羡慕，她懂得在什么场合、穿什么衣服、用什么饰品……说实话，我配不上她，或至少当时的我配不上她。她是典雅的化身，我却是个没有教化的粗鲁男孩，一心想做个真正的男子汉，说话没有分寸，能走路时却要跑；她总是穿着得体的名牌服装，我却穿着短裤和T恤就上街；她举止得体、礼貌周全，我对权威不屑一顾，常当着饭店经理和服务员的面做鬼脸，把脚放在桌子上。"

"她希望和我一个人在一起，而我在公共场合时，不愿没有我那帮小兄弟跟班。我年轻、富有，被名声惯坏了。我爱她，但我更爱自己，没有哪一颗心可以做一仆二主的事。"

邓丽君爱成龙是真诚的，而成龙却无心于邓丽君，使邓丽君的感情又一次受伤。

邓丽君在美国过了一年半的"国际难民"生活。但是她还是不敢回到台湾，而是在东南亚展开长达数年的巡演。

在马来西亚，糖王郭鹤年之子、嘉里集团主席郭孔丞爱上了邓丽君。1982年，当邓丽君跟郭孔丞谈婚论嫁，甚至连婚期、婚宴都已经确定，却由于受到郭家老祖母坚决反对而戛然中止。

从林振发的猝死，到"假护照事件"，到与成龙的恋爱失败，直至与郭孔丞的婚姻告吹，邓丽君的感情受尽折磨，一路坎坷。在她心灰意懒的时候，那个小她17岁的法国摄影师成了她的男友。

邓丽君在泰国清迈香销玉殒。1995年5月11日，她的遗体运回台北，享尽风光。当时的台湾省长宋楚瑜担任邓丽君治丧委员会主委，时任"行政院院长"的连战以及前"行政院院长"郝柏村、"国防部长"蒋仲苓、台北市长陈水扁等政要也亲临灵堂致哀。国民党当局追赠最高荣誉奖章"华夏一等奖章"给邓丽君。

邓丽君的铜质棺材是从美国特地运来的，上面镶着一块水晶玻璃，里面是一张天鹅绒的床，邓丽君穿着旗袍躺在里面。5月28日，台北举行极其隆重的葬礼。她的灵柩上覆盖着国民党的青天白日党旗，覆旗官为国民党中央委员会秘书长许水德等4人；她的灵柩上还覆盖着青天白日满地红旗，覆旗官为"总统府秘书长"吴伯雄等4人。"总统"李登辉特向邓丽君颁"艺苑扬芬"挽额。20万台北民众排队瞻仰她的遗容。

邓丽君作为一代歌后，可以说她的死后的荣耀和在泰国清迈死时的冷落形成鲜明的对照。

邓丽君安葬在台北县（今新北市）金山乡金宝山（西金势湖18号），她的墓园取名"筠园"，由宋楚瑜题字。

"筠园"成了纪念邓丽君的一座公园。一进入墓园，便可以听到邓丽君温柔的歌声。她的铜像伫立于花丛中。最富有创意的是纪念花园中有一排巨大的黑白相间的琴键，当悼念者从上面走过时就会发出琴声。可惜由于踩踏者太多，如今已经变成默默无声。

"筠园"现在成为"陆客"热门的观光景点，每口超过千人。

离"筠园"不远处是台湾作家三毛的墓地，跟"筠园"相比，显得冷清多了。

回顾邓丽君的一生，中央电视台节目主持人白岩松说过这样的话："邓丽君在泰国离世，好多中国人会心头一紧，因为她的歌声陪着我们从精神的荒芜中慢慢走出。我也一样，邓丽君的歌声一响起，我就能记起旧的大墙刚刚倒下的岁月里，偷听邓丽君的有趣故事。似乎每天都会有男男女女将她的歌声再度领回家中，去重温多年前的一段旋律，重温自己成长中的一段记忆。我也是如此，在告别邓丽君十几年之后，又买了一套她的全集，偶尔听听，回忆的底片便会泛黄。"

邓丽君演唱的《恰似你的温柔》，道出了诸多前往"筠园"的悼念者的心境：

让它淡淡地来，
让它好好地去。

到如今年复一年，
我不能停止怀念。
怀念你，怀念从前。
但愿那海风再起，
只为那浪花的手，
恰似你的温柔。
到如今年复一年，
我不能停止怀念。